MAX KÖNIG

Der Umfang der Berichterstattung über die aktienrechtliche Sonderprüfung

Betriebspolitische Schriften
Beiträge zur Unternehmenspolitik

Herausgegeben von Prof. Dr. Carl W. Meyer, Würzburg

Band 6

Der Umfang der Berichterstattung über die aktienrechtliche Sonderprüfung

Von

Dr. Max König

DUNCKER & HUMBLOT / BERLIN

Gedruckt 1970 bei Buchdruckerei Bruno Luck, Berlin 65
Printed in Germany

Meinen Eltern

Inhaltsverzeichnis

Abkürzungsverzeichnis

AcP	Archiv für die civilistische Praxis
AG	Aktiengesellschaft
AktG	Aktiengesetz
AO	Abgabenordnung
AöR	Archiv für öffentliches Recht
BB	Der Betriebsberater
BGB	Bürgerliches Gesetzbuch
BGH	Bundesgerichtshof
BGHSt	Bundesgerichtshof in Strafsachen
BGHZ	Bundesgerichtshof in Zivilsachen
BVerfGE	Entscheidungen des Bundesverfassungsgerichts
BW	Die Betriebswirtschaft
DJZ	Deutsche Juristenzeitung
DVBl.	Deutsches Verwaltungsblatt
Einl.	Einleitung
GenG	Genossenschaftsgesetz
GewO	Gewerbeordnung
GmbHG	Gesetz über die Gesellschaften mit beschränkter Haftung
GVG	Gerichtsverfassungsgesetz
HGB	Handelsgesetzbuch
i. V. m.	in Verbindung mit
JZ	Juristenzeitung
NJW	Neue Juristische Wochenschrift
OLG	Oberlandesgericht
RGBl.	Reichsgesetzblatt
RGSt.	Reichsgericht in Strafsachen
RGZ	Reichsgericht in Zivilsachen
StGB	Strafgesetzbuch
Tz.	Textziffer
UWG	Gesetz gegen den unlauteren Wettbewerb
VAG	Versicherungsaufsichtsgesetz
WpG	Die Wirtschaftsprüfung
WT	Der Wirtschaftstreuhänder
ZfB	Zeitschrift für Betriebswirtschaft
ZfhF	Zeitschrift für handelswissenschaftliche Forschung
ZPO	Zivilprozeßordnung

Einführung

Die aktienrechtliche Sonderprüfung ist seit ihrer Einführung durch die Aktienrechtsnovelle von 1884 ein bedeutsamer Bestandteil der Ordnung unseres Aktienrechts. Sie gilt wegen der Möglichkeit, daß unter bestimmten Umständen eine Minderheit von Aktionären ihre Durchführung gegen die Mehrheit durchsetzen kann, auch als ein wichtiger Teil des Minderheitenschutzes[1]. Um so erstaunlicher ist es, daß die Bestellung von Sonderprüfern in der Vergangenheit äußerst selten anzutreffen war[2]. Der Grund dafür kann einmal darin liegen, daß die Anlässe für eine Sonderprüfung relativ selten sind, zum anderen aber auch darin, daß der rechtlichen Ausgestaltung des Vorgangs der Bestellung der Prüfer und insbesondere der Durchführung der Prüfung Mängel anhaften, die es den Aktionären geraten erscheinen lassen, trotz schwerwiegender Bedenken gegen die Geschäftsführung auf die Einberufung einer Sonderprüfung zu verzichten.

Während sich nun dafür, daß es in unseren Aktiengesellschaften an Anlässen für die Bestellung von Sonderprüfern mangeln würde, keine Anhaltspunkte finden lassen, sind die in der Literatur gemachten Hinweise auf Mängel in den die Sonderprüfung betreffenden gesetzlichen Bestimmungen zahlreich. Insbesondere die vom Gesetzgeber im Zusammenhang mit der Berichterstattung der Sonderprüfer getroffenen Regelungen haben immer wieder die Kritik herausgefordert und sind für die relativ geringe Bedeutung, welche die Sonderprüfung bisher erlangte, verantwortlich gemacht worden[3]. Nach den Vorschriften sowohl des Aktiengesetzes vom 30. Januar 1937 als auch des neuen Aktiengesetzes vom 6. September 1965 ist der Sonderprüfungsbericht nämlich unverzüglich zum Handelsregister des Sitzes der Gesellschaft

---

[1] Vgl. *Forster*, Karl-Heinz: Aktienrechtsreform und Sonderprüfung, in: Die AG, 7. Jahrgang (1962), Heft 9, S. 233.

[2] Vgl. *Rentrop*, Siegfried: Sonderprüfungen nach Aktiengesetz, in: HdB, 3. Band, 3. Aufl., Stuttgart 1960, Sp. 4894; *Voss*, Heinrich: Die Gründungsprüfung, in: Wpg, 17. Jahrgang (1964), Heft 15/16, S. 442; *von Gleichenstein:* Die Sonderprüfung im Aktienrecht, in: BB, 11. Jahrgang (1956), Heft 24, S. 761; *Klinger*, Karl: Zur Problematik der Berichterstattung über die Sonderprüfung nach § 118 AktG, in: Wpg, 10. Jahrgang (1957), Heft 7, S. 155.

[3] Vgl. z. B. *Bussmann*, Karl F.: Betreuung und Prüfung der Unternehmungen, 19. Lieferung der Reihe „Die Wirtschaftswissenschaften“, hrsg. von Erich Gutenberg, Wiesbaden 1960, S. 121; *von Gleichenstein*, a.a.O., S. 764.

einzureichen[4], wo er gemäß § 9 Abs. 1 HGB von jedem eingesehen werden kann. Damit besteht die Gefahr, daß geheimhaltungswürdige Tatsachen, die der Sonderprüfer glaubte in seinen Bericht aufnehmen zu müssen, an die Öffentlichkeit gelangen und insbesondere von Konkurrenten zum Nachteil der Gesellschaft verwertet werden.

Um diesen Konflikt zwischen den Interessen derjenigen, die zu Recht volle Aufklärung über sämtliche Ergebnisse der Sonderprüfung fordern, auf der einen und den berechtigten Interessen der Gesellschaft selbst auf der anderen Seite zu lösen, wurde in das Gesetz von 1937 die sog. Schutzklausel eingebaut. Sie besagt, daß der Sonderprüfer in den Bericht einmal alle die Tatsachen nicht aufnehmen darf, die ihm der Vorstand „unter Hinweis auf eine ihm im Interesse des gemeinen Nutzens von Volk und Reich auferlegte Geheimhaltungspflicht" mitteilt, und zum anderen auch nicht die Tatsachen, deren Aufnahme in den Bericht nach seinem pflichtmäßigen Ermessen „überwiegende Belange der Gesellschaft oder eines beteiligten Unternehmens oder der gemeine Nutzen von Volk und Reich entgegenstehen"[5].

Diese Schutzklausel des Aktiengesetzes von 1937 wurde nun in das neue Aktiengesetz nicht nur nicht übernommen, sondern es wurde dort sogar die Bestimmung eingeführt, daß auch Tatsachen, deren Bekanntwerden geeignet ist, der Gesellschaft oder einem verbundenen Unternehmen einen nicht unerheblichen Schaden zuzufügen, in den Prüfungsbericht aufgenommen werden müssen, wenn ihre Kenntnis zur Beurteilung des zu prüfenden Vorgangs durch die Hauptversammlung erforderlich ist[6].

Aus dieser Bestimmung des Gesetzes von 1965, die unter Verwendung der gleichen Formulierungen gerade das als für die Aufnahme in den Sonderprüfungsbericht geeignet bezeichnet, was das Gesetz von 1937 von der Berichterstattung ausschloß, wird bereits deutlich, daß ein klares Bild von dem im Aktiengesetz von 1965 geforderten Umfang des aktienrechtlichen Sonderprüfungsberichts nur dann zu gewinnen ist, wenn zuerst geklärt wird, welche Bedeutung die Schutzklausel im Gesetz von 1937 hatte. Nur auf diesem Hintergrund lassen sich zuverlässige Aussagen darüber machen, wie sich die Berichterstattung über die Sonderprüfung nach dem neuen Aktienrecht darstellt und welche Änderungen gegenüber dem bisherigen Recht eingetreten sind.

Macht man nun den Versuch, die Meinung der Literatur zum Problem des Umfangs des Sonderprüfungsberichts zu erforschen, so stellt man

[4] Vgl. § 121 Abs. 3 Satz 3 AktG 1937 bzw. § 145 Abs. 4 Satz 3 AktG 1965.

[5] § 121 Abs. 3 Satz 2 AktG 1937.

[6] Vgl. § 145 Abs. 4 Satz 2 AktG 1965.

sehr bald fest, daß außer einigen wenigen Aufsätzen in Fachzeitschriften und außer kurzen Stellungnahmen im Rahmen von Kommentaren zum Aktiengesetz dieser umfangreiche Fragenkomplex noch weitgehend unbearbeitet ist. Dies mag einmal daran liegen, daß die Sonderprüfung, wie bereits erwähnt, bisher in der Praxis keine große Rolle spielte. Der Grund wird aber auch zu einem guten Teil darin zu suchen sein, daß — anders als z. B. bei der aktienrechtlichen Jahresabschlußprüfung — Gegenstand und Umfang der Sonderprüfung keine festen Größen sind, sondern für jeden einzelnen Fall erst durch den Prüfungsauftrag bestimmt werden. Allgemeine Aussagen über den Prüfungsumfang und über den Umfang der Berichterstattung werden dadurch erheblich erschwert, so daß es nicht verwundert, wenn auch das Gesetz in dieser Beziehung nicht sehr konkret ist. Da außerdem auf praktische Erfahrungen, die sich eventuell zu einer gesicherten Berufsauffassung verdichtet haben könnten, wegen der Seltenheit von Sonderprüfungsfällen nicht zurückgegriffen werden kann, beibt nichts anderes übrig, als die Lösung des Problems mit Hilfe eines selbständigen theoretischen Konzepts zu finden.

Dieses theoretische Konzept, das in der folgenden Abhandlung zur Anwendung gelangen soll, hat davon auszugehen, daß der Umfang des Sonderprüfungsberichtes offenbar zunächst in positiver Weise einmal durch Faktoren bestimmt wird, die im Wesen der aktienrechtlichen Sonderprüfung liegen, und zum anderen durch Faktoren, die sich aus dem Wesen des Prüfungsberichts als solchem ergeben. Dieser positive Berichtsumfang wird dann durch die Schutzklausel — bzw. durch die an ihre Stelle getretene Formulierung des neuen Aktiengesetzes — wieder eingeschränkt, indem diese die Fälle bezeichnet, in denen eine Berichterstattung auf Grund des oben dargestellten Interessenkonfliktes nicht erfolgen darf, wodurch der Umfang des Sonderprüfungsberichts in negativer Weise determiniert wird.

Es wird sich zeigen, daß diese Gegenüberstellung der positiven und negativen Bestimmungsfaktoren des Sonderprüfungsberichts dazu beitragen kann, die weitverbreitete Ansicht, daß für den Berichtsumfang allein das subjektive Ermessen des Sonderprüfers maßgeblich sei[7], zu überwinden und einen Schritt vorwärts zu tun in Richtung auf eine Objektivierung und damit auf eine echte Lösung, die dem Verfasser trotz verschiedentlich schon geäußerter gegenteiliger Auffassungen[8] durchaus möglich erscheint.

---

[7] Vgl. *Bordt*, Karl: Die aktienrechtliche Sonderprüfung. Unter besonderer Berücksichtigung der Aktienrechtsreform, Diss. Hamburg 1961, S. 180; *Adler-Düring-Schmaltz:* Rechnungslegung und Prüfung der Aktiengesellschaft, 3. Aufl., Stuttgart 1957, § 135 Tz. 262; *von Gleichenstein*, a.a.O., S. 763.

[8] Vgl. z. B. *Haussmann*, Fritz: Vom Aktienwesen und vom Aktienrecht, Mannheim - Berlin - Leipzig 1928, S. 55.

I. Der Begriff der Sonderprüfung

Bevor wir nun in die Untersuchung des Umfangs des Sonderprüfungsberichts eintreten, ist es erforderlich, zu erklären, was im folgenden mit dem Begriff „Sonderprüfung“ gemeint sein soll. Dies erscheint um so mehr unerläßlich, als ein Blick in die einschlägige Literatur zeigt, daß mit der Bezeichnung „Sonderprüfung“ vielfach ganz unterschiedliche Arten von Wirtschaftsprüfungen angesprochen sind. Häufig werden unter dem Oberbegriff „Sonderprüfungen“ aber auch verschiedenartige Prüfungstypen zusammengefaßt.

Als derartigen heterogenen Sammelbegriff verwendet die Bezeichnung Sonderprüfung beispielsweise Hintner, wenn er von „sonstigen Sonderprüfungen“ spricht[1]. Da sich diese Sammelbegriffe alle unschwer in einzelne Sonderprüfungsbegriffe auflösen lassen, braucht auf sie nicht näher eingegangen zu werden. Autoren, die mehrere verschiedenartige Sonderprüfungen zusammenfassen, werden im folgenden als Vertreter mehrerer Sonderprüfungsbegriffe betrachtet.

Angesichts der verwirrenden Vielfalt von Prüfungen, die sich unter dem Begriff Sonderprüfung verbirgt, ist es angezeigt, die verschiedenen Sonderprüfungsbegriffe in ein geschlossenes, widerspruchsfreies System einzuordnen, um damit bestimmen zu können, welchen Standort innerhalb dieses Systems die aktienrechtliche Sonderprüfung einnimmt, um die es in der folgenden Abhandlung ausschließlich geht. Hierbei erhebt sich die Frage, nach welchen Bestimmungsmerkmalen die verschiedenen Sonderprüfungen eingeteilt werden sollen.

Geht man davon aus, daß es vielfach üblich ist, den spezifischen Prüfungszweck bzw. den Gegenstand, dessen Untersuchung Zweck der Prüfung ist, durch eine Vorsilbe zum Wort „Prüfung“ zum Ausdruck zu bringen, wie dies z. B. bei den Begriffen Kreditwürdigkeits-, Rentabilitäts-, Unterschlagungsprüfung usw. der Fall ist[2], so könnte man sagen, daß unter Sonderprüfungen alle Revisionen zu verstehen sind, deren gemeinsames Merkmal es ist, daß sie irgend etwas „Besonderes“ an sich haben. Damit liegt es nahe, die verschiedenen Sonderprüfungen

[1] Vgl. *Hintner*, Otto: Praxis der Wirtschaftsprüfung, 3. Aufl. Stuttgart 1949, S. 34 ff. Vgl. auch Wirtschaftsprüfer-Jahrbuch 1954, hrsg. vom Institut der Wirtschaftsprüfer, Düsseldorf 1954, S. 81 ff., wo sämtliche Prüfungen in „Allgemeine Ordnungsprüfungen“ und in „Sonderprüfungen“ eingeteilt werden. Ähnlich: *Adler-Düring-Schmaltz:* a.a.O., § 135 Tz. 93.

[2] Vgl. *Beham*, Peter: Das deutsche Pflichtprüfungswesen, Berlin 1940, S. 1.

nach dem Kriterium eben dieses besonderen Merkmals einzuteilen, das den Anlaß dazu gegeben hat, von einer „besonderen“ Prüfung zu sprechen. Es erweist sich jedoch, daß dieses Bestimmungsmerkmal für unseren Zweck, die aktienrechtliche Sonderprüfung innerhalb eines geschlossenen Systems der Sonderprüfungen zu isolieren, nicht hinreichend ist. Dies ist insbesondere deswegen der Fall, weil es nicht immer möglich ist, das „besondere“ Merkmal mit der nötigen Deutlichkeit zu erkennen bzw. weil für eine Sonderprüfung häufig mehrere „Besonderheiten“ angegeben werden können, wie dies insbesondere bei der in Frage stehenden aktienrechtlichen Sonderprüfung der Fall ist.

Es ist daher erforderlich, ein Kriterium zu finden, das eine klarere Einteilung der in der Literatur feststellbaren Sonderprüfungsbegriffe zuläßt. Dieses Kriterium glauben wir im Revisionsobjekt gefunden zu haben. Bei einer Systematisierung der Sonderprüfungsarten nach dem Revisionsobjekt gelangt man zu einer Aufteilung in Sonderprüfungen, die eine bestimmte Institution in ihrer gesamten wirtschaftlichen Tätigkeit zum Gegenstand haben, Sonderprüfungen, bei denen nur eine bestimmte betriebliche Funktion bzw. ein bestimmtes Ereignis im Leben der Unternehmung[3] den Prüfungsgegenstand darstellt, und schließlich in Sonderprüfungen, bei denen bestimmte Institutionen in bezug auf bestimmte Funktionen oder Ereignisse einer Revision unterworfen werden. Dementsprechend kann man von einer institutionsbezogenen, einer funktionsbezogenen und einer institutions-funktionsbezogenen Verwendung des Begriffes Sonderprüfung sprechen[4].

Mit dieser Gliederung wird es möglich, jede Sonderprüfung einer ganz bestimmten Gruppe zuzuweisen[5], wobei die aktienrechtliche Sonderprüfung in die Gruppe der institutions-funktionsbezogenen Prüfungen eingeordnet werden muß. Bevor wir auf diese letzte Gruppe näher eingehen, empfiehlt es sich jedoch, zunächst die beiden ersten Gruppen näher zu beleuchten.

A. Der institutionsbezogene Sonderprüfungsbegriff

Wie oben ausgeführt, unterliegt bei den institutionsbezogenen Sonderprüfungen der ganze Betrieb in der Gesamtheit seiner wirtschaftlichen

[3] Die Begriffe „Betrieb“ und „Unternehmung“ werden in diesem Zusammenhang synonym gebraucht.

[4] Vgl. *Meyer*, Carl W.: Betriebswirtschaftliches Revisionswesen und Unternehmungsführung, in: Prüfung und Besteuerung der Betriebe, Festschrift für Wilhelm Eich, hrsg. von Dieter Pohmer, Berlin 1959, S. 94 f.; künftige Zitierweise: *Meyer*, Carl W.: Revisionswesen, a.a.O.

[5] Innerhalb dieser Gruppen werden wir dann jeweils als weiteres Unterscheidungsmerkmal den Revisionsanlaß heranziehen.

Betätigung der laufenden oder auch der in unregelmäßigen Zeitabständen von einem Dritten (Gesetzgeber, Aufsichtsbehörde, Gesellschafter u. dgl.) angeordneten Revision. Dafür, daß ein bestimmter Betrieb einer besonderen Prüfung unterliegt, während dies bei anderen Betrieben nicht der Fall ist, können zwei Umstände verantwortlich sein, einmal die Tatsache, daß sich der Betrieb in einem ganz bestimmten Wirtschaftszweig betätigt, und zum anderen, daß in dem Betrieb eine ganz bestimmte Gestaltung der Herrschaftsverhältnisse gegeben ist. Entsprechend dieser Unterscheidung nach dem *Revisionsanlaß*, lassen sich die institutionsbezogenen Sonderprüfungen noch einmal aufteilen in Prüfungen vom Typ 1 — Anlaß zu der besonderen Prüfung ist die Betätigung in einem bestimmten Wirtschaftszweig — und in Prüfungen vom Typ 2 — Anlaß zu der besonderen Prüfung ist eine ganz bestimmte Ausgestaltung der Herrschaftsverhältnisse innerhalb des Betriebs.

Zu den Vertretern des Sonderprüfungsbegriffs vom Typ 1 ist beispielsweise Berg zu zählen, wenn er schreibt: „... mitunter werden als Sonderprüfungen auch die Prüfungen von Unternehmen aus besonderen Geschäftszweigen wie z. B. Banken, Versicherungen usw. bezeichnet[1].“ Auch Koehler verwendet den Begriff Sonderprüfung offensichtlich institutionsbezogen vom Typ 1, wenn er die bei den Kreditinstituten auf Anordnung des Reichskommissars für das Kreditwesen gemäß § 34 a des Kreditwesengesetzes[2] durchzuführende besondere Prüfung der ganzen Geschäftsführung als Sonderprüfung bezeichnet[3]. Das gleiche trifft auch für Hintner zu, der allerdings auch Typ 2 des institutionsbezogenen Sonderprüfungsbegriffs kennt[4], denn er führt aus: „Zu den Sonderprüfungen sind fernerhin diejenigen Bilanzprüfungen zu zählen, welche von einem Gesellschafter einer Gesellschaft des bürgerlichen Rechts oder einer oHG. gemäß § 716 BGB bzw. § 118 HGB veranlaßt werden können[5].“ Hierbei handelt es sich um Prüfungen, die sich daraus ergeben, daß „die Gesellschafter einer Gesellschaft nach BGB sowie einer oHG ... gemäß § 716 BGB bzw. § 118 HGB das Recht (haben), die Bücher und Schriften der Gesellschaft einzusehen und sich

[1] *Berg*, Karl: Wie wird geprüft?, 5. Aufl., Bonn 1948, S. 8.

[2] Diese Vorschrift entspricht § 44 Abs. 1 Ziffer 1 des neuen Gesetzes über das Kreditwesen vom 10. Juli 1961, in welchem an die Stelle des Reichskommissars das Bundesaufsichtsamt für das Kreditwesen getreten ist.

[3] Vgl. *Koehler*, Herbert: Bestätigung und Abgrenzung des Prüfungsauftrages, in: Wirtschaftsprüfung, Ein Handbuch für das Revisions- und Treuhandwesen, Bd. III, hrsg. von Hermann Anatol Ertel, Berlin - Wien - Zürich 1938, S. 62.

[4] *Hintner* verwendet neben den beiden Versionen des institutionsbezogenen Sonderprüfungsbegriffs auch noch einen funktionsbezogenen und einen spezifisch aktienrechtlichen. Vgl. dazu die Ausführungen in den folgenden Kapiteln.

[5] *Hintner*, Otto: Praxis der Wirtschaftsprüfung, a.a.O., S. 36.

aus ihnen eine Bilanz anzufertigen. Nach herrschender Meinung können sie sich hierzu eines sachverständigen Beauftragten bedienen oder einen Sachverständigen zuziehen. Gleiche Rechte haben der Kommanditist (§ 166 HGB) und der stille Gesellschafter (§ 338 HGB). In der Praxis wird von dem Gesellschafter, der die Richtigkeit der Bilanz anzweifelt, in den meisten Fällen ein Bilanzfachmann zu Rate gezogen, der alle Posten der fraglichen Jahresrechnung überprüft[6]." Da sich diese Art von Sonderprüfungen auf die gesamte Rechnungslegung des Unternehmens erstreckt, in der sich ja die ganze Unternehmungstätigkeit widerspiegelt, muß hier ebenfalls von einer institutionsbezogenen Verwendung des Begriffes Sonderprüfung gesprochen werden. Die besondere Gestaltung der innerbetrieblichen Herrschaftsverhältnisse, von der oben gesagt wurde, daß sie ein Wesensmerkmal der institutionsbezogenen Sonderprüfung vom Typ 2 ist, ist darin zu erblicken, daß diese Prüfungen bei Gesellschaften erforderlich werden, in denen die persönliche Mitarbeit des einzelnen Gesellschafters zwar grundsätzlich im Vordergrund steht, im besonderen Fall aber gesetzlich oder vertraglich ausgeschlossen ist. Dies ist z. B. der Fall bei einer oHG, in der ein Gesellschafter an der Geschäftsführung nicht teilnimmt (§ 118 HGB) bei der KG in bezug auf die Kommanditisten (§ 166 HGB) und bei der typischen stillen Gesellschaft in bezug auf den stillen Teilhaber (§ 338 HGB). Anders als bei anderen Rechtsverhältnissen muß bei dieser besonderen Konstellation eine Prüfung möglich sein, wenn der Betroffene es wünscht. Diese Erscheinung, daß — ganz allgemein gesprochen — das Interesse eines Dritten, der selbst keinen Einfluß auf die Betriebstätigkeit und keinen Einblick in den Betrieb nehmen kann, mit ihm jedoch — meist finanziell — verbunden ist, gewahrt werden muß, bildete überhaupt einen wesentlichen Grund für den Ausbau des betriebswirtschaftlichen Revisionswesens[7].

Nachdem nun gezeigt wurde, daß der Begriff Sonderprüfung vielfach in einer institutionsbezogenen Weise Verwendung findet, wollen wir uns nun der anderen Version zuwenden, dem funktionsbezogenen Sonderprüfungsbegriff.

B. Der funktionsbezogene Sonderprüfungsbegriff

Wie oben ausgeführt, besteht das Wesen des funktionsbezogenen Sonderprüfungsbegriffs darin, daß sich die „besondere" Prüfung nicht auf die gesamte wirtschaftliche Betätigung einer Unternehmung richtet, sondern daß nur jeweils ein Teilbereich der betrieblichen Tätigkeit der Prüfung unterworfen wird.

---

[6] *Bussmann*, Karl F., a.a.O., S. 128.

[7] Vgl. *Meyer*, Carl W.: Revisionswesen, a.a.O., S. 92.

Der *Anlaß* zu einer derartigen Prüfung kann nun einmal darin liegen, daß im Leben der Unternehmung ein besonderes Ereignis eingetreten ist, das eine Revision der Unternehmung, soweit sie von diesem Ereignis berührt wird, als zweckmäßig erscheinen läßt. Dies drückt besonders klar Berg aus, wenn er schreibt: „Sonderprüfungen betreffen einen bestimmten Fall im Leben eines Unternehmens ...[1]" Als derartiges besonderes Ereignis im Leben des Unternehmens werden meist Sanierung, Fusion, Abwicklung, Konkurs, Vergleich usw. genannt[2], aber auch Unterschlagungen oder die Aufnahme eines größeren Kredites, bei der der Kreditgeber eine Prüfung der Unternehmung im Hinblick auf ihre Kreditwürdigkeit fordert, kommen in Frage[3]. Diese Feststellung trifft auch Raschenberger, die ausführt: „Im Gegensatze zur formellen und materiellen Revision der regelmäßigen Jahresbilanzen werden sich aus bestimmten Anlässen häufig Revisionen ergeben, die sich entweder mit Sonderbilanzen oder mit der Feststellung und Aufklärung von Bilanzdelikten zu beschäftigen haben ..." Sie nennt diese Prüfungen „Sonder- oder Spezialrevisionen"[4].

Zum anderen können aber auch Mißstände im Hinblick auf einen betrieblichen Teilaspekt, wie z. B. bei der Rentabilität, der Liquidität, der Preisgestaltung, der Organisation, der steuerlichen Belastung usw., Anlaß für eine funktionsbezogene Sonderprüfung sein. Schon allein die Absicht, die regelmäßige Jahresabschlußprüfung zu entlasten oder

---

[1] *Berg*, Karl: a.a.O., S. 8.

[2] In der Regel ist Grundlage der Prüfung die anläßlich eines solchen Ereignisses regelmäßig aufgestellte *Sonder*bilanz bzw. der entsprechende Status. Zum Unterschied zwischen Sonderbilanz und Status vgl. *Hintner*, Otto: Bilanz und Status, in: ZfB, 30. Jahrgang (1960), Heft 9, S. 523—539.

[3] Man könnte sich auf den Standpunkt stellen, daß es sich bei der Kreditwürdigkeitsprüfung bereits um eine institutionsbezogene Sonderprüfung handelt, da sich die gesamte wirtschaftliche Betätigung der Unternehmung irgendwie auf die Kreditwürdigkeit auswirkt und daher der Prüfung unterliegen müßte. Wir teilen diesen Standpunkt nicht. Nach unserer Auffassung handelt es sich noch um eine funktionsbezogene Sonderprüfung mit folgenden Schwerpunkten: personelle Führungsverhältnisse, Ertragslage und Ertragsaussichten, Vermögens- und Schuldenlage und deren zukünftige Entwicklung.

[4] *Raschenberger*, Maria: Bilanzrevisionen, in: Die Bilanzen der Unternehmungen, Festgabe für Julius Ziegler, hrsg .von Karl Meithner, Bd. II: Sonderbilanzen und Bilanzrevision, Berlin - Wien 1934, S. 734. Den gleichen Sonderprüfungsbegriff scheint auch das Institut der Wirtschaftsprüfer zu verwenden. Vgl. Stellungnahme HFA 4/52 des Hauptfachausschusses des Instituts der Wirtschaftsprüfer zum Thema: Bestätigungsvermerk bei Sonderprüfungen, insbesondere bei Prüfung eines Vermögensstatus, in: Die Fachgutachten und Stellungnahmen des Instituts der Wirtschaftsprüfer auf dem Gebiete der Rechnungslegung und Prüfung, Düsseldorf 1956, S. 156; Wirtschaftsprüfer-Handbuch 1963, hrsg. vom Institut der Wirtschaftsprüfer in Deutschland e. V., Bd. I: Fachlicher Teil, Düsseldorf 1963, S. 501. Vgl. auch *Hintner*, Otto: Praxis der Wirtschaftsprüfung, a.a.O., S. 34 f.; *Bussmann*, Karl F., a.a.O., S. 121 ff.

abwechselnd Teilgebiete des dort anfallenden Prüfungsstoffes einmal einer besonders gründlichen Prüfung zu unterziehen, kann zu einer Sonderprüfung im oben beschriebenen Sinne führen[5].

Die meisten Autoren machen nun zwischen den beiden verschiedenen Prüfungsanlässen keine Unterscheidung. So bezeichnen beispielsweise Adler-Düring-Schmaltz als Sonderprüfung unter anderem die Unterschlagungs- oder Veruntreuungsprüfung, die Steuerprüfung, die Kreditwürdigkeitsprüfung, die Preis- und Kalkulationsprüfung, die Organisationsprüfung, die Statusprüfung nach § 83 AktG[6] sowie Prüfungen für Konkurs-, Vergleichs- und Abwicklungszwecke[7]. Allen diesen Fällen ist jedoch gemeinsam, daß es sich dabei um eine funktionsbezogene Verwendung des Begriffes Sonderprüfung handelt.

C. Der institutions-funktionsbezogene Sonderprüfungsbegriff

Unter institutions-funktionsbezogenen Sonderprüfungen sind Prüfungen zu verstehen, bei denen ganz bestimmte Institutionen (Unternehmungsformen) in bezug auf bestimmte Funktionen (Teilbereiche ihrer wirtschaftlichen Tätigkeit) einer Revision unterzogen werden. Der *Anlaß* für eine derartige Prüfung ist regelmäßig im Zusammentreffen einmal eines besonderen Interesses eines Dritten, der sich seine Information nicht auf andere Weise beschaffen kann — ein Merkmal, das für alle institutionsbezogenen Sonderprüfungen zutrifft —, und zum anderen in einer ganz besonderen Gefährdung dieser seiner Interessen bei gewissen Einzelvorgängen in der Unternehmung zu erblicken. Es leuchtet unmittelbar ein, daß bei einer derartigen Interessen- und Machtlage die Prüfung schon von Gesetzes wegen vorgeschrieben oder zumindest im Gesetz vorgesehen ist.

Es handelt sich bei dieser Art von Sonderprüfungen einmal um die aktienrechtliche Gründungsprüfung und um die Depotprüfung, die immer dann durchgeführt werden müssen, wenn eine Aktiengesellschaft gegründet wird[1] bzw. ein Kreditinstitut das Depotgeschäft betreibt. Zum anderen handelt es sich um die uns interessierende aktienrechtliche Sonderprüfung, bei der auf Antrag der Hauptversammlung einer

---

[5] Diesen Sonderprüfungsbegriff verwendet z. B. *Müller*, H. S.: Mehr revidieren — weniger berichten!, in: Der Wirtschaftsprüfer, 3. Jahrgang (1934), Heft 15/16, S. 333.

[6] Dieser Vorschrift entspricht § 92 des neuen Aktiengesetzes vom 6. September 1965.

[7] Vgl. *Adler-Düring-Schmaltz,* a.a.O., § 135 Tz. 93 ff. Vgl. auch *Rentrop,* Siegfried, a.a.O., Sp. 4892; *Koehler,* Herbert, a.a.O., S. 70.

[1] Eine *externe* Gründungsprüfung ist allerdings nicht in allen Fällen notwendig. Vgl. § 25 Abs. 2 AktG 1937 bzw. § 33 Abs. 2 AktG 1965.

Aktiengesellschaft oder auch einer Minderheit von Aktionären einzelne Vorgänge bei der Gründung oder der Geschäftsführung der Aktiengesellschaft untersucht werden können. Die institutions-funktionsbezogenen Sonderprüfungen werden in der Literatur nirgends als geschlossene Gruppe aufgeführt; vielmehr werden vor allem Gründungs- und Depotprüfung meist in einem Atemzug mit den funktionsbezogenen Sonderprüfungen genannt[2].

Die *aktienrechtliche Gründungsprüfung* soll die zukünftigen Aktionäre und Gläubiger der Aktiengesellschaft vor Benachteiligungen schützen, die einmal schon durch die bei der Rechtsform der Aktiengesellschaft wesensbedingte Trennung von Unternehmungsführung und Kapital nicht ausgeschlossen sind, zum anderen aber beim Vorgang der Gründung in ganz besonderem Maße zu befürchten sind, wie die zahlreichen Schwindelgründungen in den Jahren 1871—1873 deutlich zeigen[3]. Dieser vom Gesetzgeber verfolgte Zweck läßt sich insbesondere aus § 26 Abs. 1 AktG 1937 bzw. dem gegenüber dieser Vorschrift nur sprachlich verbesserten § 34 Abs. 1 AktG 1965 entnehmen. „Demgemäß soll sich die Gründungsprüfung der AG namentlich darauf erstrecken, ob die Angaben der Gründer über die Übernahme der Aktien, über die Einlagen auf das Grundkapital, über Sondervorteile zugunsten der Aktionäre, über Gründungsaufwand, Sacheinlagen und Sachübernahmen richtig und vollständig sind und ob die für eingelegte oder übernommene Gegenstände gewärten Leistungen angemessen sind[4].“

Auch die gemäß § 30 des Gesetzes über das Kreditwesen vom 10. Juli 1961 vorgesehene *Depotprüfung* verfolgt den Zweck, festzustellen, „ob das Kreditinstitut (einschl. der Zweigstellen) die — zum Schutze der Einleger geschaffenen, d. Verf. — gesetzlichen Vorschriften[5] und die Berufsauffassung des Kreditgewerbes über die Handhabung des Wertpapiergeschäftes beachtet[6].

Im Gegensatz zur Gründungs- und Depotprüfung, bei denen der Prüfungsanlaß unmittelbar durch das Gesetz gegeben ist, ist bei der *aktienrechtlichen Sonderprüfung* der Gesetzgeber gleichsam nur der

---

[2] Vgl. z. B. *Koehler,* Herbert, a.a.O., S. 70; *Berg,* Karl, a.a.O., S. 8; *Hintner,* Otto: Praxis der Wirtschaftsprüfung, a.a.O., S. 62.

[3] Vgl. hierzu *Dienst,* Diether: Die aktienrechtliche externe Gründungsprüfung, Diss. München 1959, S. 14 ff., insbesondere S. 21.

[4] *Bussmann,* Karl F., a.a.O., S. 114; Hervorhebungen nicht wiedergegeben.

[5] Vgl. Gesetz über die Verwahrung und Anschaffung von Wertpapieren, Depotgesetz, vom 4. Februar 1937 (RGBl. I, S. 171).

[6] Ziffer 6 der 5. Bekanntmachung des Reichskommissars für das Kreditwesen vom 1. August 1935; zitiert nach: Wirtschaftsprüfer-Handbuch 1963, hrsg. vom Institut der Wirtschaftsprüfer in Deutschland e. V., Bd. I: Fachlicher Teil, Düsseldorf 1963, S. 147.

mittelbare Anlaß, da es der Hauptversammlung oder einer Minderheit der Aktionäre überlassen bleibt, eine Sonderprüfung nach den Vorschriften des Aktiengesetzes zu beantragen. Bevor wir uns nun der aktienrechtlichen Sonderprüfung etwas eingehender zuwenden, soll versucht werden, das bisher Gesagte an Hand eines Schaubildes über die in der Literatur anzutreffenden Sonderprüfungsbegriffe nach einmal zu verdeutlichen (vgl. Schaubild S. 22).

Das Aktiengesetz von 1937 kennt wie das Aktiengesetz von 1965 drei Arten von Prüfungen: Die aktienrechtliche Gründungsprüfung, die Jahresabschlußprüfung und die aktienrechtliche Sonderprüfung[7], die jederzeit und unabhängig von den beiden erstgenannten Prüfungen herbeigeführt werden kann und von der es keine Ausnahme gibt. Die §§ 118 Abs. 1 Satz 1 AktG 1937 bzw. 142 Abs. 1 Satz 1 AktG 1965 lauten:

> „Zur Prüfung von Vorgängen bei der Gründung oder der Geschäftsführung, namentlich auch bei Maßnahmen der Kapitalbeschaffung und Kapitalherabsetzung, kann die Hauptversammlung mit einfacher Stimmenmehrheit Prüfer (Sonderprüfer)[8] bestellen."

Bei der Beschlußfassung kann ein Mitglied des Vorstands oder des Aufsichtsrats nicht mitstimmen, wenn sich die Prüfung auf Vorgänge erstrecken soll, die mit der Entlastung eines Mitglieds des Vorstands oder Aufsichtsrats oder der Einleitung eines Rechtsstreits zwischen der Gesellschaft und einem Mitglied des Vorstands oder Aufsichtsrats zusammenhängen[9]. Ferner ist Voraussetzung, daß die Beschlußfassung über die Bestellung von Sonderprüfern rechtzeitig angekündigt worden ist, es sei denn, daß sich die Sonderprüfung auf Vorgänge bezieht, die mit einem Gegenstand der Tagesordnung in unmittelbarem Zusammenhang stehen[10].

---

[7] Der weitergefaßte Begriff der aktienrechtlichen Sonderprüfung, den *Rentrop* verwendet, der darunter auch die Prüfung der Abwicklung, Verschmelzung und Umwandlung einer Aktiengesellschaft versteht, erscheint uns auf Grund seiner Mißverständlichkeit nicht zweckmäßig. (Vgl. *Rentrop*, —König (Betriebspolitische Schriften) Fußnoten 8-8-25 Spalte 2 Siegfried, a.a.O., Sp. 4892.) Die in den §§ 258—261 und 315 des Aktiengesetzes von 1965 eingeführten „besonderen" Sonderprüfungen im Zusammenhang mit der nach dem neuen Aktiengesetz beschränkten Möglichkeit der Bildung stiller Reserven bzw. dem nach dem neuen Konzernrecht zu erstattenden Abhängigkeitsbericht stellen ebenfalls aktienrechtliche Sonderprüfungen dar, bei denen lediglich der Prüfungsgegenstand bereits konkretisiert ist.

[8] Das Aktiengesetz von 1937 sprach nur von Prüfern. Die in der Literatur übliche Bezeichnung „Sonderprüfer" wurde erst im Aktiengesetz von 1965 übernommen.

[9] Vgl. Urteil des Reichsgerichts vom 24. 10. 1933, in: RGZ 142, 134; Urteil des Reichsgerichts vom 4. 12. 1934, in: RGZ 146, 71; Urteil des Reichsgerichts vom 22. 1. 1935, in: RGZ 146, 385; Urteil des Bundesgerichtshofs vom 29. 1. 1962, in: BGHZ 36, 296.

[10] Vgl. *Schlegelberger-Quassowski:* Kommentar zum Aktiengesetz, 3. Aufl.,

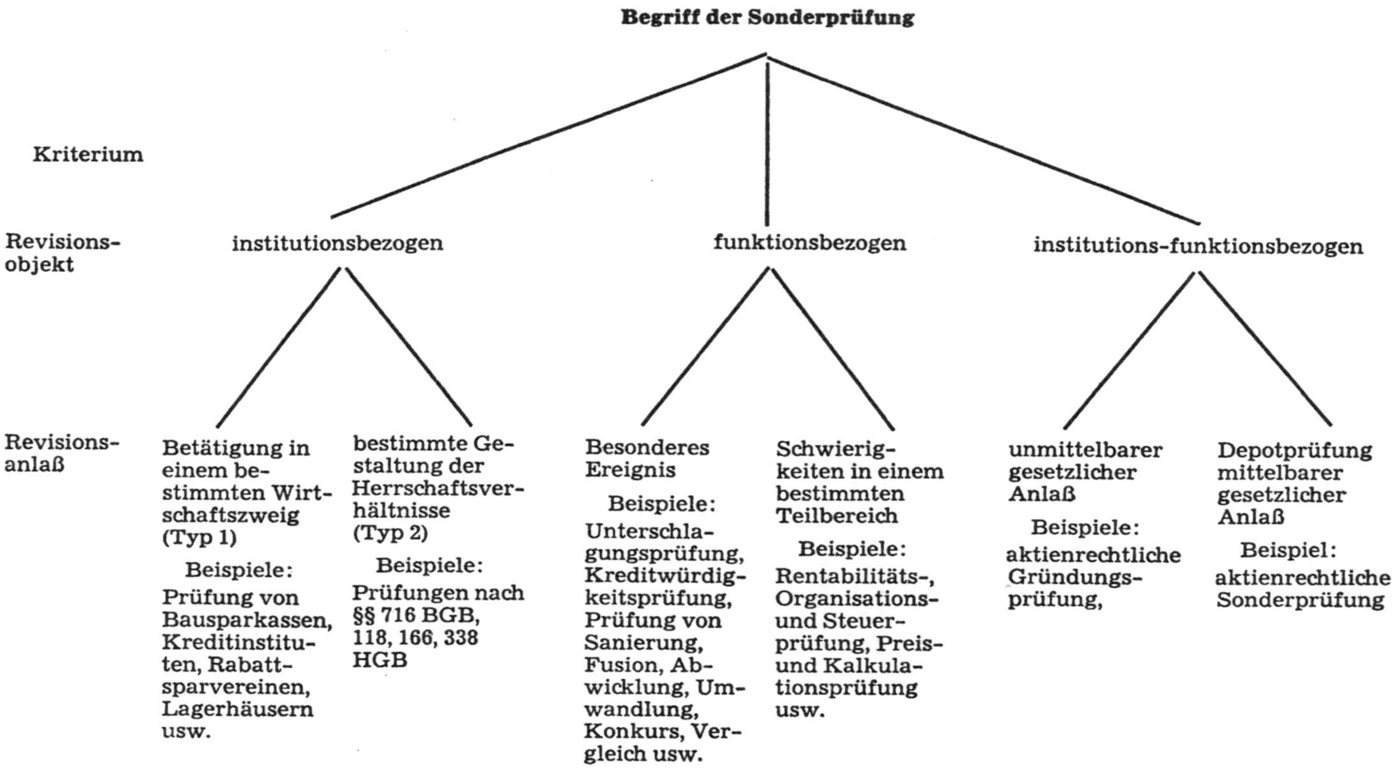
Begriff der Sonderprüfung
Kriterium
Revisions-objekt
institutionsbezogen
funktionsbezogen
institutions-funktionsbezogen
Revisions-anlaß
Betätigung in einem bestimmten Wirtschaftszweig (Typ 1)
Beispiele: Prüfung von Bausparkassen, Kreditinstituten, Rabattsparvereinen, Lagerhäusern usw.
bestimmte Gestaltung der Herrschaftsverhältnisse (Typ 2)
Beispiele: Prüfungen nach §§ 716 BGB, 118, 166, 338 HGB
Besonderes Ereignis
Beispiele: Unterschlagungsprüfung, Kreditwürdigkeitsprüfung, Prüfung von Sanierung, Fusion, Abwicklung, Umwandlung, Konkurs, Vergleich usw.
Schwierigkeiten in einem bestimmten Teilbereich
Beispiele: Rentabilitäts-, Organisations- und Steuerprüfung, Preis- und Kalkulationsprüfung usw.
unmittelbarer gesetzlicher Anlaß
Beispiele: aktienrechtliche Gründungsprüfung,
Depotprüfung mittelbarer gesetzlicher Anlaß
Beispiel: aktienrechtliche Sonderprüfung

Das gleiche Recht auf Einleitung einer Sonderprüfung steht gemäß §§ 118 Abs. 2 Satz 1 AktG 1937 bzw. 142 Abs. 2 Satz 1 AktG 1965 auch einer Minderheit von Aktionären zu, deren Anteile zusammen den zehnten Teil des Grundkapitals erreichen[11]. Voraussetzung ist jedoch, daß die Hauptversammlung einen diesbezüglichen Antrag abgelehnt hat, wobei die Wiederaufhebung des Beschlusses der Ablehnung des Antrags gleichkommt[12]. Die Bestellung erfolgt auf Antrag der Minderheit durch das Registergericht am Sitz der Gesellschaft, wenn die Minderheit Verdachtsgründe beigebracht hat, daß bei dem zu prüfenden Vorgang, der in bezug auf die Gründung nicht länger als fünf Jahre — nach dem Aktiengesetz von 1937 waren es zwei Jahre — zurückliegen darf, Unredlichkeiten oder grobe Verletzungen des Gesetzes oder der Satzung[13] vorgekommen sind. Ein Aktienbesitz von mindestens drei Monaten ist glaubhaft zu machen.

Diese Prüfung[14], die in groben Umrissen ihre Ausgestaltung im Aktiengesetz gefunden hat und die man deshalb zweckmäßigerweise als *aktienrechtliche* Sonderprüfung bezeichnet, ist gemeint, wenn in der folgenden Untersuchung über den Umfang der in § 121 Abs. 3 Satz 1 AktG 1937 bzw. in § 145 Abs. 4 Satz 1 AktG 1965 geforderten Berichterstattung — aus Gründen der Vereinfachung — von „Sonderprüfung" gesprochen wird. Prüfungen, die nicht sämtliche der in den §§ 118 ff. AktG 1937 bzw. 142 ff. AktG 1965 verankerten Merkmale aufweisen[15] — diese Prüfungen werden in der Literatur häufig als „freie" Sonderprüfungen bezeichnet[16] —, sind nicht als aktienrechtliche Sonderprüfungen anzusehen[17].

Berlin 1939, § 118 Anm. 4; *von Godin-Wilhelmi:* Kommentar zum Aktiengesetz, 2. Aufl., Berlin 1950, § 118 Anm. 2; *Teichmann-Koehler:* Kommentar zum Aktiengesetz, 3. Aufl., Heidelberg 1950, §§ 118—121 Anm. II.

[11] Nach dem Aktiengesetz von 1965 genügt es auch, wenn die Anteile zusammen den Nennwert von 2 Mill. DM erreichen.

[12] Vgl. Urteil des Reichsgerichts vom 16. 2. 1934, in: RGZ 143, 401 (410).

[13] Vgl. zu diesem Begriff *Bordt,* Karl, a.a.O., S. 96 ff.

[14] Vgl. insbesondere die Ausführungen über das Wesen der aktienrechtlichen Sonderprüfung in Kapitel II A.

[15] Vgl. *Adler-Düring-Schmaltz,* a.a.O., § 135 Tz. 230 a.

[16] Vgl. z. B. *Bussmann,* Karl F., a.a.O., S. 121.

[17] Vgl. hierzu insbesondere das Urteil des OLG Hamburg vom 17. 12. 1963, in: BB, 19. Jahrgang (1964), Heft 16, S. 658 f.

II. Das Wesen von Sonderprüfung und Prüfungsbericht als Bestimmungsfaktoren für den Umfang des Sonderprüfungsberichts (positive Determinierung)

Wie weiter oben bereits festgestellt, können Aussagen über den Umfang des aktienrechtlichen Sonderprüfungsberichts erst dann gemacht werden, wenn der positive Umfang der Berichterstattung herausgearbeitet ist. Nur auf diesem Hintergrund ist es möglich, die Einschränkungen des Berichtsumfanges, die das alte und das neue Aktiengesetz bringen, in ihrem Ausmaß zu erkennen und in ihrer Bedeutung für den Sonderprüfungsbericht zu beurteilen.

Es bedarf keiner besonderen Erklärung, daß die Faktoren, die den positiven Umfang des Sonderprüfungsberichts bestimmen, einmal im Wesen der Sonderprüfung selbst zum anderen im Wesen des Prüfungsberichts im allgemeinen zu erblicken sind. Wir beginnen mit der Analyse des Wesens der Sonderprüfung.

A. Das Wesen der Sonderprüfung

Das Wesen der Sonderprüfung kann nach verschiedenen Richtungen untersucht werden, wobei sich jedesmal andere Wesensmerkmale der Sonderprüfung ergeben. Für unseren Zweck, Anhaltspunkte für den positiven Umfang der Berichterstattung zu erhalten, ist es besonders ergiebig, das Wesen der Sonderprüfung dadurch zu ermitteln, daß wir die aktienrechtliche Sonderprüfung in ein System der Prüfungsarten einordnen, den Umfang der Prüfung bestimmen und schließlich die Sonderprüfung im Spannungsfeld der an der Aktiengesellschaft interessierten Gruppen sehen. Wenden wir uns zunächst der Einordnung der Sonderprüfung in ein System der Prüfungsarten zu.

1. Die Einordnung der Sonderprüfung in ein System der Prüfungsarten

Während es oben bei der Bestimmung des Begriffs der aktienrechtlichen Sonderprüfung darum ging, die verschiedenartigen *Sonderprüfungen* in ein Schema der Sonderprüfungsbegriffe einzuordnen, besteht unsere Aufgabe nun darin, die auf diese Weise näher gekennzeichnete aktienrechtliche Sonderprüfung in ein System einzuordnen, das *alle* in der Praxis vorkommenden Prüfungen umfaßt. Auch hier erhebt sich aber wieder die Frage, nach welchen Kriterien eine Einteilung der Prüfungsarten vorgenommen werden soll. Da in der betriebswirtschaftlichen Literatur die unterschiedlichsten Kriterien zur Anwendung gelangen, begegnet man auch einer Vielzahl von Einteilungsvorschlägen. Bevor wir einige von ihnen darstellen, ist jedoch der Begriff der Prüfung noch von den verwandten Begriffen Revision und — insbesondere — Kontrolle abzugrenzen.

a) Die Einteilung der Prüfungsarten in der Literatur

Um zu einer Unterscheidung zwischen Revision und Kontrolle — der Begriff Prüfung wird entweder gleichbedeutend mit Revision oder als Oberbegriff zu Revision und Kontrolle gebraucht — zu gelangen, zieht man in der Literatur als Kriterium verschiedentlich den Prüfungszeitpunkt heran. Danach erfolgt die Revision nach Beendigung des gesamten zu prüfenden Tatbestands, wogegen die Kontrolle bereits während der Entstehung desselben, d. h. nach den verschiedenen, schließlich zum Gesamttatbestand führenden Einzelschritten einsetzt. Diese Auffassung wird beispielsweise von Wölfel vertreten, wenn er schreibt: „Nachprüfen bedeutet ganz allgemein aufgefaßt eine kritische Arbeitswiederholung, mit der Absicht, festzustellen, ob die Handlungen formell ... und materiell richtig sind. Voraussetzung ist dabei, daß die Arbeit vollendet ist und daran anschließend die Kritik einsetzt, deren Aufgabe es ist, in rückschauender Weise den gesamten Arbeitsvorgang, gewissermaßen die Geschehnisse, die zu den Eintragungen, Aufzeichnungen oder Handlungen geführt haben, zu wiederholen und das Ergebnis zu überblicken. Unter Kontrolle verstehen wir hingegen vornehmlich sichernde Maßnahmen, die den Vorgängen zeitlich eng angeschlossen oder in diese selbst eingebaut sind."[1] Nach demselben Kriterium unterscheiden auch Hertlein-Meisner[2] und Berg[3].

Diese Art der Einteilung wird nun von Zimmermann mit Recht kritisiert. Wenn wir auch seinem Argument, daß nach dieser Abgrenzung „bei derselben Prüfung sowohl Revisions- wie Kontrollarbeiten ausgeführt würden, daß der Prüfer, soeben noch Revisor, zum Kontrolleur würde"[4], nicht folgen können, weil wir darin nicht unbedingt einen besonderen Nachteil erblicken, so ist es doch richtig, daß nach dieser Unterscheidung die Grenzen zwischen Revision und Kontrolle recht

---

[1] *Wölfel,* Josef: Die Revisionstechnik im kommunalen Prüfungswesen, Stuttgart 1955, S. 11.

[2] Vgl. *Hertlein-Meisner:* Abschluß und Prüfung der Unternehmungen, 4. Aufl., Wiesbaden 1956, S. 77.

[3] Vgl. *Berg,* Karl, a.a.O., S. 7.

[4] *Zimmermann,* Erhard: Theorie und Praxis der Prüfungen im Betriebe, Essen 1954, S. 20.

flüssig werden. Zimmermann schlägt daher vor, als Unterscheidungsmerkmal die Person des Prüfers zu wählen. Unter Revision versteht er dann eine Prüfung — hier wird der Begriff Prüfung als Oberbegriff gebraucht —, die durch Personen ausgeführt wird, die dem geprüften Betrieb nicht angehören. Bei der Kontrolle dagegen wird die Prüfung durch Betriebsangehörige durchgeführt, d. h. durch Personen, die einen ständigen Arbeitsplatz des Betriebes innehaben[5]. Diese Unterscheidung machen sich auch Haas-Oechsner zu eigen[6].

Wenn auch zuzugeben ist, daß diese Unterscheidung zu verhältnismäßig eindeutigen Ergebnissen führt, so erscheint sie doch zu formalistisch. Insbesondere die aktienrechtliche Sonderprüfung, die sowohl von Betriebsangehörigen als auch von Außenstehenden durchgeführt werden kann[7], wäre einmal Kontrolle und ein anderes Mal Revision. Diese Schwierigkeiten überwindet die — wie man sie nennen könnte — funktionale Betrachtungsweise von Meyer.

„Jede Prüfung verlangt Feststellung der tatsächlichen Gegebenheiten des ihr unterworfenen Sachverhaltes — des ‚Ist' des Prüfungsobjektes — und die Untersuchung seiner Übereinstimmung mit den dafür notwendigen oder geforderten Gegebenheiten — eben dem ‚Soll'"[8]. Diesen Vergleich zwischen Ist- und Sollzustand nennt Meyer Kontrolle[9].

Nun ergibt es sich aber häufig, daß für den vorgefundenen Zustand als Ganzes gar kein Soll bzw. kein gleich übersehbares oder kein zweifelfreies Soll existiert. In diesem Fall muß den Kausalzusammenhängen im Werden des Revisionsobjektes nachgegangen und müssen die Fakten herausgearbeitet werden, deren Vorhandensein, Zusammentreffen und Zusammenwirken den der Revision unterworfenen Tatbestand ergaben, d. h. der Sachverhalt muß zergliedert werden. Die dabei in Erscheinung tretenden Teiltatbestände müssen dann in systematischer Verkettung Soll-Ist-Vergleichen unterworfen werden. Diesen gesamten Vorgang nennt Meyer Revision, die nicht nur dann durchgeführt werden muß, wenn kein bzw. zumindest kein zweifelfreies Soll festzustellen ist, sondern auch dann, wenn die Kontrolle das Nichtübereinstimmen von Soll und Ist ergibt und dessen Ursachen zu ergründen sind[10].

---

[5] Vgl. Zimmermann, Erhard, a.a.O., S. 19.

[6] Vgl. *Haas-Oechsner:* Der Jahresabschluß nach Handels- und Steuerrecht, Bd. I: Grundsätze der Rechnungslegung, Wiesbaden 1958, S. 161.

[7] Vgl. unten Kapitel II A 2 a.

[8] *Gerstner-Meyer:* Wegweiser für die kaufmännische Betriebs- und Bilanzprüfung, 5. Aufl., Berlin 1962, S. 11.

[9] Vgl. auch *Schnutenhaus*, Otto R.: Allgemeine Organisationslehre — Sinn, Zweck und Ziel der Organisation, Berlin 1951, S. 64.

[10] Vgl. *Meyer*, Carl W.: Revisionswesen, a.a.O., S. 89 f.

Hinsichtlich des Verhältnisses von Revision und Kontrolle ergibt sich nun, daß jede Revision Kontrollen in der Form von systematischen Kontrollketten einschließt. Beide, Revision und Kontrolle, sind Mittel der Prüfung, so daß in einem Schema der Prüfungsarten alle in der Praxis vorzufindenden Prüfungen unterzubringen sein müssen, unabhängig davon, ob sie sich als Revision oder als Kontrolle darstellen. Unter den Versuchen, zu einer Einteilung der Prüfungsarten zu gelangen, kann man zunächst einmal solche feststellen, bei denen nach einer Vielfalt von Einteilungskriterien vorgegangen wird, ohne daß den einzelnen Kriterien ein Rang zugesprochen würde, d. h. ohne daß ein geschlossenes System entwickelt würde. So teilt beispielsweise Gerstner u. a. in persönliche und sachliche, laufende und periodische, interne und externe, ordentliche und außerordentliche Prüfungen ein[11].

Neben diesen Einteilungsvorschlägen kann man aber auch Autoren unterscheiden, die ein System der Prüfungsarten entwickeln, d. h. Autoren, die ihre Kriterien nicht jeweils auf die Gesamtheit der verschiedenen Prüfungen anwenden und so zu einem Katalog von nebeneinanderstehenden Einteilungsmöglichkeiten kommen, sondern die jeweils die aus einem Kriterium resultierende Gruppierung mit Hilfe anderer Kriterien weiter aufteilen, bis die einzelnen Prüfungen mit der nötigen Klarheit eingeordnet werden können. Hier sind insbesondere die Einteilungssysteme von Schmitt-Schmitt[12] und Meyer[13] zu nennen. Ganz besonderer Einfachheit und Klarheit erfreut sich das System Hintners, von dem Oechsner sogar behauptet, daß es nur noch auf Kosten der Übersichtlichkeit ausgebaut werden könne[14]. Hintner teilt ein in Prüfungen, die durch Gesetz oder Verordnung zwingend vorgeschrieben sind, in Prüfungen, die nach gesetzlichen Vorschriften vorgesehen sind und in Prüfungen auf Grund besonderen Auftrages[15]. Schließlich wäre in diesem Zusammenhang noch das System Loitlsbergers zu erwähnen, der nach dem zu prüfenden Sachverhalt, der inneren Struktur der Prüfung und nach dem Prüfungsziel einteilt[16].

---

[11] Vgl. *Gerstner*, Paul: Revisionstechnik, 6. Aufl., Berlin 1940, S. 8 f.; vgl. auch *Fluch*, Kurt: Die Buchprüfung im kaufmännischen Betrieb, 3. Aufl., Hann.Münden 1956, S. 26 f.; *Hertlein-Meisner*, a.a.O., S. 77 f.

[12] Vgl. *Schmitt-Schmitt:* Das Revisions-Universum, Berlin - Bielefeld - München 1953, S. 27 ff.

[13] Vgl. *Meyer*, Carl W.: Revisionswesen, a.a.O., S. 94 ff.; *Gerstner-Meyer*, a.a.O., S. 13 f.

[14] Vgl. *Oechsner*, Lothar: Betriebswirtschaftliche Gestaltungsmöglichkeiten des Prüfungsberichtes, Diss. Mannheim 1951, S. 11.

[15] Vgl. *Hintner*, Otto: Praxis der Wirtschaftsprüfung, a.a.O., S. 16.

[16] Vgl. *Loitlsberger*, Erich: Treuhand- und Revisionswesen, 2. Aufl., Stuttgart 1966, S. 29 ff.

In welches Einteilungssystem wir nun die aktienrechtliche Sonderprüfung einordnen, hängt davon ab, welcher Zweck verfolgt werden soll. Es erweist sich, daß für unseren Zweck, Aussagen über den positiven Umfang des Sonderprüfungsberichts zu ermöglichen, das von Loitlsberger entwickelte System ganz besonders geeignet ist. Wir wollen daher im folgenden die aktienrechtliche Sonderprüfung im Hinblick auf den bei ihr zu prüfenden Sachverhalt, die innere Struktur und das Prüfungsziel untersuchen.

b) Die Sonderprüfung im System Loitlsbergers

b a) Der zu prüfende Sachverhalt

Von den Elementen, die bei jeder Prüfung — wenn auch stets in einer anderen, ganz spezifischen Konstellation — vorkommen, ist es in besonderem Maße der zu prüfende Sachverhalt oder das Prüfungsobjekt, das die einzelnen Prüfungen voneinander unterscheidet[17]. Es gilt nun zu untersuchen, wie das Prüfungsobjekt bei der aktienrechtlichen Sonderprüfung beschaffen ist.

Wenn das Gesetz von *Vorgängen* bei der Gründung oder der Geschäftsführung spricht, so wird daraus bereits deutlich, daß es sich um einzelne, klar umrissene und bezeichnete Teilakte handeln muß. Darüber hat es denn auch seit Einführung des Instituts der Sonderprüfung im „Gesetz betreffend die Kommanditgesellschaften auf Aktien und die Aktiengesellschaften vom 18. Juli 1884“ keine Meinungsverschiedenheiten gegeben. Bereits im Jahre 1892 stellt Lubszynski fest: „Die gerichtliche Ernennung von Revisoren kann nicht behufs Prüfung der allgemeinen Geschäftslage oder eines jeden gesellschaftlichen Vorgangs erfolgen, sondern es muß sich um *bestimmte Hergänge* handeln“[18]. Dieser Grundsatz der „Individualisierung“[19] der zu prüfenden Vorgänge wurde bald auch durch die Rechtsprechung bestätigt[20]; das

---

[17] Vgl. *Loitlsberger*, Erich: Zur Theorie der Prüfung, in: Grundlagen der Buchprüfung, Bd. 1 der Veröffentlichungen des Instituts für Organisation und Revisionswesen an der Hochschule für Welthandel, Wien, hrsg. von Leopold L. Illetschko, Wien 1953, S. 30; künftige Zitierweise: *Loitlsberger*, Erich: Zur Theorie ..., a.a.O.

[18] *Lubszynski*, Julius: Welche Rechte hat die Minderheit der Aktionäre gegenüber der Gesellschaft?, Berlin 1892, S. 22.

[19] Vgl. *Schlegelberger-Quassowski*, a.a.O., § 118 Anm. 2.

[20] Vgl. Beschluß des Kammergerichts vom 19. 7. 1901, in: Die Rechtsprechung der Oberlandesgerichte auf dem Gebiet des Zivilrechts, Bd. 3, S. 84 f.; Beschluß des Kammergerichts vom 8. 6. 1903, in: Die Rechtsprechung der Oberlandesgerichte auf dem Gebiet des Zivilrechts, Bd. 9, S. 263; Urteil des Reichsgerichts vom 22. 1. 1935, in: RGZ 146, 385 (393 f.).

neuere Schrifttum bekennt sich ebenfalls einhellig zu dieser Auffassung[21].

Dementsprechend wäre eine Sonderprüfung der gesamten Gründungsvorgänge oder der Geschäftsführung innerhalb eines bestimmten Zeitraumes nicht zulässig, wohl aber beispielsweise eine Überprüfung von Transaktionen mit abhängigen Gesellschaften, von bestimmten Fehldispositionen des Vorstands, Ergebnisabführungsverträgen, Betriebspacht- und -überlassungsverträgen usw.[22].

Mit dieser Erkenntnis, daß es sich stets um einzelne individualisierte Teilakte handeln muß, ist aber noch nicht viel gewonnen. Wenn wir näher bestimmen wollen, welche Prüfungsobjekte das Gesetz mit dem Passus „Vorgänge bei der Gründung oder der Geschäftsführung“ für die aktienrechtliche Sonderprüfung vorgesehen hat, wird es erforderlich, zu untersuchen, welche Vorstellungen der Gesetzgeber mit den Begriffen „Gründung“ und „Geschäftsführung“ verbindet. Dabei bildet der Begriff Gründung die geringeren Schwierigkeiten. Mit „Gründung“ bezeichnet das Gesetz den Zeitraum, der etwa von der Feststellung der Satzung bis zur rechtlichen Entstehung der Aktiengesellschaft durch die konstitutiv wirkende Eintragung in das Handelsregister vergeht. Alle Maßnahmen, die innerhalb dieses Zeitraumes von den an der Gründung beteiligten Personen getätigt wurden, insbesondere die Vorgänge bei der Zeichnung der Aktien, bei der ersten Einzahlung des Grundkapitals und bei der sog. qualifizierten Gründung[23], können einer Sonderprüfung unterworfen werden[24]. Schwieriger fällt die Bestimmung des Begriffes Geschäftsführung. Zu seiner Klärung müssen wir etwas weiter ausholen.

Nach Saage lassen sich drei Begriffe der Geschäftsführung unterscheiden: die Geschäftsführung im Rechtssinne, die Geschäftsführung nach betriebswirtschaftlicher Auffassung und die Geschäftsführung aus der Sicht des Prüfers[25].

Der Begriff der Geschäftsführung im Rechtssinne stellt den Gegensatz zum Begriff Vertretung dar, wobei unter Geschäftsführung die

---

[21] Vgl. z. B. *Gadow-Heinichen:* Großkommentar zum Aktiengesetz, 2. Aufl., Bd. 1, Berlin 1961, § 118 Anm. 2; *Baumbach-Hueck:* Kommentar zum Aktiengesetz, 12. Aufl., München und Berlin 1965, § 118 Anm. 2 A; *Adler-Düring-Schmaltz,* a.a.O., § 135 Tz. 232; *von Gleichenstein,* a.a.O., S. 761.

[22] Vgl. *Saage,* Gustav: Die Prüfung der Geschäftsführung, Stuttgart 1965, S. 14.

[23] Vgl. *Lubszynski,* Julius, a.a.O., S. 23.

[24] Ebenso wie die Vorgänge vor Bestehen der Gesellschaft — bei der Gründung — können nach herrschender Meinung auch die Vorgänge nach dem Ende der Gesellschaft — bei der Abwicklung — Gegenstand einer Sonderprüfung sein. Vgl. *Hintner,* Otto: Praxis der Wirtschaftsprüfung, a.a.O., S. 28.

[25] Vgl. *Saage,* Gustav, a.a.O., S. 1 ff.

Handlungsbefugnis im Innenverhältnis und unter Vertretung die nach außen verstanden wird. Es bedarf keiner weiteren Ausführungen, daß dieser Begriff in unserem Zusammenhang nicht gemeint sein kann. Nach der Auffassung der Betriebswirtschaftslehre bezeichnet der Begriff Geschäftsführung eine der betriebswirtschaftlichen Hauptfunktionen[26]. Wir wollen nun zunächst darstellen, aus welchen Komponenten sich die Geschäftsführung nach betriebswirtschaftlicher Auffassung zusammensetzt, um dann bestimmen zu können, was davon von dem vorliegenden Begriff der Geschäftsführung in den §§ 118 AktG 1937, 142 AktG 1965 erfaßt wird. Da in der betriebswirtschaftlichen Literatur die Meinungen darüber, was die Führungsfunktion umfaßt, sehr stark auseinandergehen und es im Rahmen dieser Untersuchung nicht möglich ist, die unterschiedlichen Auffassungen nebeneinander abzuhandeln, beschränken wir uns im folgenden auf die Darstellung der Konzeption von Meyer, die uns besonders klar und umfassend erscheint[27].

Der Begriff der Führung läßt sich auf sehr unterschiedliche Objekte beziehen. Soweit es sich dabei um die Führung menschlicher Gemeinschaften handelt, ist die Aufgabe der Führung darin zu erblicken, den von der Gemeinschaft verfolgten Zweck zu realisieren. Innerhalb der menschlichen Gemeinschaften ist die Unternehmung — die Aktiengesellschaft, um die es in unserem Zusammenhang geht, ist ein ganz typischer Vertreter dieser Gattung — ein auf dem System der Verkehrswirtschaft beruhendes, durch die Initiative und die schöpferische Kraft — die Unternehmungsidee — einzelner Personen und durch ihre Verbindung mit finanziellen Mitteln — dem Unternehmungskapital — ins Leben gerufenes Gebilde.

Auf Grund der wesensmäßigen Verbindung der Unternehmung mit der Verkehrswirtschaft läßt sich generell sagen, daß der Hauptzweck dieser Art menschlicher Gemeinschaften in der Bedarfsdeckung zu sehen ist. Dieser Zweck der Bedarfsdeckung weist drei verschiedene Aspekte auf: „Für die gesamte Wirtschaftsgemeinschaft besteht er darin, daß die Unternehmung zur Deckung eines bestimmten Bedarfs Dritter benötigte Leistungen hervorbringt und absetzt, für die von den Trägern der Unternehmung in ihr zusammengefaßten Arbeitskräfte

---

[26] Vgl. *Gutenberg*, Erich: Einführung in die Betriebswirtschaftslehre, 1. Lieferung der Reihe „Die Wirtschaftswissenschaften“, hrsg. von Erich Gutenberg, Wiesbaden 1958, S. 21.

[27] Zu den folgenden Ausführungen vgl. *Meyer*, Carl W.: Revisionswesen, a.a.O., S. 97 ff.; derselbe: Die Koordination von Unternehmung und Markt, Ein systematischer Grundriß, Heft 3 der Vertriebswirtschaftlichen Abhandlungen des Instituts für industrielle Verbrauchsforschung und Vertriebsmethoden der Technischen Universität Berlin, hrsg. von Otto R. Schnutenhaus, Berlin 1959, Kap. I, A und Kap. II, B; künftige Zitierweise dieses Werkes: Meyer, Carl W.: Koordination, a.a.O.

liegt er in der in Form der Arbeitsentgelte stattfindenden Einkommenerzielung, welche ihnen ihre Bedarfsdeckung ermöglicht, und für die Träger der Unternehmung selbst kommt er in der Erzielung von Gewinn zum Ausdruck, der ihre eigene Bedarfsdeckung und den Ausbau der Unternehmung als Quelle des Einkommens der Träger der Unternehmung sowie ihrer Arbeitskräfte und der zur Deckung des Bedarfs Dritter erforderlichen Leistungen möglich macht"[28].

Die grundlegende Aufgabe der — wie wir nun besser sagen — Unternehmungsführung besteht nun darin, die Erfüllung des von der Unternehmung verfolgten Zwecks der Bedarfsdeckung zu betreiben. Daraus leiten sich zwei Grundfunktionen der Unternehmungsführung ab: einmal muß sie die Politik aufstellen, zum anderen muß sie die Steuerung ausüben[29], d. h. „die aus der Politik erwachsenen und erwachsenden konkreten Führungsmaßnahmen"[30] treffen.

Im Rahmen der Unternehmungspolitik „gilt es zunächst, die den Unternehmungszwecken und der Bedingungslage — sie ergibt sich aus den staatlichen Regelungen, welchen die Unternehmung unterworfen ist, aus der Lage der gesamten Wirtschaftsgemeinschaft und aus auf den Märkten sowie den innerhalb der Unternehmung bestehenden Verhältnissen[31], d. Verf. — entsprechenden Gesamtziele für das Unternehmen sowie die daraus abzuleitenden Einzelziele für Kapitalprozeß, Betriebsbildung und Leistungsprozeß aufzustellen. Weiter sind die für alle Bereiche der Unternehmung verbindlichen und die jeweils in den einzelnen Bereichen einzuhaltenden Grundsätze sowie die insgesamt und im einzelnen geltenden Richtlinien für das Vorgehen zu bestimmen"[32].

Im Rahmen der Unternehmungssteuerung erwächst den Trägern der Unternehmungsführung die Aufgabe der Gestaltung, Organisation und Lenkung der Unternehmung. Dabei besteht die Gestaltung im Festlegen der persönlichen und sachlichen Funktionsträger des Unternehmens insgesamt und seiner Teilbereiche „sowie des Inhalts der von ihnen auszuübenden Funktionen in Form der die Wirkung der Funktion herbeiführenden Komponenten"[33]. Die Organisation vollbringt einmal als externe Unternehmungsorganisation die Sicherung des Wirkzusammen-

---

[28] *Meyer*, Carl W.: Revisionswesen, a.a.O., S. 99; Hervorhebungen nicht wiedergegeben.

[29] Vgl. *Meyer*, Carl W.: Revisionswesen, a.a.O., S. 97 f.

[30] *Meyer*, Carl W.: Koordination, a.a.O., S. 15.

[31] Vgl. *Meyer*, Carl W.: Revisionswesen, a.a.O., S. 99; vgl. auch derselbe: Grundsatzentscheidungen der Vertriebsführung, Berlin 1961, S. 21 ff.

[32] *Meyer*, Carl W.: Revisionswesen, a.a.O., S. 100; Hervorhebungen nicht wiedergegeben.

[33] *Meyer*, Carl W.: Revisionswesen, a.a.O., S. 100.

hangs von Unternehmung und Markt, zum anderen führt sie als interne Unternehmungsorganisation die Sicherung des Wirkzusammenhangs von Idee und Kapital herbei[34]. Die Lenkung schließlich umfaßt die Bestimmung der Wege, auf denen die aufgestellten Ziele und damit die Zweckerfüllung der Gemeinschaft erreicht werden können.

Zur Verdeutlichung seien die Aufgaben der Unternehmungsführung noch einmal in einem Schema dargestellt.

Unternehmungsführung					
Unternehmungspolitik			Unternehmungssteuerung		
Zielsetzung	Aufstellen von Verhaltensgrundsätzen	Festlegen von Vorgehensrichtlinien	Gestaltung	Organisation	Lenkung

Die aus dem Schema ersichtlichen Aufgaben der Unternehmungsführung schlagen sich nun in zahlreichen Entscheidungen und Anordnungen, Kombinations- und Koordinationsakten[35] von seiten der Träger der Unternehmungsführung nieder, womit wir beim Begriff der Geschäftsführung aus der Sicht des Prüfers angelangt sind. Darunter sind alle Maßnahmen zu verstehen, „die seitens der Leitung der Unternehmung zur Erfüllung der betrieblichen Aufgaben zu ergreifen waren und ergriffen worden sind"[36]. Während also beim Begriff der Geschäftsführung in betriebswirtschaftlichem Sinne mehr an die *Aufgaben* der Führung gedacht ist, stehen beim Geschäftsführungsbegriff aus der Sicht des Prüfers die zur Erfüllung der Aufgaben getroffenen *Maßnahmen* im Vordergrund. Nur diese Version des Begriffes Geschäftsführung kann in unserem Fall vom Gesetzgeber gemeint sein, womit natürlich noch nichts über den Umfang des Begriffes ausgesagt ist.

Wie bei jeder rationalen Durchführung einer Aufgabe werden die einzelnen Maßnahmen zuerst geplant, dann in die Tat umgesetzt und schließlich wird das Verwirklichte mit dem Geplanten verglichen, d. h. kontrolliert[37]. Aus dieser Überlegung ergibt sich bereits zwingend, daß im Rahmen der Sonderprüfung auch die Tätigkeit des Aufsichtsrats, dem in der Aktiengesellschaft die Kontrolle zufällt, untersucht werden darf, weil die Kontrolle ein wesentlicher Bestandteil im Rahmen des

[34] Vgl. *Meyer*, Carl W.: Koordination, a.a.O., S. 31.
[35] Vgl. *Meyer*, Carl W.: Revisionswesen, a.a.O., S. 98.
[36] *Saage*, Gustav, a.a.O., S. 6.
[37] Vgl. *Meyer*, Carl W.: Revisionswesen, a.a.O., S. 100.

Ablaufs der Funktionsausübung der Führung ist. Diese Auffassung wird denn auch in der Literatur ziemlich einhellig vertreten[38].

Auch Personen, die nicht primär Träger der Unternehmungsführung sind, aber durch die Übertragung von Kompetenzen und Verantwortung mit der Wahrnehmung von Führungsaufgaben betraut worden sind — die sog. Leitungsorgane[39] —, können in ihrer Tätigkeit durch eine Sonderprüfung überprüft werden[40].

Die Frage, im Hinblick auf welche Führungsaufgaben ein von den Trägern der Unternehmungsführung (einschließlich Leitungs- und Kontrollorgane) getroffenes, mehr oder weniger großes Bündel von Entscheidungen und Anordnungen, Kombinations- und Koordinationsakten als „Vorgang bei der Geschäftsführung" zu betrachten ist, läßt sich nun ohne weiteres zunächst dahingehend beantworten, daß dies immer für das gesamte Gebiet der Unternehmungssteuerung zutreffen wird. Alle im oben ausgeführten Sinne individualisierten Maßnahmen zur Wahrnehmung der Aufgabe der Unternehmungssteuerung können Gegenstand einer aktienrechtlichen Sonderprüfung sein. Es bleibt noch zu klären, inwieweit auch Maßnahmen der Unternehmungspolitik einer Sonderprüfung unterworfen werden können.

Während Potthoff zu dieser Frage etwas ungenau ausführt, daß „unter Geschäftsführung schlechthin alles verstanden werden kann, was zum Betriebsgeschehen gehört"[41], ist die Stellungnahme von Saage eindeutig. Es heißt bei ihm: „Die ‚Geschäftspolitik' kann ... nicht Gegenstand einer Sonderprüfung sein"[42]. Er folgert dies aus der unbestrittenen Tatsache, daß es sich beim Gegenstand der Sonderprüfung ja stets um festumrissene und bezeichnete Teilakte handeln muß. Nun ist aber nicht einzusehen, weshalb eine derartige Verselbständigung einzelner Maßnahmen, die einer Sonderprüfung unterliegen könnten, im Bereich der Unternehmungs*politik* nicht möglich sein sollte. Auch das Urteil des Bundesgerichtshofs vom 29. 1. 1962[43], mit dem Saage seine Auffassung stützen will, ist dazu nach unserer Meinung ungeeignet, da der Bundesgerichtshof im speziellen Fall den Antrag auf eine Sonderprüfung wegen des von den Antragstellern verfolgten — nach seiner Auffassung

---

[38] Vgl. *Gadow-Heinichen,* a.a.O., Bd. 1, § 118 Anm. 2; *Schlegelberger-Quassowski,* a.a.O., § 118 Anm. 2; *Saage,* Gustav, a.a.O., S. 13.

[39] Vgl. *Meyer,* Carl W.: Revisionswesen, a.a.O., S. 101.

[40] Vgl. *Saage,* Gustav, a.a.O., S. 13.

[41] *Potthoff,* Erich: Prüfung und Überwachung der Geschäftsführung, in: ZfhF, Neue Folge, 13. Jahrgang (1961), Heft 10, S. 570.

[42] *Saage,* Gustav, a.a.O., S. 14.

[43] Vgl. BGHZ 36, 296. Vgl. auch die Besprechung dieses Urteils in: Die AG, 7. Jahrgang (1962), Heft 3, S. 74—78.

offenbar unzulässigen — Zwecks ablehnte. Hinsichtlich des Gegenstands der Sonderprüfung hat der Bundesgerichtshof sogar eine — sehr bedenkliche[44] — Erweiterung vorgenommen. Man wird daher der von Meyer in bezug auf die Prüfung der gesamten Geschäftsführung vertretenen Auffassung, daß die „Analysen und Kontrollen der Revisionen ... bis zur Unternehmungspolitik vorstoßen müssen"[45], auch bezüglich der nur Teile der Geschäftsführung erfassenden Sonderprüfung grundsätzlich zustimmen müssen.

Überzeugender scheint die Auffassung Saages jedoch damit begründet, daß die Unternehmungspolitik „in weiten Bereichen von der Persönlichkeit des Handelnden, seinem Verantwortungsbewußtsein, seiner Risikobereitschaft, seinem Temperament, seinem Durchsetzungsvermögen, seinem Weitblick, ja auch von der Selbsteinschätzung der eigenen Fähigkeiten[46] bestimmt wird. Damit wird das Treffen von unternehmungspolitischen Maßnahmen zu einem höchst individuellen Verhalten, „das seine Wurzeln vielfach in irrationalen Bereichen hat und sich daher weitgehend der Nachprüfung bzw. Beurteilung durch den Geschäftsführungsprüfer entzieht"[47]. Man wird daher doch zu der Ansicht kommen müssen, daß neben den Maßnahmen der Unternehmungssteuerung eine Überprüfung der Unternehmungspolitik im Rahmen einer Sonderprüfung nur „in einem engen Bereich, nämlich der besonders krassen Abweichungen von der Handlungsweise eines ‚ordentlichen' Kaufmanns"[48], möglich sein wird. Dafür sind jedoch nicht etwa rechtliche Überlegungen ausschlaggebend, sondern allein die Tatsache, daß in allen anderen Fällen zuverlässige Kriterien und damit eindeutige Urteile nicht gefunden werden können. Wir werden auf diesen Fall weiter unten noch einmal zu sprechen kommen.

Um nun die grundsätzlich als Prüfungsobjekt für die aktienrechtliche Sonderprüfung in Frage kommenden Maßnahmen der Unternehmungsführung im Einzelfall überprüfen zu können, muß der Prüfer sie in Erfahrung bringen, d. h. er muß sich über ihr Zustandekommen genauestens unterrichten. Zu diesem Zweck ist ihm vom Gesetzgeber ein weitgehendes Recht zur Einsicht der Bücher und Schriften der Gesellschaft eingeräumt worden (§§ 145 Abs. 1 AktG 1965, 121 Abs. 1 AktG 1937). Es ist jedoch Saage recht zu geben, wenn er darauf hinweist, daß der Prüfer im Zuge der Sachverhaltsermittlung „in hohem Maße auf

---

[44] Vgl. *Hengeler*, Hans: Probleme der Entlastung und der Sonderprüfung im Aktienrecht, in: Die AG, 7. Jahrgang (1962), Heft 5, S. 121.

[45] *Meyer*, Carl W.: Revisionswesen, a.a.O., S. 111.

[46] *Saage*, Gustav, a.a.O., S. 159.

[47] *Saage*, Gustav, a.a.O., S. 159.

[48] *Moxter*, Adolf: Der Einfluß von Publizitätsvorschriften auf das unternehmerische Verhalten, Köln und Opladen 1962, S. 65 Fußnote 119.

Auskünfte der Verwaltung angewiesen sein (wird), weil nicht alle Sachverhalte, auf die es bei einer solchen Prüfung ankommt, ihren Niederschlag in den Büchern und Schriften der Gesellschaft gefunden haben"[49]. Aus diesem Grund bestimmt § 145 Abs. 2 AktG 1965 (entspricht § 121 Abs. 2 AktG 1937), daß den Prüfern alle Aufklärungen und Nachweise zu geben sind, welche die sorgfältige Prüfung der Vorgänge notwendig macht.

bb) Die innere Struktur der Prüfung

Je nachdem, welche Art von Sollobjekt nun bei dem jede Prüfung ausmachenden Vergleich Verwendung findet, werden Grad und Charakter der Richtigkeit und Ordnungsmäßigkeit, die durch die Revision nachgewiesen werden sollen, unterschiedlich ausfallen, „woraus hervorgeht, daß mit der Frage nach dem Soll ... ein Grundproblem aller Revisionen angeschnitten wird"[50]. Nach den Feststellungen von Loitlsberger wird nun in aller Regel bei einer Revision bzw. Kontrolle nicht nur ein Vergleich, sondern es werden mehrere Vergleiche mit jeweils verschiedenem Vergleichsobjekt durchgeführt, wodurch sich für jede Prüfung eine ganz spezifische „innere Struktur" ergibt. Je nach der Zahl der durchzuführenden Vergleiche lassen sich nun verschiedene Arten von Prüfungen unterscheiden. „Theoretisch sind bis zu n Vergleiche und damit Prüfungen erster bis n-ter Ordnung denkbar"[51].

„Die vorgefundene Buchführung kann zunächst einmal daraufhin überprüft werden, ob sie mit den theoretischen Grundsätzen der formalen Ordnungsmäßigkeit der Buchführung übereinstimmt"[52]. Da hierbei nur ein Vergleich durchgeführt wird, wobei als Sollobjekt die formalen Grundsätze ordnungsmäßiger Buchführung dienen, stellt die Prüfung der formellen Ordnungsmäßigkeit eine Prüfung erster Ordnung dar. Das gleiche gilt für die rein materielle Prüfung, bei der Vergleichsobjekt „ein durch Bewertungsregeln bestimmter wirtschaftlicher Tatbestand"[53] ist.

Nachdem einerseits vor jeder materiellen Prüfung eine formelle Prüfung „logisch und praktisch notwendig ist"[54] und andererseits die

---

[49] *Saage*, Gustav, a.a.O., S. 15. Vgl. auch *Bordt*, Karl, a.a.O., S. 162; *Adler-Düring-Schmaltz*, a.a.O., § 135 Tz. 251.

[50] *Meyer*, Carl W.: Revisionswesen, a.a.O., S. 91.

[51] *Loitlsberger*, Erich: Treuhand- und Revisionswesen, 2. Aufl., Stuttgart 1966, S. 29; Hervorhebungen nicht wiedergegeben.

[52] *Loitlsberger*, Erich: Zur Theorie ..., a.a.O., S. 30.

[53] *Loitlsberger*, Erich: Zur Theorie ..., a.a.O., S. 38.

[54] *Loitlsberger*, Erich: Zur Theorie ..., a.a.O., S. 43.

Einhaltung formaler Bestimmungen allein meist nicht überprüft wird[55], haben alle in der Praxis vorkommenden Prüfungen in der Regel ein zusammengesetztes Vergleichsobjekt, d. h. sie sind höherer Ordnung[56].

Wird nun ein tatsächlicher wirtschaftlicher Tatbestand einer Bewertung unterzogen und mit dem im Beleginhalt ausgewiesenen — nicht nur formell, sondern damit auch materiell — überprüft, wie es z. B. bei der aktienrechtlichen Pflichtprüfung der Fall ist, so liegt eine Prüfung zweiter Ordnung vor.

Wird dagegen der gegebene Tatbestand nicht nur bewertet, sondern daneben auch noch untersucht, ob er „mit einem weiteren Vergleichsobjekt übereinstimmt: nämlich mit dem wirtschaftlichen Tatbestand, der sich bei der Anwendung der Grundsätze einer ordentlichen und verständigen Geschäftsführung ergeben hätte“[57], so spricht Loitlsberger von einer Prüfung dritter Ordnung, weil bei dieser Prüfung drei Objekte vorhanden sind, nämlich ausgewiesener wirtschaftlicher Tatbestand, tatsächlicher wirtschaftlicher Tatbestand und theoretisch optimal möglicher wirtschaftlicher Tatbestand. Der tatsächliche wirtschaftliche Tatbestand hat demnach bei den Prüfungen dritter Ordnung einen doppelten Charakter: „Er ist zunächst einmal Vergleichsobjekt für den Inhalt der Belege (also für den ausgewiesenen wirtschaftlichen Tatbestand), da überprüft werden muß, ob sich der tatsächliche wirtschaftliche Tatbestand in den Belegen in richtiger Weise niedergeschlagen hat; der tatsächliche wirtschaftliche Tatbestand ist aber zugleich auch selbst Istobjekt, da er selbst daraufhin überprüft werden muß, ob er bei Anwendung der Grundsätze einer ordentlichen und verständigen Geschäftsführung nicht hätte besser sein können“[58].

Wird nun der auf Grund der subjektiven Fähigkeiten des Disponenten erreichbare Zustand noch mit dem Zustand verglichen, der sich — tatsächlicher Informationsstand unterstellt — bei Anwendung der Methoden wissenschaftlicher Betriebsführung ergeben hätte, so erhalten wir eine Prüfung vierter Ordnung. Durch Aufhebung der Prämisse des tatsächlichen Informationsstandes gelangt man dann zur Prüfung fünfter Ordnung[59].

Aus dieser — notgedrungen — knappen Darstellung der Prüfungsstrukturen wird bereits ersichtlich, daß die aktienrechtliche Sonder-

---

[55] Vgl. *Loitlsberger*, Erich: Treuhand- und Revisionswesen, 2. Aufl., Stuttgart 1966, S. 29.

[56] Vgl. *Loitlslberger*, Erich: Zur Theorie ..., a.a.O., S. 44.

[57] *Loitlsberger*, Erich: Zur Theorie ..., a.a.O., S. 44.

[58] *Loitlsberger*, Erich: Zur Theorie ..., a.a.O., S. 45.

[59] Vgl. *Loitlsberger*, Erich: Treuhand- und Revisionswesen, 2. Aufl., Stuttgart 1966, S. 29 f.

prüfung eine Prüfung dritter Ordnung darstellt, weil überprüft werden soll, ob die Vorgänge mit den Grundsätzen einer ordentlichen und verständigen Geschäftsführung übereinstimmen, an denen gemäß § 93 Abs. 1 Satz 1 AktG 1965 (= § 84 Abs. 1 Satz 1 AktG 1937) jede Geschäftsführungshandlung auszurichten ist[60]. Dieser Auffassung ist offenbar auch Potthoff, der ausführt: „Die Prüfung der Geschäftsführung hat ... die Aufgabe, die formelle und materielle Ordnungsmäßigkeit festzustellen. Neben der förmlichen Richtigkeit der ausgeführten Handlungen ist auch ihre Zweckmäßigkeit zu prüfen“[61].

Wir können demnach feststellen, daß die in den Büchern und Schriften der Gesellschaft ausgewiesenen Maßnahmen der Unternehmungsführung zunächst einmal mit den tatsächlich erfolgten, insbesondere durch Befragung in Erfahrung gebrachten Maßnahmen verglichen werden, um festzustellen, ob diese sich formell und materiell richtig in den Belegen niedergeschlagen haben. Im Anschluß daran werden dann die einzelnen Maßnahmen der Unternehmungsführung, die nun selbst zum Istobjekt werden, noch einmal dahingehend überprüft, ob sie unter der gegebenen Bedingungslage und bei gegebenem Unternehmungszweck nicht hätten anders ausfallen müssen.

Um diese — wie Loitlsberger sie nennt — theoretisch optimal mögliche Verhaltensweise zu finden, muß sich der Sonderprüfer zunächst einmal von den im Einzelfall vorliegenden objektiven Gegebenheiten leiten lassen. „Als solche kommen neben den gesetzlichen und satzungsmäßigen Bestimmungen in Betracht: Beschlüsse der Gesellschafterversammlung und des Aufsichtsrates, Dienstanweisungen, Betriebsanweisungen, Beleihungsgrundsätze, Rahmenvereinbarungen, Geschäftsverteilungspläne ...“[62] usw. Aber auch die Erkenntnisse und Normen der Betriebswirtschaftslehre können Anhaltspunkte liefern[63], obwohl damit bereits der schwankende Boden der Subjektivität betreten wird, die besonders dann in den Vordergrund rückt, wenn dem Prüfer im Hin-

---

[60] Vgl. *Loitlsberger*, Erich: Zur Theorie ..., a.a.O., S. 52; *Beham*, Peter, a.a.O., S. 58.

[61] *Potthoff*, Erich, a.a.O., S. 566. Vgl. auch *Saage*, Gustav, a.a.O., S. 78. Prüfungen, die auch eine Beurteilung der Zweckmäßigkeit einschließen, also Prüfungen dritter Ordnung darstellen, bezeichnet *Schnutenhaus* als materielle Prüfung. (Vgl. *Schnutenhaus*, Otto R.: Formelle Bilanzprüfung oder materielle Prüfung der Wirtschaftsführung?, in: Technik und Wirtschaft, 23. Jahrgang (1930), Heft 12, S. 327.) Wir möchten dieser Begriffsbestimmung nicht folgen. Unter einer materiellen Prüfung, der, wie wir gesehen haben, stets eine formelle Prüfung vorausgehen muß, verstehen wir immer nur eine Prüfung zweiter Ordnung.

[62] *Saage*, Gustav, a.a.O., S. 86 f.

[63] Vgl. *Meyer*, Carl W.: Revisionswesen, a.a.O., S. 111; *Beham*, Peter, a.a.O., S. 56.

blick auf die Sollermittlung nur noch seine persönliche Berufserfahrung bleibt[64].

Je nachdem, wieviele Erkenntnismittel der Prüfer bei der Ermittlung dieses nur theoretisch existierenden Solls heranzieht, kann die theoretisch optimal mögliche Verhaltensweise mehr oder weniger genau bestimmt werden. Richtet sich der Prüfer bei der Sollermittlung nur nach den oben erwähnten objektiven Gegebenheiten, so wird es ein Bündel von verschiedenen Verhaltensweisen geben, von denen jede mit dem auf diese Weise nur ungenau bestimmten Soll übereinstimmt. Mit anderen Worten, es werden sich unter gegebenen Voraussetzungen mehrere Geschäftsführungsmaßnahmen finden lassen, die mit den gesetzlichen und satzungsmäßigen Bestimmungen, Beschlüssen der Hauptversammlung, Betriebsanweisungen usw. in Einklang stehen. Man nennt eine Überprüfung der Geschäftsführung an einem nur an objektiven Gegebenheiten orientierten theoretischen Soll zusammen mit der Feststellung des in formeller und materieller Hinsicht richtigen Ausweises der tatsächlich getätigten Geschäftsführungshandlung eine Überprüfung der *Ordnungsmäßigkeit* der Geschäftsführung. Wird dagegen die theoretisch optimal mögliche Verhaltensweise durch Heranziehen auch der Erkenntnisse und Normen der Betriebswirtschaftslehre sowie der persönlichen Erfahrung des Prüfers — alles mehr oder weniger subjektive Faktoren — näher präzisiert, d. h. aus dem vorhin erwähnten Bündel von „relativ optimalen“ Verhaltensweisen eine „absolut optimale“ Verhaltensweise herauskristallisiert, so spricht man in der Regel von einer Überprüfung der *Zweckmäßigkeit* der Geschäftsführung[65].

Es erhebt sich nun die Frage, ob eine derartige Prüfung der Zweckmäßigkeit bei der aktienrechtlichen Sonderprüfung nicht etwa bereits durch den Gesetzgeber selbst ausgeschlossen ist. Dies wird in der Literatur durchwegs verneint. So schreiben z. B. Adler-Düring-Schmaltz: „In der Regel wird der Sonderprüfer nach dem Inhalt des erteilten Prüfungsauftrages auch eine eigene Beurteilung des von ihm geprüften Geschäftsvorfalles abzugeben haben, z. B. ob der Vorstand bei einem Geschäft unter Berücksichtigung der bei dessen Abschluß voraussehbaren Verhältnisse die erforderliche kaufmännische Sorgfaltspflicht eingehalten hat oder ob durch den Geschäftsvorfall die Minderheits-

---

[64] Vgl. hierzu *Saage,* Gustav, a.a.O., S. 99.

[65] Es kann freilich, wie wir oben für bestimmte Gebiete der Unternehmungspolitik bereits festgestellt haben, auch der Fall eintreten, daß das Sollobjekt für eine Zweckmäßigkeitsprüfung mit der für prüferische Aussagen unerläßlichen Genauigkeit überhaupt nicht bestimmt werden kann. In diesem Fall ist dann nur eine Prüfung der Ordnungsmäßigkeit möglich.

aktionäre geschädigt sind[66]." Ebenso rechnet Saage zu den möglichen Aufgaben eines Sonderprüfers die Aufdeckung von Fehldispositionen[67]. Schließlich scheint auch Loitlsberger selbst die Überprüfung der Zweckmäßigkeit und nicht nur die der Ordnungsmäßigkeit der Geschäftsführung im Auge zu haben, wenn er von einer Übereinstimmung der zu prüfenden Vorgänge mit den Grundsätzen einer ordentlichen und *verständigen* Geschäftsführung spricht[68].

Man wird daher zu dem Schluß kommen müssen, daß bei der Sonderprüfung der Prüfungsauftrag in jedem Fall eine Prüfung der Zweckmäßigkeit von Geschäftsführungsmaßnahmen beinhalten kann. Dies gilt auch für eine gerichtliche Bestellung von Sonderprüfern. In diesem Fall ist zwar nur ein Verstoß gegen die Grundsätze der Ordnungsmäßigkeit der Geschäftsführung (Unredlichkeiten oder grobe Verletzungen von Gesetz oder Satzung[69]) zwingend erforderlich; es steht der Minderheit aber wohl nichts im Wege, zusätzlich noch die Zweckmäßigkeit der nicht ordnungsgemäßen Geschäftsführungsmaßnahme überprüfen zu lassen, da sich die Ordnungsmäßigkeit und die Zweckmäßigkeit durchaus nicht notwendigerweise gegenseitig bedingen müssen. Unabhängig jedoch davon, ob im Rahmen einer aktienrechtlichen Sonderprüfung die Ordnungsmäßigkeit oder die Zweckmäßigkeit einer Geschäftsführungsmaßnahme nachgeprüft werden soll, es wird bei ihr immer auch ein Vergleich mit einer — mehr oder weniger präzisierten — theoretisch optimal möglichen Verhaltensweise durchgeführt werden müssen, d. h. es wird sich immer um eine Prüfung dritter Ordnung handeln.

bc) Das Prüfungsziel

„Der zu prüfende Sachverhalt und die innere Struktur der Prüfung genügen noch nicht, um die Vielfalt der vorkommenden Prüfungen zu systematisieren, weil innerhalb von Prüfungen gleichen Sachverhalts und gleicher Struktur unterschiedliche Ziele verfolgt werden können, so daß als weiteres Auswahlkriterium das Prüfungsziel herangezogen werden muß[70]." Nach Loitlsberger lassen sich nun grundsätzlich drei Prüfungsziele — nach unserer Auffassung sollte man besser von Prü-

---

[66] *Adler-Düring-Schmaltz,* a.a.O., § 135 Tz. 254.

[67] Vgl. *Saage,* Gustav, a.a.O., S. 14 und 15 f.

[68] Vgl. *Loitlsberger,* Erich: Zur Theorie ..., a.a.O., S. 52; Hervorhebung vom Verfasser.

[69] § 142 Abs. 2 AktG 1965 bzw. § 118 Abs. 2 AktG 1937.

[70] *Loitlsberger,* Erich: Treuhand- und Revisionswesen, 2. Aufl., Stuttgart 1966, S. 30.

fungs*absichten* sprechen — unterscheiden: die Verhütung, die Beglaubigung und die Quantifizierung[71].

Allen *Verhütungsprüfungen* ist gemeinsam, daß sie ihren Zweck nicht erst durch ihre tatsächliche Durchführung erreichen, sondern allein durch ihre Existenz, d. h. durch die Möglichkeit ihrer Durchführung, Fehler von vornherein vermeiden helfen. *Beglaubigungsprüfungen* werden nach Loitlsberger durchgeführt, um Dritten gegenüber den Nachweis zu erbringen, daß die vorgelegten Abrechnungen richtig sind. *Quantifizierungsprüfungen* schließlich sollen eine festgestellte Abweichung zwischen Ist und Soll betragsmäßig bestimmen.

Will man nun eine Aussage darüber machen, welche dieser Prüfungsziele einzelne, in der Praxis häufig vorkommende Prüfungen verfolgen, so wird deutlich, daß die von Loitlsberger angeführten konkreten drei Prüfungsziele nur insoweit für die von ihm erstrebte Systematisierung der zahlreichen vorkommenden Prüfungen geeignet sind, als den einzelnen Prüfungen jeweils ein für sie *typisches* Prüfungsziel zugeordnet werden soll. So ist beispielsweise das typische Prüfungsziel der aktienrechtlichen Pflichtprüfung zweifellos die Beglaubigung, d. h. der Nachweis, daß die vorgelegten Abrechnungen richtig sind. Es unterliegt aber ebenso keinem Zweifel, daß die Pflichtprüfung der Aktiengesellschaften auch das Ziel der Verhütung von Fehlern verfolgt, nur daß dies eben nicht das primäre, für die Prüfung typische Ziel ist. Gerade die Verhütung von Fehlern und Unregelmäßigkeiten ist ein Ziel, das wohl — wenn auch in unterschiedlichem Ausmaß — von jeder Prüfung angestrebt wird[72].

Die Revision der Geschäftsführung stellt nach der Ansicht Loitlsbergers eine Verhütungsprüfung dar[73]. Dem wird man sicherlich dann zustimmen können, wenn man von einer Geschäftsführungsprüfung ausgeht, die jederzeit unter Ausnutzung des Überraschungseffektes durchgeführt werden kann und die vor allem ein Urteil über die Geschäftsführung als Ganzes ermöglichen soll. Dies trifft jedoch für die aktienrechtliche Sonderprüfung nicht zu. Wie wir festgestellt haben, kann eine Überprüfung der Geschäftsführung als Ganzes mit der Sonderprüfung aus rechtlichen Gründen nicht verfolgt werden. Auch von einem Überraschungsmoment kann man angesichts der Tatsache, daß die Bestellung der Sonderprüfer entweder mit einem Gegenstand der

---

[71] Vgl. *Loitlsberger*, Erich: Treuhand- und Revisionswesen, 2. Aufl., Stuttgart 1966, S. 30.

[72] Vgl. *Gerstner*, Paul: Revisionstechnik, 6. Aufl., Berlin 1940, S. 6; *Wölfel*, Josef: Die Revisionstechnik im kommunalen Prüfungswesen, Stuttgart 1955, S. 11 f.

[73] Vgl. *Loitlsberger*, Erich: Treuhand- und Revisionswesen, 2. Aufl., Stuttgart 1966, S. 31.

Tagesordnung in Zusammenhang stehen oder aber als eigener Punkt auf der Tagesordnung angekündigt werden muß, wohl kaum noch sprechen. Wenn man sich vielmehr vergegenwärtigt, daß mit der Sonderprüfung den Aktionären eine Aussage über die Ordnungsmäßigkeit oder Zweckmäßigkeit einer einzelnen Geschäftsführungsmaßnahme des Vorstands gemacht werden soll, so wird deutlich, daß die Sonderprüfung eher den Charakter einer Beglaubigungsprüfung trägt, auch wenn nicht die Richtigkeit von „Abrechnungen" im wörtlichen Sinn nachgewiesen werden soll, was nach Loitlsberger als das kennzeichnende Merkmal der Beglaubigungsprüfung anzusehen ist. Aber auch für die Sonderprüfung wird das gelten, was mehr oder weniger für alle Prüfungen gilt, nämlich daß sie zugleich eine gewisse prophylaktische Wirkung ausüben wird[74]. Das typische Merkmal der Sonderprüfung ist es aber, daß den Aktionären nachgewiesen wird, daß ein bestimmter Vorgang bei der Geschäftsführung „in Ordnung" ist, womit sie als Beglaubigungsprüfung erkannt ist.

Die Eigenart der Sonderprüfung, daß ein konkretes Prüfungsobjekt immer erst im Einzelfall bestimmt wird, bringt es mit sich, daß die Sonderprüfung auch den Charakter einer Quantifizierungsprüfung annehmen kann. Wie bereits erwähnt, wird es sich bei der Sonderprüfung immer um Vorgänge handeln, deren Ordnungs- bzw. Zweckmäßigkeit von den Antragstellern in Zweifel gezogen wird. Es ist daher durchaus denkbar, daß der Auftrag für eine konkrete Sonderprüfung dahin geht, im Falle der Bestätigung des Verdachts auch den Schaden zu beziffern, welcher der Gesellschaft durch die unsachgemäße Geschäftsführung entstanden ist. Vor allem im Hinblick auf die Geltendmachung von Schadensersatzansprüchen gegenüber den Verwaltungsmitgliedern gemäß § 147 AktG 1965 bzw. §§ 122 ff. AktG 1937 ist das naheliegend. Auch hier wird man aber nicht sagen können, daß die Quantifizierung ein für die aktienrechtliche Sonderprüfung typisches Prüfungsziel ist.

c) Die Folgerungen für den positiven Umfang des Sonderprüfungsberichts

Wir haben gesehen, daß im Rahmen einer Sonderprüfung sämtliche Entscheidungen und Anordnungen, Kombinations- und Koordinationsakte — einschließlich der mit ihnen in Verbindung stehenden Kontrollmaßnahmen —, die im Hinblick auf die Ausübung sowohl der Unternehmungssteuerung als auch der Unternehmungspolitik entweder von den primären Trägern der Unternehmungsführung selbst oder von den Leitungsorganen getätigt wurden, unter der Voraussetzung, daß sie

[74] Vgl. *Gadow-Heinichen*, a.a.O., Bd. 1, § 118 Anm. 2 a.

individualisiert sind, überprüft werden können, gleichgültig, ob sie in das Gründungsstadium, in das Stadium der werbenden Unternehmung oder in das Stadium der Liquidation fallen. Dementsprechend ist es auch grundsätzlich möglich, daß Maßnahmen aus allen Bereichen der Unternehmungsführung in einem Sonderprüfungsbericht zur Sprache kommen. Jede Begrenzung des positiven Umfangs des Sonderprüfungsberichts dahingehend, daß etwa der Bericht immer dann abzubrechen habe, wenn beispielsweise das Gebiet der Unternehmungspolitik berührt wird, ist daher abzulehnen.

Wir haben weiter festgestellt, daß es sich bei der Sonderprüfung um eine Prüfung dritter Ordnung handelt, d. h. daß jeweils drei Vergleiche durchgeführt werden müssen. Je nach der Genauigkeit, mit der das für den letzten Vergleich benötigte Sollobjekt zu bestimmen ist, besteht das Ziel der Prüfung in einer Beurteilung der Ordnungsmäßigkeit oder der Zweckmäßigkeit des beanstandeten Geschäftsführungsvorgangs. Das bedeutet für den positiven Umfang des Sonderprüfungsberichts, daß auf jeden Fall über sämtliche jeweils durchzuführenden Vergleiche, also sowohl über den in formeller und materieller Hinsicht durchzuführenden Vergleich des ausgewiesenen mit dem tatsächlichen Tatbestand als auch über den Vergleich des tatsächlichen mit dem theoretisch optimal möglichen Tatbestand, berichtet werden muß. Als vollkommen abwegig ist daher die Ansicht zu bezeichnen, der Sonderprüfer dürfe in seinem Bericht grundsätzlich „lediglich die Tatbestände untersuchen und keine auf einer subjektiven Auffassung beruhende Beurteilung abgeben“[75], da wir ja gesehen haben, daß eine Überprüfung der Zweckmäßigkeit, d. h. die Verwendung eines auf mehr oder weniger subjektiven Erwägungen aufgebauten Solls, bei der Sonderprüfung durchaus zulässig ist und in der Regel von den Auftraggebern auch gefordert werden wird.

Auf Grund der festgestellten Heterogenität der Sonderprüfung in bezug auf die Prüfungsabsicht können hiervon keine unmittelbaren Auswirkungen auf den Sonderprüfungsbericht ausgehen.

2. Der Umfang der Sonderprüfung

Gegenstand jeder Geschäftsführungsprüfung sind die einzelnen prüfungsfähigen, d. h. hinsichtlich des Erfordernisses der Sollermittlung hinlänglich zergliederten, im Hinblick auf die Ausübung der Unternehmungspolitik und -steuerung ergriffenen Maßnahmen der Träger der Unternehmungsführung. Aus dieser Vielzahl von Maßnahmen und Teilmaßnahmen der Geschäftsführung kann nun für eine Überprüfung

[75] Bericht in der Tageszeitung „Die Welt“ vom 27. Juli 1955, zitiert nach *Bordt,* Karl, a.a.O., S. 176.

im Rahmen einer bestimmten aktienrechtlichen Sonderprüfung nur ein Teil in Betracht kommen. Die Frage, welcher Teil dies ist, stellt das Problem des Umfangs der Sonderprüfung dar. Es muß Meyer recht gegeben werden, wenn er gerade in der Bestimmung des Prüfungsumfangs ein Kernproblem jeder Geschäftsführungsprüfung erblickt[76]. Da jeder Prüfungsbericht die besondere Aufgabe hat, die Ergebnisse der Prüfung im einzelnen zu erläutern und den Gang der Prüfung darzustellen[77], ist in unserem speziellen Fall die Antwort auf die Frage nach dem Umfang der Sonderprüfung für den positiven Umfang des Sonderprüfungsberichts von grundlegender Bedeutung.

a) *Die den Prüfungsumfang bestimmenden allgemeinen Grundsätze*

Im Gegensatz zur aktienrechtlichen Jahresabschlußprüfung, für die das Gesetz dem Prüfer wenigstens einige vage Andeutungen über den geforderten Prüfungsumfang gibt, fehlt ein diesbezüglicher direkter Hinweis bei der aktienrechtlichen Sonderprüfung vollkommen. Dies kann aber nun auf keinen Fall bedeuten, daß es vollständig dem subjektiven Dafürhalten des Prüfers überlassen bleibt, wie er den Umfang der Sonderprüfung im Einzelfall gestaltet. Mit Recht weist Pougin darauf hin, daß man sich damit der Gefahr eines „heillosen Relativismus" aussetzen würde, weil über das, was und wie im einzelnen zu prüfen ist, erfahrungsgemäß die verschiedensten Meinungen bestehen[78]. Um dem zu entgehen, wird man allgemeine Grundsätze aufzustellen haben, nach denen sich der Umfang der Prüfung bestimmt und „denen eine vom Ermessen des einzelnen unabhängige Notwendigkeit und Allgemeinheit zukommt"[79] oder, anders ausgedrückt, die das subjektive Ermessen des Prüfers von objektiven Faktoren abhängig machen[80].

Wenn man nun davon ausgeht, daß keine Prüfung Selbstzweck ist, sondern ein Mittel darstellt, mit dem die Erreichung eines ganz bestimmten Zieles verfolgt werden soll, so wird man allgemein sagen können, daß der Prüfer die Prüfung so einzurichten haben wird, daß das Ziel, das mit der Prüfung verfolgt werden soll, möglichst vollkommen erreicht wird. Auf diesen grundlegenden Zusammenhang weist insbesondere Karoli hin, der ausführt, daß „der Umfang der Bilanzprüfung ... grundsätzlich durch den Zweck bestimmt (wird), den sie all-

---

[76] Vgl. *Meyer,* Carl W.: Revisionswesen, a.a.O., S. 110.

[77] Vgl. *Adler-Düring-Schmaltz,* a.a.O., § 139 Tz. 2.

[78] Vgl. *Pougin,* Erwin: Die Berücksichtigung des internen Kontrollsystems als Grundlage ordnungsmäßiger Abschlußprüfung, Düsseldorf 1959, S. 33.

[79] *Pougin,* Erwin, a.a.O., S. 30.

[80] Vgl. *Karoli,* Richard: Bilanzprüfung und Prüfungsergebnis (Bestätigungsvermerk und Prüfungsbericht), Leipzig 1934, S. 51.

gemein und im einzelnen Fall zu erfüllen hat“[81]. Damit wird bereits ein erster den Umfang der Sonderprüfung bestimmender Grundsatz sichtbar, nämlich der *Grundsatz der Zielerreichung*, wie man ihn wohl am treffendsten bezeichnet. Er besagt, daß die den Prüfungsumfang ausmachenden Maßnahmen der Geschäftsführung so auszuwählen sind, daß ihre Prüfung und damit ihre Beurteilung im einzelnen einen Beitrag zur Erreichung des mit der Prüfung verfolgten Gesamtziels zu leisten vermag. Dieser allgemeine Grundsatz der Zielerreichung scheint auch bei Schulze zur Wiesch angesprochen zu sein, der es in bezug auf die aktienrechtliche Jahresabschlußprüfung als das für die gesamte Prüfungsdurchführung maßgebende „grundlegende Ordnungsprinzip“ bezeichnet, „daß die Erfüllung der ihr gesetzten Aufgabe gewährleistet ist“[82].

Wie wir oben bereits ausführlich dargelegt haben, kommen als Gegenstand für die aktienrechtliche Sonderprüfung nur bestimmte abgrenzbare, individualisierte Maßnahmen der Geschäftsführung in Frage. Aus der erwähnten Vielzahl von Teiltatbeständen, in welche die Geschäftsführung in ihrer Gesamtheit zergliedert werden kann, müssen daher offenbar in erster Linie diejenigen für die Prüfung herangezogen werden, die in ihrer zeitlichen Aufeinanderfolge und in ihrem Zusammenwirken unmittelbar den zu prüfenden Sachverhalt ergeben. Damit wird ein weiterer, für die Bestimmung des Umfangs der Sonderprüfung maßgeblicher Grundsatz sichtbar, den wir den *Grundsatz der Objektbezogenheit* nennen möchten. Danach müssen im Rahmen der Sonderprüfung alle die Maßnahmen geprüft werden, die mit dem genau zu bezeichnenden Revisionsobjekt in Zusammenhang stehen.

Da nun beide Größen, aus deren Zusammenwirken sich der Umfang der Sonderprüfung ergibt, nämlich das Prüfungsziel, das, je nachdem, mit welcher Genauigkeit der theoretisch optimal mögliche Tatbestand zu bestimmen ist, entweder in der Beurteilung der Ordnungsmäßigkeit oder der Zweckmäßigkeit eines Geschäftsführungsvorgangs bestehen kann[83], und das Revisionsobjekt, in dem an die Prüfer ergangenen Auftrag festgelegt sein müssen, kann der in der Literatur vielfach vertretenen Auffassung, daß für die Sonderprüfung der Auftrag von grund-

---

[81] *Karoli*, Richard: Bilanzprüfung und Prüfungsergebnis (Bestätigungsvermerk und Prüfungsbericht), Leipzig 1934, S. 50.

[82] *Schulze zur Wiesch*, Dietrich Wilhelm: Grundsätze ordnungsmäßiger aktienrechtlicher Jahresabschlußprüfung, Düsseldorf 1963, S. 70. Der gleiche Gedanke wurde bereits im Jahre 1930 von *Voss* geäußert. Vgl. Voss, *Wilhelm:* Handbuch für das Revisions- und Treuhandwesen, Stuttgart 1930, S. 202.

[83] Die mit der Sonderprüfung erstrebte Beglaubigung, die *Loitlsberger* als Prüfungsziel kennzeichnet, möchten wir, wie ebenfalls bereits kurz angedeutet, als Prüfungsabsicht bezeichnen.

legender Bedeutung ist, insoweit uneingeschränkt zugestimmt werden[84]. Auf keinen Fall aber kann der Auftraggeber dem Prüfer vorschreiben, was er im Einzelfall als mit dem Prüfungsziel und dem Revisionsobjekt in Zusammenhang stehend betrachtet. Dies wird vielmehr im Interesse einer gewissenhaften und unparteiischen Prüfung immer dem pflichtgemäßen Ermessen des Prüfers überlassen werden müssen[85].

b) Die Ableitung des Umfangs der Sonderprüfung aus den allgemeinen Grundsätzen

Die Frage, wie bei gegebenem Prüfungsauftrag, d. h. bei gegebenem Prüfungsziel und Revisionsobjekt, der Umfang der Sonderprüfung zu bestimmen ist, läßt sich nun insofern leichter beantworten, als den zahlreichen einzelnen Maßnahmen der Geschäftsführung überhaupt, die gleichsam die Grundgesamtheit des für die Bestimmung des Prüfungsumfangs charakteristischen Auswahlverfahrens darstellen, je nachdem, ob sie in bezug auf die beiden Grundsätze der Zielerreichung und der Objektbezogenheit positiv oder negativ beurteilt werden müssen, ein ganz bestimmter Merkmalswert zugeordnet werden kann. Auf diese Weise lassen sich innerhalb der Grundgesamtheit nämlich 1. solche Geschäftsführungsmaßnahmen unterscheiden, deren Einbeziehung in die Sonderprüfung sowohl mit dem Grundsatz der Zielerreichung als auch mit dem Grundsatz der Objektbezogenheit in Einklang steht (Merkmalswert: positiv-positiv), 2. solche, deren Berücksichtigung beiden Grundsätzen widerspricht (Merkmalswert: negativ-negativ), und 3. solche, bei denen dies nur im Hinblick auf einen Grundsatz der Fall ist, während jeweils der andere Grundsatz eine Einbeziehung fordert (Merkmalswert: positiv-negativ und negativ-positiv)[86].

Es ist nun ohne weiteres einzusehen, daß für den Umfang der Sonderprüfung vor allem diejenigen Maßnahmen (bzw. Teilmaßnahmen) der

---

[84] Diese Auffassung vertreten z. B. *Saage*, Gustav, a.a.O., S. 14; *Hintner*, Otto: Praxis der Wirtschaftsprüfung, a.a.O., S. 28; *Beham*, Peter: Das deutsche Pflichtprüfungswesen, Berlin 1940, S. 58; *Koehler*, Herbert, a.a.O., S. 70.

[85] Darauf weisen u. a. auch hin: *Bork*, Heinrich: Die allgemeine Bilanzrevision, in: Grundriß der Betriebswirtschaftslehre, Bd. 10: Revisions- und Treuhandwesen, Leipzig 1926, S. 143; *Karoli*, Richard: Bilanzprüfung und Prüfungsergebnis (Bestätigungsvermerk und Prüfungsbericht), Leipzig 1934, S. 52 f.; *Oechsner*, Lothar: Betriebswirtschaftliche Gestaltungsmöglichkeiten des Prüfungsberichtes, Diss. Mannheim 1951, S. 9; *Zimmermann*, Erhard, a.a.O., S. 50 f.

[86] Die Beurteilung soll immer in der Reihenfolge erfolgen, daß bei der Merkmalsbestimmung zuerst der Grundsatz der Zielerreichung, dann der der Objektbezogenheit herangezogen wird. Der Merkmalswert „positiv-negativ" besagt demnach: Die Berücksichtigung dieses Geschäftsführungsvorgangs ist nach dem Grundsatz der Zielerreichung zu fordern, nach dem Grundsatz der Objektbezogenheit abzulehnen.

Geschäftsführung in Betracht kommen, die sowohl einen Beitrag zur Erreichung des Gesamtziels leisten können als auch einen Bestandteil des im Prüfungsauftrag festgelegten Revisionsobjektes darstellen, d. h. also den Merkmalswert „positiv — positiv" tragen. Sie stellen gleichsam den Kern jeder Sonderprüfung dar. Eine Nichtbeachtung einer dieser Geschäftsführungsmaßnahmen würde einen erheblichen Mangel der Prüfung bedeuten, da der Prüfer unter Umständen auf ein Erkenntnismittel verzichtet, das geeignet wäre, das von ihm geforderte Gesamturteil erheblich zu beeinflussen. In diesem Fall würde die Prüfung zu einem falschen Ergebnis führen, wofür der Prüfer die volle Verantwortung zu übernehmen hätte, da er es an der vom Gesetz ausdrücklich geforderten Gewissenhaftigkeit der Prüfungsdurchführung[87] hat fehlen lassen. Aber selbst dann, wenn das Gesamturteil auch bei vollständiger Prüfung nicht anders ausgefallen wäre, muß die Prüfung als mangelhaft gelten, weil der Prüfer in diesem Fall nicht in der Lage ist, sein gefundenes Ergebnis hinreichend zu begründen.

In diesem Zusammenhang erhebt sich aber sofort die Frage, ob es denkbar ist, daß die Prüfung einer Geschäftsführungsmaßnahme zwar nach dem Grundsatz der Objektbezogenheit, jedoch nicht nach dem Grundsatz der Zielerreichung erforderlich ist. Mit anderen Worten, es erhebt sich die Frage, ob die Merkmalskombination „negativ-positiv" bei der Sonderprüfung möglich ist. Dies würde bedeuten, daß die besagte Geschäftsführungsmaßnahme zwar ein Glied in der Kette der den zu prüfenden Sachverhalt konstituierenden Teilvorgänge ist, ihre Prüfung und Beurteilung im Hinblick auf ihre Ordnungsmäßigkeit oder Zweckmäßigkeit aber dennoch für die Erreichung des Gesamtziels bedeutungslos wäre.

Berücksichtigt man nun, daß eine Zergliederung des zu prüfenden Vorgangs ja nur deswegen vorgenommen wird, weil sich für das gesamte Revisionsobjekt kein einheitliches Vergleichsobjekt erstellen läßt, in Wirklichkeit aber alle Teiltatbestände einen wesentlichen Bestandteil einer Einheit, eben des untersuchungsbedürftigen Vorgangs bei der Geschäftsführung, darstellen, so wird deutlich, daß die Erreichung des angestrebten Ziels, nämlich eine Aussage in bezug auf den Gesamttatbestand zu treffen, nur möglich ist, wenn alle Teiltatbestände ohne Ausnahme in die Sonderprüfung einbezogen werden. Daraus ergibt sich zwingend, daß, gleichgültig wie die Beurteilung im einzelnen ausfällt, die Überprüfung eines Teilvorgangs, die durch den Grundsatz der Objektbezogenheit gefordert wird, mit dem Grundsatz der Zielerreichung auf keinen Fall in Konflikt geraten kann, und zwar einfach deshalb nicht, weil es gerade dieser Grundsatz ist, der eine lückenlose

---

[87] § 144 i. V. m. § 168 Abs. 1 Satz 1 AktG 1965, § 120 i. V. m. § 141 Abs. 1 Satz 1 AktG 1937.

Prüfung der Teilvorgänge fordert. Die Merkmalskombination „negativ-positiv“ ist demnach bei der Sonderprüfung nicht möglich.

Ebenso wie es selbstverständlich ist, daß Geschäftsführungsmaßnahmen mit dem Merkmalswert „positiv-positiv“ in die Prüfung einbezogen werden müssen, liegt es auf der Hand, daß Geschäftsführungsmaßnahmen, die weder nach dem Grundsatz der Zielerreichung noch nach dem der Objektbezogenheit zu berücksichtigen sind, also den Merkmalswert „negativ-negativ“ tragen, für eine Überprüfung im Rahmen der in Frage stehenden speziellen Sonderprüfung — die Bestimmung der Merkmalskombination setzt ja immer einen ganz bestimmten Prüfungsauftrag voraus — nicht in Betracht kommen können. Es versteht sich von selbst, daß der Prüfer die ihm durch den Auftrag übertragene Aufgabe gründlich mißverstehen und die Kosten der Prüfung unnötig erhöhen würde, wenn er Dinge prüfte, die nicht unmittelbar mit dem Revisionsobjekt zu tun haben und die obendrein noch für die Bildung des Gesamturteils vollkommen bedeutungslos sind.

Schwieriger ist dagegen die Frage zu beantworten, wie sich der Prüfer gegenüber Geschäftsführungsvorgängen verhalten soll, die zwar nicht unmittelbar ein Glied in der auf das Revisionsobjekt hinführenden Kausalkette sind, aber dennoch für die Gesamturteilsbildung insofern von Bedeutung sind, als sie die Beurteilung der Ordnungs- bzw. Zweckmäßigkeit eines Teiltatbestandes entweder erst ermöglichen oder zumindest geeignet erscheinen, ein in dieser Hinsicht bereits gefaßtes Urteil zu festigen. Die Grundsätze der Zielerreichung und der Objektbezogenheit geraten in diesem Fall in Widerspruch zueinander. Wir haben es mit der Merkmalskombination „positiv-negativ“ zu tun, die im Gegensatz zum Merkmalswert „negativ-positiv“ auch bei der Sonderprüfung durchaus denkbar ist.

In dieser speziellen Frage des Prüfungsumfangs der Sonderprüfung gibt das Gesetz nun doch einen — wenn auch indirekten — Hinweis für eine Lösung, und zwar durch die Regelung, die es hinsichtlich des Umfangs des Auskunftsrechts — es setzt sich zusammen aus dem Recht zur Einsicht in die Bücher und Schriften der Gesellschaft sowie dem Recht, vom Vorstand alle Aufklärungen und Nachweise zu verlangen — trifft, das den Prüfern zum Zwecke der Sachverhaltsermittlung eingeräumt ist. Es kann keinem Zweifel unterliegen, daß mit der vom Gesetz getroffenen Ausgestaltung des Auskunftsrechts auch in bezug auf den Umfang der Prüfung eine Regelung getroffen ist, weil jedes Auskunftsverlangen nur im Hinblick auf eine nachfolgende Prüfung sinnvoll erscheint.

Während § 121 Abs. 1 AktG 1937 den Prüfern ein — dem Wortlaut nach — uneingeschränktes Einsichtsrecht gewährt, bestimmt § 121 Abs. 2

AktG 1937, daß die Prüfer vom Vorstand alle Aufklärungen und Nachweise verlangen können, „welche die sorgfältige Erfüllung ihrer Prüfungspflicht fordert". Diese einschränkende Formulierung des Gesetzes wurde nun von den einzelnen Kommentatoren sehr unterschiedlich gedeutet. So könnten Baumbach-Hueck mit ihrer Feststellung, daß damit das Auskunftsrecht „auf den Gegenstand der Prüfung" beschränkt sei und eine Prüfung darüber hinaus der Unterlage entbehre und unbeachtlich wäre[88], durchaus so verstanden werden, daß für den Umfang der Sonderprüfung nur die das Revisionsobjekt konstituierenden Teiltatbestände in Betracht kommen. Das gleiche gilt auch für Ritter, der ausführt, daß sich die Aufklärungspflicht des § 121 Abs. 2 nur auf das bezieht, „was mit dem Vorgang zusammenhängt, der geprüft werden soll"[89], und der — in Anlehnung an W. Schmidt in der 1. Auflage des Großkommentars von Gadow-Heinichen, Berlin 1939, § 121 Anm. 1 — diese Beschränkung auf das Einsichtsrecht des § 121 Abs. 1 ausdehnt, mit der Begründung, daß die Formel des Absatz 2 nur deswegen nicht ebenfalls in Absatz 1 aufgenommen wurde, weil die Beweislast verschoben werden sollte. Im Falle des Einsichtsrechts habe der Vorstand zu beweisen, daß die verlangte Einsicht für die sorgfältige Erfüllung der Prüfungspflicht unnötig ist, während im Falle des Verlangens von Aufklärungen der Prüfer jedesmal nachzuweisen habe, daß sein Verlangen für die sorgfältige Erfüllung seiner Prüfungspflicht erforderlich ist.

Diese Auffassung wird nun insbesondere von den in neuerer Zeit erschienenen Kommentaren heftig kritisiert. So weisen Adler-Düring-Schmaltz darauf hin, daß der Sonderprüfer mit derartigen Einschränkungen des Prüfungsumfangs kaum in der Lage sein wird, seine Aufgabe zu erfüllen[90]. Aus diesem Grunde geht die herrschende Meinung heute dahin, daß man „grundsätzlich ein umfassendes Auskunfts- und Einsichtsrecht der Prüfer annehmen" müsse[91]. Daß das Auskunfts- und Prüfungsrecht der Sonderprüfer nicht auf die Teilmaßnahmen der Geschäftsführung, in die das Revisionsobjekt zergliedert werden muß, beschränkt ist, drücken besonders deutlich Schlegelberger-Quassowski

---

[88] Vgl. *Baumbach-Hueck:* Kommentar zum Aktiengesetz, 12. Aufl., München und Berlin 1965, § 121 Anm. 2.

[89] *Ritter,* Carl: Kommentar zum Aktiengesetz, 2. Aufl., Berlin und München 1939, § 121 Anm. 2 c; ähnlich *Staub-Pinner:* Kommentar zum Handelsgesetzbuch, 14. Aufl., 2. Band, Berlin und Leipzig 1939, § 267 Anm. 2; *Brodmann,* Erich: Kommentar zum Aktiengesetz, Berlin und Leipzig 1928, § 267 Anm. 1 c.

[90] Vgl. *Adler-Düring-Schmaltz,* a.a.O., § 135 Tz. 250; *Bordt,* Karl, a.a.O., S. 160.

[91] *Gadow-Heinichen:* Großkommentar zum Aktiengesetz, 2. Aufl., 1. Band, Berlin 1961, § 121 Anm. 1. In der bereits erwähnten 1. Auflage des gleichen Kommentars hatte *W. Schmidt* ebenfalls in Anm. 1 zu § 121 noch die gegenteilige Auffassung vertreten.

aus, wenn sie schreiben: „Das Prüfungsrecht ist nicht auf diejenigen Bücher usw. und Vermögensgegenstände beschränkt, die sich auf die beanstandeten Punkte beziehen. Dies ergibt sich deutlich aus dem Zusammenhang des Abs. 1 mit Abs. 2, der die Aufklärungspflicht ganz allgemein vorsieht"[92]. Eine Grenze findet das Prüfungsrecht nach dieser Auffassung nur da, wo es offensichtlich unsachgemäß oder aus Schikane in Anspruch genommen wird[93], wobei als unsachgemäß wohl die Prüfung aller Geschäftsführungsmaßnahmen anzusehen sein wird, die den Merkmalswert „negativ-negativ" tragen.

Das gleiche weite Prüfungsrecht wird man auch nach dem neuen Aktiengesetz annehmen müssen, in dem § 145 Abs. 2 bestimmt, daß das Auskunftsrecht der Sonderprüfer so weit gehen soll, wie es „die sorgfältige Prüfung der Vorgänge notwendig macht". Eine Beschränkung des Prüfungsrechts auf die unmittelbar das im Auftrag genannte Revisionsobjekt konstituierenden Teiltatbestände verbietet sich hier schon deshalb, weil das neue Gesetz ausdrücklich das Ziel verfolgt, die Rechte der Sonderprüfer zu erweitern, was insbesondere aus der Ausdehnung der Auskunftspflicht auf den Aufsichtsrat und verbundene Unternehmen (§ 145 Abs. 3) hervorgeht.

Wir können daher feststellen, daß nach dem Willen des Gesetzgebers für die Bestimmung des Prüfungsumfangs als oberste Maxime die sorgfältige Erfüllung der Prüfungspflichten der Sonderprüfer zu gelten hat. Dies bedeutet aber nun, daß alle Geschäftsführungsmaßnahmen, die nach dem Grundsatz der Zielerreichung in die Sonderprüfung einzubeziehen sind, auch tatsächlich ohne Ausnahme geprüft werden müssen, weil auf andere Weise das Ziel nicht erreicht werden kann[94]. Wir stoßen hier erneut auf die fundamentale Tatsache, daß es sich bei der Sonderprüfung nicht um eine Geschäftsführungsprüfung handelt, bei welcher von der Beurteilung des zu prüfenden Vorgangs auf die Ordnungs- oder Zweckmäßigkeit der Geschäftsführung insgesamt geschlossen werden soll, sondern um eine Prüfung, bei der die Beurteilung der Ordnungs- bzw. Zweckmäßigkeit eines einzelnen Vorgangs bei der Geschäftsführung gleichsam Selbstzweck ist. Während es im ersten Fall mit dem Ziel der Prüfung eher vereinbar erscheint, den Umfang der Prüfung auf die Teiltatbestände, in die das Revisionsobjekt zu zergliedern war, zu beschränken, d. h. die darüber hinausgehenden Ge-

---

[92] *Schlegelberger-Quassowski:* Kommentar zum Aktiengesetz, 3. Aufl., Berlin 1939, § 121 Anm. 2; vgl. auch *Schlegelberger-Quassowski-Schmölder:* Verordnung über Aktienrecht, Berlin 1932, § 267 Anm. 2.

[93] Vgl. *Schlegelberger-Quassowski,* a.a.O., § 121 Anm. 3 i. V. m. § 138 Anm. 5; *Adler-Düring-Schmaltz,* a.a.O., § 135 Tz. 250; *Bordt,* Karl, a.a.O., S. 160.

[94] Vgl. hierzu *Klausing,* Friedrich: Reform des Aktienrechts, Berlin - Wien 1933, S. 277.

schäftsführungsmaßnahmen als Datum zu betrachten, ist im zweiten Fall immer eine lückenlose Prüfung all der Maßnahmen und Teilmaßnahmen der Geschäftsführung erforderlich, die einen Beitrag zur Beurteilung der Ordnungs- oder Zweckmäßigkeit des Revisionsobjektes leisten können, ohne Rücksicht darauf, ob sie mit diesem in direktem Zusammenhang stehen oder nicht. Zimmermann bezeichnet diese Art der Prüfung als *Nachprüfung*, während er im ersten Fall von einer *Überprüfung* spricht[95].

Wir können somit festhalten, daß für die Sonderprüfung der Konflikt zwischen den Grundsätzen der Zielerreichung und der Objektbezogenheit in jedem Fall so zu lösen ist, daß dem Grundsatz der Zielerreichung der Vorrang eingeräumt wird[96], wodurch dieser für den Umfang der Sonderprüfung eine überragende Bedeutung erhält.

c) Die Auswirkungen auf den positiven Umfang des Sonderprüfungsberichts

Wir haben erkannt, daß — bei gegebenem Prüfungsauftrag — der Umfang der aktienrechtlichen Sonderprüfung dadurch bestimmt wird, daß aus der Grundgesamtheit aller Maßnahmen und Teilmaßnahmen der Geschäftsführung in erster Linie diejenigen herausgegriffen werden, die sowohl dem Grundsatz der Zielerreichung als auch dem der Objektbezogenheit entsprechen. Darüber hinaus sind aber noch alle die Geschäftsführungsmaßnahmen in die Prüfung einzubeziehen, deren Berücksichtigung zwar dem Grundsatz der Objektbezogenheit widerspricht, vom Grundsatz der Zielerreichung aber gefordert wird. Alle Vorgänge, welche beiden Grundsätzen widersprechen, kommen für eine Prüfung nicht in Frage. Dies bedeutet nun, daß sich bei der Sonderprüfung die den Prüfungsumfang bildende Teilmasse von Geschäftsführungshandlungen ausschließlich aus Elementen zusammensetzt, die alle einen Beitrag zur Erreichung des mit der Sonderprüfung verfolgten Zieles leisten können, und daß umgekehrt, als für den Prüfungsumfang nicht in Betracht kommend, nur solche Elemente ausgeschieden werden, für welche dies nicht zutrifft. Wir haben aus dieser Tatsache den Schluß gezogen, daß für die Bestimmungen des Umfangs der Sonderprüfung dem Grundsatz der Zielerreichung eine dominierende Rolle zugesprochen werden muß.

---

[95] Vgl. *Zimmermann*, Erhard, a.a.O., S. 43 ff.

[96] In Fällen, in denen in größerem Umfang auch Geschäftsführungsmaßnahmen geprüft werden müssen, die mit dem im Auftrag bezeichneten Revisionsobjekt in keinem direkten Zusammenhang stehen, wird sich in jedem Fall empfehlen, daß der Prüfer auf eine entsprechende Erweiterung des Auftrags dringt. Vgl. *Adler-Düring-Schmaltz*, a.a.O., § 135 Tz. 256; *Bordt*, Karl, a.a.O., S. 139.

Bedenkt man nun, daß es für eine erfolgreiche Sonderprüfung noch nicht genügt, daß der Prüfer zu einem zutreffenden Urteil über die Ordnungs- bzw. Zweckmäßigkeit eines Vorgangs bei der Geschäftsführung gelangt, sondern daß er seine Beurteilung den an der Prüfung interessierten Kreisen auch mitteilen muß und daß dies eben durch den Sonderprüfungsbericht geschieht, so wird deutlich, daß dieser so zu gestalten ist, daß er den Verlauf und die einzelnen bei der Prüfung gemachten Feststellungen möglichst unverfälscht wiedergibt. Dies bedeutet aber nichts anderes, als daß der für die Bestimmung des Umfangs der Sonderprüfung dominierende Grundsatz der Zielerreichung auch für den Sonderprüfungsbericht Geltung besitzt. Jeder Prüfungsbericht kann nämlich gleichsam als das Spiegelbild der Prüfungsdurchführung aufgefaßt werden, so daß für den Umfang des Berichts nichts anderes gelten kann als für den Umfang der Prüfung selbst. Jede Einschränkung der Berichterstattung, die geeignet ist, dem Berichtsleser ein unklares oder gar falsches Bild vom Ergebnis der Prüfung zu vermitteln, ist daher abzulehnen. Wir haben es hier mit einem für unsere Untersuchung sehr bedeutsamen Zusammenhang zu tun. Das nächste Kapitel wird zeigen, daß sich dieser grundlegende Zusammenhang auch noch auf andere Weise ableiten läßt.

3. Die Sonderprüfung im Spannungsfeld der an der Aktiengesellschaft interessierten Gruppen

Während wir in den vorhergegangenen Kapiteln versucht haben, die für unsere Untersuchung wichtigen Bestimmungsfaktoren für den positiven Umfang des Sonderprüfungsberichts aus einer theoretischen Analyse der Sonderprüfung als Prüfungsart zu gewinnen, wollen wir diese gleichsam isolierte Betrachtungsweise nun aufgeben und die Sonderprüfung in den Rahmen all der in einer Aktiengesellschaft wirksamen Kräfte stellen, um auf diese Weise zu untersuchen, welche Faktoren der Sonderprüfung und damit auch dem Sonderprüfungsbericht sozusagen von außen ihren Stempel aufdrücken.

Die Aktiengesellschaft übernimmt im System der freien Verkehrswirtschaft die Aufgabe, die allgemeine Bedarfsdeckung dort zu gewährleisten, wo diese den Einsatz von erheblichem Kapital erforderlich macht. Durch die Schaffung der Aktie wird es möglich, eine Vielzahl kleiner und verstreuter Sparbeträge zusammenzufassen — man spricht daher von einer Kapitalsammelfunktion der Aktiengesellschaft[97] — und

[97] Vgl. *Stammberger*, Wolfgang: Leitlinien der Aktienrechtsreform, Schriftenreihe der Forschungsstelle der Friedrich-Ebert-Stiftung, A. Sozialwissenschaftliche Schriften, Hannover 1962, S. 15 f.; *Strauss*, Walter: Grundlagen und Aufgaben der Aktienrechtsreform, Tübingen 1960, S. 4 f.

auf diese Weise für große Aufgaben nutzbar zu machen. Sowohl die Bedeutung der Aktiengesellschaft im Gesamtgefüge der Volkswirtschaft als auch die Art der Beschaffung des zur Durchführung ihrer Aufgaben benötigten Eigenkapitals bringt es mit sich, daß die Aktiengesellschaft mehr als jede andere Rechtsform in ein Spannungsfeld der verschiedenartigsten Interessen eingebettet ist. Gläubiger und Aktionäre, Vorstand und Aufsichtsrat, Arbeitnehmer und die Allgemeinheit sind alle auf ihre Weise mit dem Schicksal der Aktiengesellschaft verbunden. Nun ist es zwar richtig, daß sich „normalerweise die Interessen aller Beteiligten im wirtschaftlichen Erfolg der Gesellschaft, in der Rentabilität des Unternehmens" treffen[98]. Es kann aber nicht übersehen werden, daß in gewissen Fällen einzelne Interessen auch in Widerspruch zueinander geraten können, daß es zu einem sog. Interessenkonflikt kommen kann.

Dies ist, wie Hubmann im einzelnen ausführt[99], zunächst einmal deswegen möglich, weil sich die Aktionäre nur mit einem begrenzten Bereich ihrer Persönlichkeitssphäre an der Aktiengesellschaft beteiligen. „Daneben stehen all ihre sonstigen wirtschaftlichen Verbindungen mit Dritten und all ihre sonstigen Interessen. So bringt schon jeder Aktionär, der zur Hauptversammlung geht, in der eigenen Brust die verschiedensten Interessen mit, und es kommt nur auf den einzelnen Fall an, ob daraus Konflikte werden[100]." Damit schneidet Hubmann einen Gedanken an, der insbesondere in jüngster Zeit im Zusammenhang mit der Aktienrechtsreform stark in den Vordergrund gerückt ist, nämlich die Tatsache, daß es den Aktionär schlechthin gar nicht gibt. Die einzelnen Aktionäre werden vielmehr, je nachdem, wie groß ihr Aktienbesitz ist und ob sie für ihr Kapital eine Daueranlage suchen oder damit nur einen kurzfristigen Spekulationsgewinn erzielen wollen, ganz unterschiedliche Interessen an der Aktiengesellschaft haben[101].

Eine weitere Quelle ständiger Interessenkonflikte ist in dem für die Aktiengesellschaft charakteristischen Auseinanderfallen von Trägern der Unternehmensführung und von Kapitalgebern zu erblicken. Planung, Durchführung und Kontrolle der einzelnen Maßnahmen der Geschäftsführung sind ausschließlich Sache des Vorstands und des Aufsichtsrats. Die Aktionäre haben — von einigen wenigen Ausnahmen

---

[98] *Hubmann*, Heinrich: Der Treuegedanke im Aktienrecht, Diss. München 1948, S. 52.

[99] Vgl. *Hubmann*, Heinrich: Der Treuegedanke im Aktienrecht, Diss. München 1948, S. 53 ff.

[100] *Hubmann*, Heinrich: Der Treuegedanke im Aktienrecht, Diss. München 1948, S. 53.

[101] Vgl. *Wiethölter*, Rudolf: Die Publizitätsinteressen der Anteilseigner, in: Das Frankfurter Publizitätsgespräch, Frankfurt/Main 1962, S. 36.

abgesehen — grundsätzlich keinen Einfluß auf die Führung der laufenden Geschäfte, obwohl sie es sind, die im Falle einer fehlerhaften Geschäftsführung den Schaden zu tragen haben. Es liegt auf der Hand, daß in dieser Situation, wie überhaupt überall da, wo jemand mit der Wahrnehmung fremder Interessen betraut ist, Interessenkonflikte nicht ausgeschlossen werden können. Dies hebt insbesondere auch Müller-Erzbach hervor. Er schreibt: „Nicht notwendig ist aber den Mitgliedern des Vorstandes dasselbe Interesse eigen ... wie den Aktionären, auf deren Rechnung und Gefahr das Aktienunternehmen betrieben wird[102]."

Als weitere Gründe für das Entstehen von Konflikten und Spannungen in dem die Aktiengesellschaft umgebenden Interessenfeld nennt Hubmann äußere Einflüsse, wie die Absicht eines Konkurrenten, den Wettbewerb der Gesellschaft auszuschalten oder die staatliche Einflußnahme im Interesse der besonderen Belange der Gefolgschaft und der Allgemeinheit[103].

Angesichts der aufgezeigten, meist mit dem Wesen der Aktiengesellschaft aufs engste verbundenen Möglichkeiten des Auftretens von Interessenkonflikten fällt nun dem Gesetzgeber die Aufgabe zu, „die am Werke befindlichen Kräfte in Bahnen zu lenken, die der Verantwortung gegenüber der Allgemeinheit (die schließlich eine derartige Verbandsbildung innerhalb ihrer Lebens- und Rechtsordnung zuläßt) gerecht werden und zum anderen den von diesen Kräften und ihren Lebensäußerungen Tangierten nicht objektiv schädigend zuwiderlaufen, sondern ihnen in einem wohl abgewogenen Maße entsprechen[104]."

Im folgenden soll nun untersucht werden, welche Aufgabe dem vom Gesetz geschaffenen Institut der aktienrechtlichen Sonderprüfung in diesem Zusammenhang zukommt. Dabei wollen wir so vorgehen, daß wir zunächst untersuchen, welche Bedeutung die Sonderprüfung für Vorstand und Aufsichtsrat hat, also für die in die Angelegenheiten der Gesellschaft Eingeweihten, die sog. „insiders". Daran anschließend soll die Bedeutung der Sonderprüfung für die außerhab der Gesellschaft stehenden Gruppen der Aktionäre, der Gläubiger und der Allgemeinheit — die sog. „outsiders" — festgestellt werden, um schließlich die Sonderprüfung in ihrer Bedeutung für die Gesellschaft selbst zu analysieren.

---

[102] *Müller-Erzbach*, Rudolf: Das private Recht der Mitgliedschaft als Prüfstein eines kausalen Rechtsdenkens, Weimar 1948, S. 212.

[103] Vgl. *Hubmann*, Heinrich: Der Treuegedanke im Aktienrecht, Diss. München 1948, S. 54 f.

[104] *Dienst*, Diether: Die aktienrechtliche externe Gründungsprüfung, Diss. München 1959, S. 3.

a) Die Bedeutung der Sonderprüfung für die sog. „insiders"

Das Tätigwerden des Vorstandes als eigenverantwortlicher Leiter der Aktiengesellschaft hat seine rechtliche Grundlage einmal in dem schuldrechtlichen *Anstellungsvertrag* und zum anderen in dem körperschaftsrechtlichen Akt der *Bestellung*. Zwischen beiden ist nach herrschender Meinung streng zu unterscheiden, da auch das Gesetz in § 75 AktG 1937 — das gleiche gilt für § 84 AktG 1965 — die beiden Rechtsvorgänge ausdrücklich gesondert erwähnt[105]. Dabei regelt der Anstellungsvertrag, den der Aufsichtsrat als gesetzlicher Vertreter der Gesellschaft mit den einzelnen Vorstandsmitgliedern abschließt, die gegenseitigen Rechte und Pflichten. Er begründet somit ein echtes Schuldverhältnis, das, je nachdem, ob die Tätigkeit des Vorstands gegen Entgelt oder unentgeltlich erfolgt, die rechtliche Natur eines Dienstvertrages, der auf eine Geschäftsbesorgung gerichtet ist, bzw. die eines Auftrages hat. Bereits aus diesem Vertragsverhältnis ergibt sich für die Mitglieder des Vorstands hinsichtlich der Ausübung ihrer Tätigkeit als Geschäftsleiter die Verpflichtung, die geschuldete Leistung so zu erbringen, wie es der allgemeine Grundsatz von Treu und Gauben fordert.

Damit ist aber die Treubindung des Vorstands noch nicht in vollem Maß zum Ausdruck gebracht. Darauf deutet gerade die Tatsache hin, daß das Gesetz neben der gewöhnlichen Anstellung noch eine eigene Bestellung, eine Betrauung mit dem Amt eingeführt hat[106]. Durch den körperschaftlichen Akt der Bestellung erhält der Vorstand erst seine volle Funktionsfähigkeit nach außen. Zuständig für die Bestellung ist ausschließlich der von den Aktionären gewählte Aufsichtsrat. Jede andere Regelung der Zuständigkeit, etwa generell durch die Satzung oder dergestalt, daß im speziellen Fall einzelnen Mitgliedern des Vorstands das Recht eingeräumt wird, selbständig weitere Mitglieder zu bestellen (Kooptation), wäre nichtig.

Aus dieser besonderen Bedeutung, die das Gesetz der neben dem Abschluß des Anstellungsvertrages erforderlichen Bestellung beimißt, wird ersichtlich, daß das Gesetz dem Umstand Rechnung trägt, daß sich die Stellung des Vorstands auf ein umfassendes, von vornherein nicht genau abgrenzbares persönliches *Vertrauen* gründet, das in den Formulierungen des Anstellungsvertrages keinen vollständigen Ausdruck finden kann. „Es handelt sich dabei um Vertrauen in seine Person,

---

[105] Vgl. Urteil des Bundesgerichtshofs vom 11. 7. 1953, in: *Lindenmaier-Möhring*, Nachschlagewerk des Bundesgerichtshofs, Nr. 5 zu § 75 AktG; *Baumbach-Hueck:* Kommentar zum Aktiengesetz, 12. Aufl., München und Berlin 1965, § 75 Anm. 1; *Schlegelberger-Quassowski*, a.a.O., § 75 Anm. 2; *Gadow-Heinichen*, a.a.O., Bd. 1, § 75 Anm. 1; a. A.: von *Godin-Wilhelmi*, a.a.O., § 75 Anm. 2.

[106] Vgl. *Hubmann*, Heinrich: Der Treuegedanke im Aktienrecht, Diss. München 1948, S. 71.

in sein fachliches Können und Wissen, in seine Unternehmereigenschaften, in seine menschlichen Qualitäten. In seine Hände soll ja das Geschick der Gesellschaft, ihr Wohl und Wehe gelegt werden, ihm vertrauen die Aktionäre ihr Geld an und ihre Hoffnungen auf Gewinn, von seiner Tätigkeit hängt ihr Risiko ab[107]." Aus dieser umfassenden Vertrauensstellung des Vorstands erwächst diesem eine weitreichende echte Treupflicht gegenüber der Gesellschaft und damit gegenüber den dahinterstehenden Aktionären.

Nur so weit das Vertrauen reicht, das dem Vorstand tatsächlich entgegengebracht wird, reichen auch seine Machtbefugnisse[108]. Dies wird besonders an den Bestimmungen des Gesetzes deutlich, die den Widerruf der Bestellung regeln. Ein solcher kann nämlich nur erfolgen, „wenn ein wichtiger Grund vorliegt"[109]. Einen derartigen „wichtigen Grund" bilden aber — so wird man mit Schmidt-Meyer-Landrut im Großkommentar von Gadow-Heinichen allgemein formulieren können — „alle Vorkommnisse innerhalb und außerhalb des Geschäftsbetriebes, die das Vertrauen zu dem Vorstandsmitglied zu erschüttern geeignet sind"[110]. Das Gesetz von 1937 nennt als Beispiele für einen den Widerruf der Bestellung zum Vorstandsmitglied rechtfertigenden wichtigen Grund grobe Pflichtverletzung und Unfähigkeit zur ordnungsmäßigen Geschäftsführung. Daß es im wesentlichen darauf ankommt, daß der Vorstand seiner Treupflicht nicht nachgekommen ist, daß er das Vertrauen, das bei seiner Bestellung in ihn gesetzt wurde, enttäuscht hat, ist der amtlichen Begründung zu entnehmen, in der es heißt: „Hat die Hauptversammlung einem Vorstandsmitglied das Vertrauen entzogen, so ist dies selbstverständlich stets ein wichtiger Grund[111]." Unter ausdrücklicher Berufung auf das bereits zitierte Urteil des Bundesgerichtshofs vom 28. 4. 1954, in dem obiger Grundsatz mit der Einschränkung, daß das Vertrauen nicht „erkennbar aus völlig unsachlichen Gründen" entzogen wurde, seine Bestätigung gefunden hat, hat das Aktiengesetz von 1965 in § 84 Abs. 3 Satz 2 den Vertrauensentzug durch die Hauptversammlung als wichtigen Grund für einen Widerruf der Bestellung zum Vorstand auch in das Gesetz aufgenommen[112].

---

[107] *Hubmann*, Heinrich: Der Treuegedanke im Aktienrecht, Diss. München 1948, S. 71.

[108] Vgl. *Hubmann*, Heinrich: Der Treuegedanke im Aktienrecht, Diss. München 1948, S. 72; Urteil des Bundesgerichtshofs vom 28. 4. 1954, in: BGHZ 13, 188 (192 f.).

[109] §§ 75 Abs. 3 Satz 1 AktG 1937, 84 Abs. 3 Satz 1 AktG 1965.

[110] *Gadow-Heinichen*, a.a.O., § 75 Anm. 17.

[111] Amtliche Begründung zu § 75 AktG 1937, zitiert nach: *Klausing*, Friedrich: Gesetz über Aktiengesellschaften und Kommanditgesellschaften auf Aktien (Aktiengesetz) nebst Einführungsgesetz und „Amtlicher Begründung", Berlin 1937, S. 62.

[112] Vgl. Amtliche Begründung zu dem gleichlautenden § 81 Abs. 3 Regie-

Damit ist die Stellung des Vorstands in der Aktiengesellschaft hinreichend gekennzeichnet, um — davon ausgehend — die Bedeutung der Sonderprüfung für die unmittelbar in die internen Vorgänge der Gesellschaft eingeweihte Gruppe der Vorstandsmitglieder beurteilen zu können. Nach dem bisher Gesagten ist es offenbar so, daß durch die Sonderprüfung der Vorstand insgesamt oder auch einzelne seiner Mitglieder in allen ihren Geschäftsführungshandlungen dahin überprüft werden können, ob sie diese im Sinne der ihnen obliegenden Treupflicht geplant und durchgeführt haben, d. h. ob sie das in sie gesetzte Vertrauen enttäuscht und sich damit selbst die Grundlage ihrer Betätigung entzogen haben. Die Sonderprüfung hat also in bezug auf den Vorstand eine Art *Kontrollfunktion*. Damit scheint sich die Aufgabe der Sonderprüfung aber vollkommen mit der Funktion des Aufsichtsrats zu decken, denn in § 111 Abs. 1 AktG 1965 heißt es ebenso wie in § 95 Abs. 1 AktG 1937: „Der Aufsichtsrat hat die Geschäftsführung zu überwachen." Auf den ersten Blick könnte man meinen, einen Grund dafür gefunden zu haben, daß Sonderprüfungen bisher in der Praxis relativ selten waren. Es soll daher im folgenden näher untersucht werden, inwieweit die Tätigkeit des Aufsichtsrates die Sonderprüfung überflüssig macht bzw. welche Bedeutung eine von den Aktionären verlangte Sonderprüfung für die Mitglieder des Aufsichtsrats hat.

Der Aufsichtsrat ist im Recht der Aktiengesellschaft eine sehr alte Einrichtung. Bereits das Allgemeine Deutsche Handelsgesetzbuch vom 24. 6. 1861 sieht in Art. 225 — wenn auch nur fakultativ — seine Bestellung vor, wobei ihm die Aufgabe zugewiesen wird, „die Geschäftsführung der Gesellschaft in allen Zweigen der Verwaltung" zu überwachen. Doch beinahe ebenso alt wie die Institution selbst ist auch die Kritik an ihr. So erschien bereits im Jahre 1876 eine anonyme Schrift, in der es heißt: „Der Aufsichtsrath der Novelle von 1870 hat den gehegten Erwartungen nicht entsprochen. Die alten soliden Gesellschaften arbeiten ohne einen solchen zur Zufriedenheit der Aktionäre fort, und neue Gesellschaften sind durch ihren Aufsichtsrath vor den traurigsten Erfahrungen, die sie nicht nur an ihren Gründern, sondern auch an ihrem Vorstande machen mußten, nicht bewahrt, abgesehen von den zahlreichen Fällen, in welchen sich der Aufsichtsrath ebenso schuldig machte, wie der Vorstand[113]."

Dieses vernichtende Urteil über die Tätigkeit der Aufsichtsräte blieb nicht vereinzelt[114]. Insbesondere Schmalenbach war es, der mit der ihm

---

rungsentwurf zu einem Aktiengesetz, zitiert nach: *Kropff*, Bruno: Aktiengesetz, Düsseldorf 1965, S. 106.

[113] Ohne Verfasser: Ein Mahnruf zur Reform des Aktienrechts. Von einem praktischen Juristen, Berlin 1876, S. 40 f.

[114] Vgl. *Ludewig*, Rainer: Die Darstellung der wirtschaftlichen Lage im

eigenen Deutlichkeit auf diesen Mißstand hinwies. Auch er schreibt: „Es ist nicht gelungen, durch die Verschärfung des Gesetzes eine wesentlich andere Auffassung über die Aufsichtspflichten herbeizuführen. Es ist nicht einmal gelungen, in die Kreise derer, die es angeht, das Bewußtsein zu pflanzen, daß ein Aufsichtsrat vor allem der Aufsicht wegen gewählt werden soll[115]." Ganz besonderen Auftrieb erhielt die Kritik an der Institution des Aufsichtsrats durch die großen Aktienskandale der Zeit nach dem ersten Weltkrieg. So resümiert beispielsweise Gottschalk: „Fragt man nach den Erfahrungen, die in der jüngsten Zeit mit der Tätigkeit der Aufsichtsorgane in Deutschland gemacht worden sind, so kann das Urteil nur ungünstig ausfallen. Es gibt unter den herangezogenen Skandalfällen auch nicht einen, wo nicht der Aufsichtsrat bei sorgfältiger Erfüllung seiner Aufgaben die eingerissenen Mißstände hätte früher erkennen müssen ...[116]"

Obwohl in der Fachliteratur immer wieder darauf hingewiesen worden ist, daß der Aufsichtsrat mit der von ihm verlangten umfassenden Überwachung der Geschäftsführung einfach überfordert ist[117], ist er auch in den Aktiengesetzen von 1937 und 1965 von dieser grundsätzlichen Verpflichtung nicht befreit worden. Es erscheint aus diesem Grunde nur natürlich, daß auch gegenwärtig noch ständig Stimmen laut werden, die darauf aufmerksam machen, daß der Aufsichtsrat heute vollkommen andere Aufgaben als die der Überwachung der Geschäftsführung wahrnimmt, daß er „denaturiert" ist.

Diese Denaturierung sieht Fischer vor allem in zweifacher Hinsicht für gegeben an. Einmal ist es die Tatsache, daß es keine gesetzliche Vorschrift gibt, nach der nur Aktionäre zu Mitgliedern des Aufsichtsrats bestellt werden können. Dadurch „sind die Aufsichtsräte der deutschen AG-en, mit zu vernachlässigenden Ausnahmen, zu einem bunten Sammelsurium von Industriepersönlichkeiten, Bankdirektoren, Repräsentanten wichtiger Vorlieferanten oder Abnehmerfirmen und führenden Wirtschaftsanwälten geworden, wobei die wenigsten Unternehmerrisiko tragende ‚Eigentümer'-Aktionäre der betreffenden AG sind[118]."

Bericht über die aktienrechtliche Jahresabschlußprüfung, Düsseldorf 1955, S. 57 ff.

[115] *Schmalenbach*, Eugen: Die Überwachungspflicht des Aufsichtsrates, in: ZfhF, 5. Jahrgang (1910), Heft 5, S. 275.

[116] *Gottschalk*, Hellmut: Die Lehren aus den Aktienskandalen der Nachkriegszeit, Frankfurt/Main 1934, S. 27; Hervorhebung nicht wiedergegeben.

[117] Vgl. Verband Deutscher Bücherrevisoren: Zur Reform des Aktienrechts, Leipzig 1930, S. 14; *Müller-Erzbach*, Rudolf: Deutsches Handelsrecht, 2. und 3. Aufl., Tübingen 1928, S. 273; derselbe: Lassen sich das Recht und das Rechtsleben tiefer und sicherer erfassen?, München und Leipzig 1934, S. 18 f.

[118] *Fischer*, Curt Eduard: Rechtsschein und Wirklichkeit im Aktienrecht.

Zum anderen sind es das Mitbestimmungsgesetz vom 21. 5. 1951 und das Betriebsverfassungsgesetz vom 11. 10. 1952. „Das Institut des Aufsichtsrats“, so meint Fischer, „ist durch die zwingend vorgeschriebene Erweiterung um Persönlichkeiten, die nicht von den Aktionären frei gewählt werden können, die z. T. sogar betriebsfremde Vertreter der Gewerkschaftsorganisationen sind, in seinem Wesen und hinsichtlich seiner Funktionen entscheidend verändert, im Hinblick auf seine Bedeutung im System des deutschen Aktienrechts völlig denaturiert[119].“ Die gleiche Auffassung vertritt auch Saage, der zwar deutlich darauf hinweist, daß nach dem Gesetz eine echte Aufsicht gefordert ist, „eine Aufsicht, die Unabhängigkeit, Objektivität und Integrität voraussetzt, die Macht hat, sich Einblick zu verschaffen, die die Fähigkeit voraussetzt, schwierige rechtliche, wirtschaftliche und technische Zusammenhänge zu erkennen und in ihren Auswirkungen auf die Gesellschaft zu beurteilen[120]“, der aber dennoch nicht verkennt, „daß die tatsächliche Bedeutung des Aufsichtsrats vornehmlich in der Unterstützung des Vorstandes bei der Gestaltung der Beziehungen zur wirtschaftlichen Umwelt gesehen wird und daß die dem Aufsichtsrat vom Gesetzgeber zugewiesene Prüfungs- und Überwachungstätigkeit nicht bzw. nur unzureichend ausgeübt wird“[121].

Aus diesem Versagen des Aufsichtsrats in bezug auf die ihm vom Gesetz zugedachte Aufgabe der Kontrolle der Geschäftsführung kann man aber nun nicht, wie Saage es tut[122], folgern, daß damit eine Ausweitung der Aufgaben der aktienrechtlichen Pflichtprüfung geboten sei. Dies würde bedeuten, daß der Jahresabschlußprüfung eine Funktion beigemessen wird, die ihr nicht zukommt[123], ganz abgesehen davon, daß es dem Abschlußprüfer schon rein zeitlich nicht möglich wäre, die umfangreichen Funktionen des Aufsichtsrats noch zusätzlich wahrzuneh-

---

Rechtspolitische Betrachtungen zu einer Reform des Aktiengesetzes in: AcP, Bd. 154, Tübingen 1955, S. 110.

[119] *Fischer,* Curt Eduard, a.a.O., S. 114; Hervorhebungen nicht wiedergegeben.

[120] *Saage,* Gustav, a.a.O., S. 7.

[121] *Saage,* Gustav, a.a.O., S. 205; vgl. auch *Ludewig,* Rainer, a.a.O., S. 61; *Moxter,* Adolf: Der Einfluß von Publizitätsvorschriften auf das unternehmerische Verhalten, Köln und Opladen 1962, S. 92 f.; dort weitere Literaturnachweise.

[122] Vgl. *Saage,* Gustav, a.a.O., S. 205.

[123] Vgl. *Illetschko,* Leopold L.: Einführung zu: Grundlagen der Buchprüfung, Bd. 1 der Veröffentlichungen des Instituts für Organisation und Revisionswesen an der Hochschule für Welthandel, Wien, hrsg. von Dr. Leopold L. Illetschko, Wien 1953, S. 2; *Schneider,* Ernst: Publizität und Abschlußprüfung vom Standpunkt der Wirtschaft, in: Wirtschaftsprüfung als Element gesunder Wirtschaftsentwicklung, Bd. 10 der Schriftenreihe des Instituts der Wirtschaftsprüfer, Düsseldorf 1955, S. 68.

men. Aus der Tatsache, daß der Aufsichtsrat als Kontrollinstanz der Geschäftsführung ausfällt, wird man vielmehr den berechtigten Schluß ziehen können, daß damit dem Institut der aktienrechtlichen Sonderprüfung eine erhöhte Bedeutung zufällt, und zwar schon deswegen, weil der Aufsichtsrat, auch wenn er seinen gesetzlichen Verpflichtungen nicht nachkommt, dennoch der Gesellschaft für einen ihr daraus entstehenden Schaden haftet und daher an dem Ergebnis seiner Sonderprüfung selbst in hohem Maße interessiert sein dürfte.

Dieser Gedanke scheint auch im neuen Aktiengesetz von 1965 seinen Niederschlag gefunden zu haben, denn in der Begründung zu § 138 Abs. 4 Satz 5 des Regierungsentwurfs zu einem Aktiengesetz, dem jetzigen § 145 Abs. 4 Satz 5 AktG 1965, nach dem der Vorstand dazu verpflichtet ist, den Sonderprüfungsbericht auch dem Aufsichtsrat vorzulegen, heißt es: „Eine Sonderprüfung ist im Hinblick auf die Aufgabe des Aufsichtsrats, die Geschäftsführung zu überwachen (...), ein besonders wichtiges Ereignis. Der Bericht der Sonderprüfer gehört daher unbedingt in die Hände des Aufsichtsrats[124].“ Zum anderen erhält die Sonderprüfung aber auch deshalb ein größeres Gewicht, weil den Aktionären nun nur noch dieser Weg bleibt, wenn sie von einem unparteiischen Dritten nachgeprüft haben wollen, ob der Vorstand seiner Treupflicht entsprochen oder aber seine Vertrauensstellung mißbraucht hat.

Wir können demnach zusammenfassend feststellen, daß die Sonderprüfung im Hinblick auf den Vorstand, der in hohem Maß eine Vertrauensstellung einnimmt, die Funktion hat, diesen in seiner Geschäftsführung zu kontrollieren. Obwohl dem Aufsichtsrat nach dem Gesetz die gleiche Aufgabe zufällt, ergibt sich daraus keine Minderung der Bedeutung der Sonderprüfung, da der Aufsichtsrat schon sehr frühzeitig in Aufgaben hineingewachsen ist, die mit seiner ursprünglichen Bestimmung nur noch wenig zu tun haben. Ganz im Gegenteil wird die Bedeutung der Sonderprüfung *und damit auch des Sonderprüfungsberichts* in zweifacher Hinsicht beträchtlich erhöht: einmal deswegen, weil der Aufsichtsrat auf Grund seiner nach wie vor bestehenden Haftung für Schäden, die der Gesellschaft durch seine Pflichtverletzung entstehen, nun selbst an dem im Sonderprüfungsbericht niedergelegten Ergebnis einer Sonderprüfung in besonderem Maße interessiert sein wird, zum anderen aber auch deswegen, weil sich durch den Ausfall des Aufsichtsrats als Kontrollinstanz die Aktionäre[125] nur noch mit

---

[124] Amtliche Begründung zu § 138 Abs. 4 Satz 5 RegE, zitiert nach *Kropff*, Bruno, a.a.O., S. 212; vgl. auch *Bordt*, Karl, a.a.O., S. 233, der sogar dafür eintritt, daß die Sonderprüfer selbst ihren Bericht dem Aufsichtsrat vorlegen, um damit „Unstimmigkeiten und Verzögerungen“ bei der Aushändigung zwischen Vorstand und Aufsichtsrat von vornherein zu vermeiden.

[125] Zur grundsätzlichen Bedeutung der Sonderprüfung für die Aktionäre vergleiche die Ausführungen im nächsten Kapitel.

Hilfe einer Sonderprüfung von einem unparteiischen und sachverständigen Dritten, der ihr Vertrauen besitzt, über die Ordnungs- oder Zweckmäßigkeit von Geschäftsführungsmaßnahmen unterrichten lassen können.

b) Die Bedeutung der Sonderprüfung für die sog. „outsiders"

Neben Vorstand und Aufsichtsrat, also neben der Gruppe der insiders, die in sämtliche Angelegenheiten der Gesellschaft eingeweiht ist, entweder weil ihre einzelnen Mitglieder selbst mit der Planung, Durchführung oder Kontrolle der betreffenden Angelegenheit befaßt sind oder, wenn dies nicht der Fall ist, das einzelne Mitglied zumindest ein umfassendes Einsichts- und Auskunftsrecht hat, steht die Gruppe der Aktionäre und Gläubiger, Lieferanten und Arbeitnehmer sowie der Öffentlichkeit im allgemeinen, kurz die Gruppe der Außenstehenden oder der outsiders. Sie alle sind, wenn auch aus ganz verschiedenen Gründen, daran interessiert, daß die Tätigkeit der Gesellschaft erfolgreich ist.

Dies gilt vor allem für die Aktionäre. Sie sind die Träger des Kapitaleinsatzes der Aktiengesellschaft und zugleich in erster Linie die Träger des finanziellen Risikos, was dazu geführt hat, daß sie vielfach als die „wirtschaftlichen Eigentümer" der Aktiengesellschaft bezeichnet wurden[126], obwohl man dabei nicht verkannte, daß sich ein Anspruch auf unmittelbare Mitwirkung bei der Geschäftsführung daraus nicht herleiten ließ[127]. Aber auch die Gläubiger sind an einer positiven Entwicklung der wirtschaftlichen Verhältnisse der Gesellschaft interessiert, denn davon hängt es ja in hohem Maß ab, ob diese in der Lage ist, ihrer Verpflichtung zur Rückzahlung und Verzinsung des ihr zur Verfügung gestellten Kapitals nachzukommen.

Seit geraumer Zeit ist aber auch die Berechtigung eines Interesses der Öffentlichkeit an der Arbeit der großen Kapitalgesellschaften anerkannt. „Es ist dies in erster Linie ein allgemeines volkswirtschaftliches Interesse"[128], das sich daraus ableitet, „daß sich in der Rechtsform

---

[126] Vgl. z. B. *Rasch,* Harold: Richtige und falsche Wege der Aktienrechtsreform, Karlsruhe 1960, S. 59; *Semler,* Johannes: Die Publizität der Kapitalgesellschaften vom Standpunkt des Kapitalgebers und des öffentlichen Interesses, in: ZfhF, Neue Folge, 10. Jahrgang (1958), Heft 8, S. 454; *Schäffer,* Fritz: Die Aktienrechtsreform und ihre Probleme, in: BB, 13. Jahrgang (1958), Heft 35/36, S. 1253.

[127] Vgl. insbesondere *Leo,* Hans-Christoph: Der Schutz der Aktionärsinteressen durch den Vorstand nach geltendem Aktienrecht, in: Die AG, 2. Jahrgang (1957), Heft 7, S. 153 ff.

[128] *Semler,* Johannes, a.a.O., S. 453.

der Aktiengesellschaft, als der hierfür am besten geeigneten Organisationsform, der überwiegende Teil der deutschen Großindustrie organisiert hat[129]". „Angesichts dieses Gewichts, welches den Kapitalgesellschaften in der Wirtschaft zukommt, und der Höhe der in den Aktienunternehmen investierten Kapitalbeträge besteht auch ein öffentliches Interesse an verantwortlicher Anlage, Erhaltung und Vermehrung der den Kapitalgesellschaften gewidmeten Vermögen. — Auch die Allgemeinheit hat Anspruch auf gesetzestreue Verwaltung des deutschen Aktienvermögens ebenso wie auf unbedingte Sauberkeit bei der Geschäftsführung der Kapitalgesellschaften[130]." Schließlich werden auch die in einer Aktiengesellschaft beschäftigten Arbeitnehmer in besonderem Maße am Geschick ihres Unternehmens interessiert sein, denn davon hängt die Sicherheit ihres Arbeitsplatzes ab[131].

Das charakteristische Merkmal all dieser Gruppen von Außenstehenden ist es aber nun, daß sie trotz ihrer weitgehenden spezifischen Interessen keine Möglichkeit haben, die laufende Tätigkeit der Gesellschaft unmittelbar und aktiv so zu beeinflussen, wie es ihren Interessen entspräche. Aus diesem Grunde müssen sie in die Lage versetzt werden, sich ständig über den Stand der Dinge in der Gesellschaft zu unterrichten, damit sie wenigstens entscheiden können, ob sie sich von der Gesellschaft etwa durch Veräußerung ihrer Aktien oder Obligationen bzw. durch Kündigung ihres Arbeitsverhältnisses trennen oder erst gar nicht mit ihr in Beziehung treten wollen, wenn sie die wirtschaftlichen Verhältnisse der Gesellschaft negativ beurteilen. Es ist somit erforderlich, daß die Aktiengesellschaften über ihre Tätigkeit Rechenschaft ablegen. „Die Rechenschaftslegung stellt das Korrelat dar zur Wahrnehmung fremder Interessen, wie z. B. auch bei treuhänderisch verwaltetem Vermögen, das überall da in Erscheinung tritt, wo sich die Person des Geschäftsherrn mit der des Geschäftsführers nicht deckt[132]."

Da aber nun die einzelnen Gruppen der outsiders, die einen Anspruch auf diese Rechenschaftslegung haben, einen unübersehbaren Personenkreis darstellen, muß diese notgedrungen öffentlich erfolgen. „Die privaten Beziehungen werden durch Beziehungen zu einem unbestimmten Personenkreis ersetzt; aus den privaten Beziehungen werden öffentliche Beziehungen. Daraus ergibt sich ganz zwangsläufig die Schluß-

---

[129] *Kronstein-Claussen:* Publizität und Gewinnverteilung im neuen Aktienrecht, Frankfurt/Main 1960, S. 22; vgl. auch *Rasch,* Harold, a.a.O., S. 64.

[130] *Semler,* Johannes, a.a.O., S. 453; vgl. auch *Dienst,* Diether, a.a.O., S. 5 f.

[131] Vgl. *Koch,* Waldemar: Zur Reform des Aktiengesetzes, in: Aktuelle Betriebswirtschaft, Festschrift für Konrad Mellerowicz, Berlin 1952, S. 69; *Moxter,* Adolf, a.a.O., S. 137.

[132] *Goerdeler,* Reinhard: Die Publizität der Rechenschaftslegung, in: Das Frankfurter Publizitätsgespräch, Frankfurt/Main 1962, S. 211.

folgerung, daß die hier (bei der Aktiengesellschaft, d. Verf.) erforderlichen Informationen aus Privatinformationen zu öffentlichen Informationen werden[133]." Die Vielzahl der Mitteilungen, die von den Verwaltungen der Aktiengesellschaften der Öffentlichkeit über die Lage des Unternehmens und seine wirtschaftliche Tätigkeit gegeben werden, bezeichnet man nun als *aktienrechtliche Publizität*[134]. Sie ist nicht etwa eine unnötige Belastung, die der Gesetzgeber den Aktiengesellschaften auferlegt hat, sondern „ein existenziell notwendiges Übel ... Es entsteht unabwendbar aus der Ordnung der Aktiengesellschaft. Sie verlangt Kontrolle, die nicht anders als eben durch Publizität geschehen kann"[135]. Trotzdem kann sich der Gesetzgeber nicht darauf verlassen, daß die Unternehmen freiwillig die erforderliche Publizität üben. Es ist vielmehr unerläßlich, daß die Art und Weise der öffentlichen Rechenschaftslegung der Aktiengesellschaften genauestens gesetzlich verankert wird[136]. Dies ist sowohl im alten als auch im neuen Aktiengesetz geschehen.

Da wir aber nun gesehen haben, daß einerseits die Interessen der Außenstehenden trotz aller Gemeinsamkeiten doch recht verschiedenartig sind, andererseits aber die Publizität nur *einheitlich* erfolgen kann, d. h. eine Differenzierung nach dem spezifischen Informationsbedürfnis der einzelnen outsider-Gruppen nicht möglich ist, erhebt sich die Frage, ob die auf Publizität hinzielenden Vorschriften grundsätzlich im Interesse sämtlicher Außenstehender geschaffen worden sind oder ob sie vielmehr auf eine bestimmte Gruppe abgestellt sind.

Hier ist man sich im Schrifttum weitgehend einig, daß die Publizität auf alle Fälle einmal den Aktionären dienen soll[137]. „Ebenso ist man sich einig, daß die Publizität dem Schutze der Gläubiger zu dienen be-

---

[133] *Hax*, Karl: Aktienrechtsreform und Publizität der Unternehmungen, in: Zur großen Aktienrechtsreform, Schriftenreihe der Forschungsstelle der Friedrich-Ebert-Stiftung, A. Sozialwissenschaftliche Schriften, Hannover 1962, S. 97.

[134] Vgl. *Kronstein-Claussen*, a.a.O., S. 9; *von Caemmerer*, Ernst: Publizitätsinteressen der Öffentlichkeit und Gesellschaftsrecht, in: Das Frankfurter Publizitätsgespräch, Frankfurt/Main 1962, S. 141; *Lehnert*, Paul R.: Die Veröffentlichung betrieblicher Ergebnisse, in: Wirtschaftsprüfung, Rechnungslegung und Besteuerung, Vorträge und Diskussionen der Münchner Fachtagung des Instituts der Wirtschaftsprüfer, Düsseldorf 1950, S. 104; *Hax*, Karl, a.a.O., S. 95 f. und S. 101.

[135] *Beste*, Theodor: Aus Geschichte und Gegenwart der Publizität im Aktienwesen, in: Studium Berolinense, Gedenkschrift zur 150 Wiederkehr des Gründungsjahres der Friedrich-Wilhelms-Universität zu Berlin, hrsg. von Hans Leussink u. a., Berlin 1960, S. 176.

[136] Vgl. *Hax*, Karl, a.a.O., S. 99.

[137] Vgl. z. B. *Moxter*, Adolf, a.a.O., S. 93; *Kronstein-Claussen*, a.a.O., S. 11 und S. 19 ff.; *von Caemmerer*, Ernst, a.a.O., S. 154; *Semler*, Johannes, a.a.O., S. 454.

stimmt ist[138]." Da „der Gläubiger oft ... in einem viel schwerer lösbaren Verhältnis zu dem Unternehmen (steht) als der Aktionär", kommt der Offenlegung der Verhältnisse der Gesellschaft gegenüber ihren Gläubigern sogar eine ganz besondere Bedeutung zu[139]. Die vom Gesetz erzwungene Publizität der Aktiengesellschaften dient aber darüber hinaus auch der Öffentlichkeit im allgemeinen[140]. Dieser Gedanke, der bereits in den Motiven zum Allgemeinen Deutschen Handelsgesetzbuch in der Fassung des Gesetzes betreffend die Kommanditgesellschaften auf Aktien und die Aktiengesellschaften vom 11. 6. 1870 zum Ausdruck kam, hat in der Folgezeit immer mehr an Bedeutung gewonnen[141]. Heute ist es „nahezu unbestritten, daß die Publizität im Hinblick auf die Belange der Öffentlichkeit eine wesentliche Funktion auszuüben hat"[142].

Mit der Feststellung, daß die Publizitätsvorschriften grundsätzlich im Interesse aller Außenstehenden geschaffen wurden, ist aber nun noch keine Aussage darüber gemacht, wie bei einem bestimmten Publizitätsmittel das Gewicht verteilt ist, d. h. auf der Unterrichtung welcher outsider-Gruppe der Schwerpunkt liegt. Da der Sonderprüfungsbericht von den Prüfern gemäß § 121 Abs. 3 Satz 3 AktG 1937 bzw. § 145 Abs. 4 Satz 3 AktG 1965 unverzüglich zum Handelsregister des Sitzes der Gesellschaft eingereicht werden muß, wo er nach § 9 Abs. 1 HGB von jedermann eingesehen werden kann, muß auch er als ein vom Gesetzgeber bewußt gestaltetes Mittel aktienrechtlicher Publizität betrachtet werden. Wenn nun im folgenden versucht werden soll, die Rolle herauszuarbeiten, die dem Sonderprüfungsbericht im Rahmen der aktienrechtlichen Publizität insgesamt zufällt, um daraus einen Hinweis für seinen positiven Umfang abzuleiten, so ist ein zutreffendes Bild nur dann zu gewinnen, wenn dabei immer im Auge behalten wird, auf

---

138 *von Caemmerer,* Ernst, a.a.O., S. 158.

139 *Walb,* Hans Hermann: Der Geschäftsbericht der Aktiengesellschaft, Halle/Saale 1938, S. 19; ebenso bereits: Urteil des Reichsgerichts vom 8. 5. 1908, in: RGStr. 41, 293 (298); vgl. auch *Lehnert,* Paul R., a.a.O., S. 101.

140 Hierzu wollen wir künftig der Einfachheit halber auch die Arbeitnehmer und die Lieferanten rechnen.

141 Vgl. zu dieser Entwicklung *Westrick,* Peter: Abschlußprüfung und Abschlußprüfer nach geltendem und zukünftigem Aktienrecht, Heidelberg 1963, S. 11 ff., und insbesondere *Döllerer,* Georg: Zweck der aktienrechtlichen Publizität, in: BB, 13. Jahrgang (1958), Heft 35/36, S. 1281 ff.

142 *Kronstein-Claussen,* a.a.O., S. 23; vgl. auch *Hornef,* Heinrich: Publizitätspflicht nur für die Aktiengesellschaft?, in: Wpg, 11. Jahrgang (1958), Heft 10, S. 253; *Hax,* Karl, a.a.O., S. 98; *Beste,* Theodor, a.a.O., S. 177; weitere Literaturnachweise bei *Döllerer,* Georg, a.a.O., S. 1284; a. A. *Stützel,* Wolfgang: Aktienrechtsreform und Konzentration, in: Die Konzentration in der Wirtschaft, Bd. 2: Ursachen der Konzentration, hrsg. von Helmut Arndt, Berlin 1960, S. 953 f.

welche Weise die einzelnen Gruppen von Außenstehenden bereits durch andere Publizitätsmittel unterrichtet worden sind[143].

Wenn wir unseren Blick zunächst auf die *Aktionäre* richten, so ist es insbesondere der regelmäßig zu veröffentlichende Jahresabschluß, bestehend aus der Jahresschlußbilanz und der Gewinn- und Verlustrechnung (§§ 125 Abs. 1 AktG 1937, 148 Abs. 1 AktG 1965), mit dessen Hilfe sie in die Lage versetzt werden sollen, sich ein Bild von den wirtschaftlichen Verhältnissen der Gesellschaft zu machen. Um dies auch tatsächlich zu ermöglichen, bestimmte das Aktiengesetz von 1937 in seinem § 129 Abs. 1 Satz 2, daß der Jahresabschluß „so klar und übersichtlich aufzustellen (ist), daß er einen möglichst sicheren Einblick in die Lage der Gesellschaft gewährt". Auch diese Vorschrift des Aktiengesetzes von 1937 kann aber nicht darüber hinwegtäuschen, daß der Jahresabschluß doch im wesentlichen nur ein zahlenmäßiges Bild von den Ereignissen in der Gesellschaft gibt, eine Erläuterung der Bilanz und der Gewinn- und Verlustrechnung daher auch für den geübten Bilanzleser unerläßlich ist[144], und zwar um so mehr, als die genannte Bestimmung dadurch erheblich entwertet wurde, daß die übrigen Vorschriften des Aktiengesetzes von 1937 selbst weitgehende Möglichkeiten geboten haben, „den durch den Jahresabschluß zu gewährenden Einblick kaum ‚möglichst sicher' zu gestalten"[145]. Da auch das Aktiengesetz von 1965 die Möglichkeiten, die wahren Verhältnisse zu verschleiern, nicht vollkommen beseitigt hat, hat man in konsequenter Weise den geforderten „möglichst sicheren Einblick in die Vermögens- und Ertragslage der Gesellschaft" hier ausdrücklich nur auf den von den Bewertungsvorschriften gesteckten Rahmen bezogen[146].

Aus dieser Erkenntnis heraus, daß sowohl nach dem alten als auch nach dem neuen Aktienrecht die Veröffentlichung des Jahresabschlusses allein noch nicht geeignet ist, den Aktionären die erforderlichen Informationen zu vermitteln, schreibt der Gesetzgeber vor, daß der Vorstand mit dem Jahresabschluß alljährlich auch einen Geschäftsbericht aufzustellen hat, in dem der Geschäftsverlauf und die Lage der Gesellschaft darzulegen sind und insbesondere der Jahresabschluß erläutert werden muß. Dem Geschäftsbericht fällt somit, wie Neflin sich ausdrückt, die Rolle zu, „die Lage der AG insoweit (darzustellen), als diese aus dem Jahresabschluß nicht ohne weiteres ersichtlich ist"[147].

---

143 Vgl. dazu auch *Beste*, Theodor, a.a.O., S. 189.

144 Vgl. *Gadow-Heinichen*, a.a.O., Bd. 1, § 128 Anm. 6.

145 *Meyer*, Carl W.: Revisionswesen, a.a.O., S. 112.

146 § 149 Abs. 1 Satz 2 AktG 1965; vgl. auch den Ausschußbericht zu dieser Vorschrift, zitiert bei *Kropff*, Bruno, a.a.O., S. 219.

147 *Neflin*, Hermann: Der Umfang der Schutzklausel in § 128 Abs. 3 Satz 2 AktG, in: Die AG, 8. Jahrgang (1963), Heft 1, S. 12.

Wenn aber nun auch der durch den Geschäftsbericht verdeutlichte Jahresabschluß nicht die gewünschte Aufklärung bringt, so hat jeder einzelne Aktionär das Recht, in der Hauptversammlung unmittelbar Auskunft zu verlangen. Ähnlich wie § 112 Abs. 1 Satz 1 AktG 1937 bestimmt § 131 Abs. 1 Satz 1 AktG 1965: „Jedem Aktionär ist auf Verlangen in der Hauptversammlung vom Vorstand Auskunft über Angelegenheiten der Gesellschaft zu geben, soweit sie zur sachgemäßen Beurteilung des Gegenstandes der Tagesordnung erforderlich ist."

Unabhängig nun von der sehr umstrittenen Frage, ob sich für den Umfang der Auskunftspflicht des Vorstands aus den gesetzlichen Mindestanforderungen an den Inhalt des Jahresabschlusses Anhaltspunkte ergeben können[148], wird man auf alle Fälle sagen können, daß das Gesetz das Auskunftsrecht als eine zusätzliche, *nachgelagerte* Möglichkeit des Aktionärs aufgefaßt haben will, sich über Fragen, über die der Geschäftsbericht und der Jahresabschluß keine ausreichende Information erteilen, zu unterrichten. So schreibt denn auch Haberlandt, daß der Zweck des Auskunftsrechts es gebiete, „ein Recht des Aktionärs auf Ergänzung eines unvollständigen und auf ‚Erläuterung' eines vollständigen Geschäftsberichtes anzuerkennen"[149]. Auch Flume meint im Hinblick auf die Aktienrechtsreform: „Soweit der Jahresabschluß und Geschäftsbericht konkrete Angaben verlangen, sollte darüber hinaus u. E. keine Auskunftspflicht mehr bestehen[150]."

Erst wenn die Aktionäre weder durch Jahresabschluß und Geschäftsbericht noch mit Hilfe ihres Rechts, in der Hauptversammlung Auskunft zu verlangen, über bestimmte Angelegenheiten der Gesellschaft Aufklärung erlangen können, insbesondere aber, wenn sie Grund zur Annahme haben, daß ihnen absichtlich nur deswegen eine unvollkommene Information zuteil wurde, weil die Verwaltung verhindern will, daß ihr das Vertrauen entzogen wird, werden sie von ihrem sehr weitgehenden und einschneidenden Recht auf Bestellung von Sonderprüfern Gebrauch machen. Die Sonderprüfer haben, wie bereits erwähnt, ein umfassendes Einsichts- und Auskunftsrecht, das sie befähigt, die in Frage stehende Angelegenheit im Interesse der Aktionäre[151] restlos aufzuklären[152]. Das

[148] Vgl. hierzu die übersichtliche Darstellung des Meinungsstreits bei *Deuss*, Peter: Das Auskunftsrecht des Aktionärs, München und Berlin 1962, S. 75 ff. Vgl. insbesondere das Urteil des BGH vom 7. 4. 1960, in: BGHZ 32, 159 ff. (162), und das Urteil des BGH vom 23. 11. 1961, in: BGHZ 36, 121 ff. (125).

[149] *Haberlandt*, Helmut: Zur Auskunftspflicht über Vorstandsbezüge, in: BB, 17. Jahrgang (1962), Heft 3, S. 118.

[150] *Flume*, Werner: Grundfragen der Aktienrechtsreform, Düsseldorf 1960, S. 20; vgl. auch *Goerdeler*, Reinhard, a.a.O., S. 226.

[151] Vgl. hierzu *Brodmann*, Erich: Kommentar zum Aktienrecht, Berlin und Leipzig 1928, S. 394.

[152] Vgl. hierzu *Deuss*, Peter, a.a.O., S. 100.

Gesetz stellt den Aktionären also von dem zur Veröffentlichung gelangenden Jahresabschluß über den Geschäftsbericht und das individuelle Auskunftsrecht bis zur Veranlassung einer Sonderprüfung eine Reihe von Maßnahmen zur Verfügung.

In unserem Zusammenhang bedeutsam ist aber nun die Tatsache, daß zwischen den verschiedenen Möglichkeiten, sich Aufklärung zu verschaffen, eine bestimmte Reihenfolge festgestellt werden kann. Wenn der Jahresabschluß nicht den gewünschten Aufschluß bringt, wird der Aktionär zunächst den Geschäftsbericht einsehen. Bringt auch dies nicht den gewünschten Erfolg, so wird er in der Hauptversammlung den Vorstand direkt um Auskunft zu der betreffenden Angelegenheit bitten. Erst wenn auch dieser Schritt erfolglos bleibt und er nichtsdestoweniger ein erhebliches Interesse an der Aufklärung hat, wird er sich dazu entschließen, in der Hauptversammlung den Antrag zu stellen, über die Bestellung von Sonderprüfern abstimmen zu lassen. Immer erst dann also, wenn ein Publizitätsmittel versagt, d. h. eine „Publizitätslücke" bleibt, wird das nächstfolgende herangezogen werden. Wir möchten diesen grundlegenden Zusammenhang zwischen den einzelnen den Aktionären zu Gebote stehenden Informationsmöglichkeiten als *Prinzip der Subsidiarität* bezeichnen.

Die Sonderprüfung ist in dieser Kette von untereinander in einem Verhältnis der Subsidiarität stehenden Unterrichtungsmöglichkeiten das letzte Glied[153]. Sie bietet „für den Aktionär eine ihm vom Gesetzgeber gegebene letzte Handhabe, um dem aufgetretenen Verdacht von Unregelmäßigkeiten in der Geschäftsführung nachzugehen. Das gilt insbesondere für Aktionäre, die einer Mehrheit gegenüberstehen, von der sie Grund haben anzunehmen, daß sie ihren Einfluß auf die Verwaltung zur Verfolgung gesellschaftsfremder Interessen ausnutzt"[154]. Aus dieser Tatsache heraus, daß die Sonderprüfung die endgültig letzte Möglichkeit darstellt, das Vertrauen zwischen den Aktionären und den Trägern der Unternehmungsführung, auf dem — wie wir gesehen haben — die Funktionsfähigkeit der Aktiengesellschaft beruht, wiederherzustellen, müssen sich nun zwangsläufig auch Auswirkungen auf den positiven Umfang des Sonderprüfungsberichts ergeben. Dieser wird auf alle Fälle so zu gestalten sein, daß mit seiner Hilfe die Aufklärung des umstrittenen Sachverhalts nun endgültig ermöglicht wird[155].

---

[153] Dies ist auch nach unserer Auffassung ein hauptsächlicher und gleichsam wesensbedingter Grund für ihre praktische Seltenheit.

[154] *Woeste*, Karlfriedrich: Der aktienrechtliche Sonderprüfer und dessen Kosten, in: Die AG, 2. Jahrgang (1957), Heft 12, S. 271; vgl. auch *Bussmann*, Karl F., a.a.O., S. 119; *Gadow-Heinichen*, a.a.O., Bd. 1, § 118 Anm. 2 a.

[155] Vgl. *Adler-Düring-Schmaltz*, a.a.O., § 135 Tz. 254; *Bordt*, Karl, a.a.O., S. 184; *Teichmann-Koehler*: Kommentar zum Aktiengesetz, 3. Aufl., Heidelberg 1950, Einl. zu §§ 118—121.

Dieses Erfordernis ist nach der überwiegenden Ansicht in der Literatur einmal dann erfüllt, wenn der Bericht die erforderlichen Unterlagen für die Entscheidung liefert, ob ein Anspruch auf Schadenersatz gegen Verwaltungsmitglieder geltend gemacht werden muß bzw. kann oder nicht. So schreibt beispielsweise Bordt: „Im Hintergrund jeder Sonderprüfung steht primär das Bestreben, Grundlagen und Beweismaterial für die spätere Geltendmachung von Ersatzansprüchen gegen die Verwaltungsmitglieder zu erlangen[156].“ Er selbst weist aber darauf hin, daß neben dem Ziel der Erlangung von Beweismaterial für einen eventuellen späteren Schadenersatzprozeß die Ernennung von Sonderprüfern „auch den Zweck der Überprüfung der Geschäftsgebarung des Vorstandes oder Aufsichtsrates im Hinblick auf die Beurteilung der kaufmännischen Fähigkeiten der Verwaltungsorgane und der Ordnungsmäßigkeit und Lauterkeit einzelner Geschäftsführungsmaßnahmen“[157] verfolgt. Mit Hilfe der Sonderprüfung soll es den Aktionären ermöglicht werden, „Maßstäbe für die Beurteilung der Zuverlässigkeit der mit der Geschäftsführung oder deren Überwachung betrauten Personen zu gewinnen“[158].

Da nun jede Geschäftsführungshandlung, die zu einem Schadenersatzanspruch der Aktionäre führen soll, notwendigerweise eine schuldhafte, d. h. fahrlässige oder vorsätzliche Verletzung der Pflichten von Vorstand oder Aufsichtsrat darstellen muß, wird man auch sagen können, daß der Sonderprüfungsbericht seine Aufgabe dann erfüllt hat, wenn er ein Urteil darüber zuläßt, ob die fragliche Geschäftsführungsmaßnahme mit Gesetz und Satzung und den unzweifelhaft feststehenden betriebswirtschaftlichen Grundsätzen einer sachgemäßen Unternehmungsführung im Einklang steht, denn jedes schuldhafte Außerachtlassen dieser Normen wird zweifellos eine Pflichtverletzung darstellen und damit einen Schadenersatzanspruch der Aktionäre begründen können.

Dies bedeutet aber nun nichts anderes, als daß die beanstandete Geschäftsführungshandlung auf ihre *Ordnungsmäßigkeit* in dem weiter oben ausgeführten Sinne hin überprüft wird. Wenn jedoch gesagt wird, daß die Sonderprüfung und damit der Bericht über sie auch eine Beurteilung der kaufmännischen Fähigkeiten der Verwaltungsorgane ermöglichen soll, so heißt dies doch, daß festgestellt werden soll, mit wel-

---

[156] *Bordt,* Karl, a.a.O., S. 100 (vgl. auch derselbe, a.a.O., S. 230); vgl. weiterhin *Gadow-Heinichen,* a.a.O., Bd. 1, § 121 Anm. 6; *Schlegelberger-Quassowski,* a.aO., § 121 Anm. 7.

[157] *Bordt,* Karl, a.a.O., S. 101.

[158] *Bordt,* Karl, a.a.O., S. 55; vgl. auch *von Godin-Wilhelmi,* a.a.O., § 118 Anm. II, 1; a. A. jedoch noch *Kayser,* Paul: Kommentar zum Gesetz betreffend die Kommanditgesellschaften auf Aktien und die Aktiengesellschaften vom 18. 7. 1884, Berlin 1884, Art. 222 a Anm. 11.

cher Geschicklichkeit, kaufmännischen Umsicht und Erfahrung Vorstand und Aufsichtsrat in all den Situationen vorgegangen sind, in denen keine so eindeutigen Richtlinien vorhanden waren und in denen aus diesem Grunde verschiedene Geschäftsführungsmaßnahmen als angebracht bezeichnet werden können. Wir haben, ebenfalls weiter oben, die Überprüfung an Hand eines derartigen Solls als eine Prüfung der *Zweckmäßigkeit* der Geschäftsführung bezeichnet.

Wir können demnach feststellen, daß sich eine Aussage über die Ordnungs- bzw. Zweckmäßigkeit von Geschäftsführungshandlungen, die wir oben aus allgemeinen revisionstechnischen Überlegungen heraus bereits als das Prüfungsziel bezeichnet haben, auch aus einer Gesamtschau der Möglichkeiten der Aktionäre, sich über die Angelegenheiten der Gesellschaft zu unterrichten, als das für die Sonderprüfung ebenso wie für die Berichterstattung über die Sonderprüfung maßgebliche Prüfungsziel ergibt.

Die ganz besondere Bedeutung, die der Sonderprüfung und der Berichterstattung über sie dadurch zufällt, daß es sich bei ihr um die unwiderruflich letzte erfolgversprechende Möglichkeit der Aktionäre handelt, über einzelne ihnen bedeutsam erscheinende Geschäftsführungsmaßnahmen Aufklärung zu erhalten, würde nun allerdings eine erhebliche Minderung erfahren, wenn man sich der Auffassung anzuschließen hätte, daß eine Überprüfung der Geschäftsführung bereits im Rahmen der regelmäßig stattfindenden Abschlußprüfung vorzunehmen sei. Diese von einigen Autoren in der Tat vertretene Auffassung[159] wird aber nun von dem, wie Schulze zur Wiesch[160] meint, überwiegenden Teil der Fachliteratur entschieden bestritten. So schreibt beispielsweise Bonnet: „Im besonderen ein Urteil über die Geschäftsführung und die Geschäftspolitik, wie sie von den Leitern des Unternehmens im ganzen geübt wird, abzugeben, ist nicht Sache des Wirtschaftsprüfers[161].“ Nicht minder deutlich drückt sich Elmendorff aus, wenn er ausführt: „... Maßnahmen der Geschäftsführung ... fallen nicht in die gesetzlich vorgeschriebene Berichtspflicht, denn sie liegen außerhalb des eigentlichen Zwecks der Abschlußprüfung[162].“

---

[159] Vgl. die Nachweise bei *Schulze zur Wiesch*, Dietrich Wilhelm, a.a.O., S. 90, Fußnote 366.

[160] *Schulze zur Wiesch*, Dietrich Wilhelm, a.a.O., S. 90 f.

[161] *Bonnet:* Welche Erfordernisse muß der zeitgemäße Prüfungsbericht eines Wirtschaftsprüfers erfüllen?, in: Wirtschaftsprüfung, Bd. II, hrsg. von H. A. Ertel, Berlin-Wien 1935, S. 253; Hervorhebungen nicht wiedergegeben.

[162] *Elmendorff*, Wilhelm: Grenzen der Verantwortlichkeit des Wirtschaftsprüfers, in: Aktuelle Bilanz- und Steuerprobleme, Beiheft 3 zur Zeitschrift „Die Wirtschaftsprüfung“, 2. Jahrgang (1949), Stuttgart 1949, S. 148 f.; weitere Literaturnachweise bei *Schulze zur Wiesch*, Dietrich Wilhelm, a.a.O., S. 91, Fußnote 367.

Schließlich hat sich auch der Bundesgerichtshof in seiner Entscheidung vom 15. 12. 1954[163] dieser Auffassung angeschlossen. Er führt aus: „Die aktienrechtliche Abschlußprüfung hat der Sache und der gesetzlichen Regelung nach nicht das Ziel, sämtliche Geschäftsvorfälle zum Gegenstand der Untersuchung zu machen, und ist nicht dazu da, Richtigkeit und Zweckmäßigkeit der Maßnahmen der Verwaltung beurteilen und sagen zu können, was im einzelnen anders oder besser hätte gemacht werden können oder sollen. Sie hat nicht die Aufgabe, die Geschäftsführung der Verwaltung zu untersuchen und zu beanstanden, fehlerhafte Entschlüsse zu verhindern oder Vorstand und Aufsichtsrat die Verantwortung abzunehmen.“ (S. 23). Diese klare Stellungsnahme wird jedoch durch die weiteren Ausführungen des BGH selbst wieder von Unsicherheit abgelöst, denn im unmittelbaren Anschluß an die oben zitierten Feststellungen begründet er eine Organstellung des Abschlußprüfers, aus der sich eine umfassende Redepflicht des Prüfers ableite, wenn er während der Prüfung erkennt, daß sich „eine ruinöse Entwicklung anbahnt oder die Gefahr des Zusammenbruchs entsteht“ (S. 26). „Vertrag und Organstellung“, so führt der BGH weiter aus, „ergeben ein besonderes Vertrauensverhältnis und begründen eine Treupflicht, die es dem Abschlußprüfer gebietet, seine Stimme warnend zu erheben, wenn ihm bei der Abschlußprüfung schwerwiegende Bedenken gegen die Geschäftsführung, die Rentabilität oder Liquidität kommen.“ (S. 25)

Während also auf der einen Seite davon die Rede ist, daß die Geschäftsführung der Verwaltung weder zu untersuchen noch zu beanstanden ist, soll auf der anderen Seite der Abschlußprüfer etwaige schwerwiegende Bedenken gegen die Geschäftsführung in seinem Bericht erwähnen. Es ist verständlich, daß unter diesen Umständen die Entscheidung des BGH insbesondere in den Kreisen der Wirtschaftsprüfer auf scharfe Kritik gestoßen ist. So schreibt Girgensohn: „Das vorliegende BGH-Urteil erscheint nicht geeignet, die bestehenden Unklarheiten zu beseitigen. Durch seine widerspruchsvolle Einengung und Ausweitung der gesetzlichen Pflichten des aktienrechtlichen Abschlußprüfers hat es einen Weg gezeigt, der hinsichtlich der einengenden Darstellung durch die Entwicklung bereits überwunden ist und mit der Redepflicht zu einer neuen, durch das Gesetz aber m. E. nicht begründeten und für die Praxis abzulehnenden Aufgabe des aktienrechtlichen Abschlußprüfers führt[164].“ Ähnlich ablehnend äußert sich Hintner: „Diese Auffassung der Rechtsprechung ist inkonsequent und steht nicht mit den

---

[163] Vgl. BGHZ 16, 17 ff.

[164] *Girgensohn*, Werner: Der Aufgabenbereich des aktienrechtlichen Abschlußprüfers, in: Wpg, 8. Jahrgang (1955), Heft 7, S. 156.

praktischen Bedürfnissen der Unternehmungsführung und Wirtschaftsprüfung in Einklang. Ohne der eingehenden Kritik an dieser Auffassung des Bundesgerichtshofes weiteres hinzufügen zu wollen, möchte ich doch auf die Unlogik aufmerksam machen, welche aus einer Verneinung der Verpflichtung zur Prüfung der wirtschaftlichen Lage der Unternehmung einerseits und der Bejahung der ‚Redepflicht' des Wirtschaftsprüfers andererseits resultiert[165]."

Obwohl demnach auch nach dieser höchstrichterlichen Entscheidung noch nicht von einer zufriedenstellenden Abgrenzung zwischen Jahresabschlußprüfung und Geschäftsführungsprüfung gesprochen werden kann, wird man doch von einer herrschenden Meinung zu dieser Frage sprechen können, der Saage Ausdruck verleiht, wenn er ausführt: „Die Jahresabschlußprüfung ist eine Prüfung der Rechnungslegung des Vorstandes. Sie erfordert wohl de facto (nicht de jure) eine kritische Würdigung der hinter dem belegten Zahlenwerk des Jahresabschlusses stehenden wirtschaftlichen Vorgänge, berechtigt aber den Abschlußprüfer nicht zur Kritik an den Maßnahmen der Geschäftsführung, die diese Vorgänge ausgelöst haben[166]." Ganz in diesem Sinne ist wohl auch Meyer zu verstehen, wenn er schreibt: „Während also formal gesehen dem Aktienrecht nichts über eine Prüfung der Unternehmungsführung zu entnehmen ist ..., sollte ... eine Prüfung der Unternehmungsführung doch insoweit stattfinden, als es der vom Prüfer zu erteilende Bestätigungsvermerk voraussetzt[167]." Die Prüfung von Geschäftsführungsmaßnahmen ist danach kein primäres Ziel der Abschlußprüfung. Sie ist aber einfach deshalb auch bei dieser nicht gänzlich zu umgehen, weil sich die Geschäftsführung „für die ganze Unternehmung rechenschaftsmäßig eben durch die Bilanz"[168] offenbart[169]. Eine Minderung der oben abgeleiteten besonderen Bedeutung der unmittelbar und in erster Linie auf eine Prüfung von Geschäftsführungsvorgängen abgestellten Sonderprüfung für die Aktionäre ergibt sich jedoch aus dieser gleichsam sekundären Geschäftsführungsprüfung, wie sie bei der Abschlußprüfung erforderlich wird, nicht.

---

[165] *Hintner*, Otto: Das Verhältnis von Wirtschaftsprüfung und Betriebsführung, in: Probleme der Betriebsführung, Festschrift für Otto R. Schnutenhaus, hrsg. von Carl W. Meyer, Berlin 1959, S. 281.

[166] *Saage*, Gustav, a.a.O., S. 77.

[167] *Meyer*, Carl W.: Revisionswesen, a.a.O., S. 112; vgl. auch *Dürrhammer*, W.: Reform der aktienrechtlichen Abschlußprüfung, in: ZfB, 20. Jahrgang (1950), Heft 1, S. 28.

[168] *Schnutenhaus*, Otto R.: Formelle und materielle Revision, in: Archiv für das Revisions- und Treuhandwesen, 27. Jahrgang (1931), Heft 7, S. 309.

[169] Vgl. auch *Gerstner*, Paul: Formelle und materielle Revision auf Grund der Pflichtrevision, in: Archiv für das Revisions- und Treuhandwesen, 27. Jahrgang (1931), Heft 10, S. 452.

Wenden wir uns nun der Bedeutung der Sonderprüfung für die *Gläubiger* der Aktiengesellschaft zu. Ihnen steht, wie allen Außenstehenden, zunächst einmal ebenfalls der veröffentlichte Jahresabschluß und der beim Handelsregister eingereichte Geschäftsbericht zu ihrer Information über die Entwicklung der Gesellschaft zu ihrer Verfügung. Im Gegensatz zu den Aktionären fehlt ihnen aber sowohl die Möglichkeit, sich mit einem Auskunftsersuchen direkt an den Vorstand zu wenden, als auch das Recht, zur Aufklärung von bestimmten Vorgängen bei der Geschäftsführung eine Sonderprüfung zu veranlassen. Von einer Sonderprüfung, die nur auf Antrag von Aktionären angeordnet werden kann, profitieren sie nur insofern ebenfalls, als der Sonderprüfungsbericht durch seine Einreichung zum Handelsregister auch ihnen zur Einsicht offensteht.

Angesichts dieser „verkürzten" Möglichkeiten der Gläubiger, sich über die Geschäftsführung der Aktiengesellschaft zu unterrichten, möchte man meinen, daß der Gesetzgeber bei der Gestaltung der Vorschriften über den Umfang des Sonderprüfungsberichts ihren Interessen besondere Beachtung geschenkt hat. Dies ist jedoch nicht der Fall. Es ist vielmehr festzustellen, daß die amtlichen Begründungen zu den verschiedenen Gesetzgebungswerken, in denen das Institut der Sonderprüfung seine rechtsgeschichtliche Entwicklung fand, und auch die einschlägigen Kommentare die Gläubiger als Interessengruppe, zu deren Schutz die besagten Vorschriften geschaffen wären, entweder überhaupt nicht oder doch nur ganz nebenbei erwähnen. So wird in der Allgemeinen Begründung zum Entwurf eines Gesetzes betreffend die Kommanditgesellschaften auf Aktien und die Aktiengesellschaften von 1883 zwar hervorgehoben, daß Aktionäre *und Gläubiger* durch die „besondere Untersuchung" einen sicheren Aufschluß über den wahren Stand der Verhältnisse erlangten und einer eingetretenen Mißwirtschaft seitens der Verwaltungsorgane mit Erfolg entgegentreten könnten[170]. In den übrigen Ausführungen wird aber dann auf dieses Gläubigerinteresse mit keinem Wort mehr eingegangen. Man wird daher der Ansicht Moxters, die zwar in der Allgemeinheit, in der sie geäußert wird, zu Bedenken Anlaß gibt, für den Sonderprüfungsbericht im besonderen jedoch eine gewisse Berechtigung nicht abstreiten können. Moxter schreibt: „Die entsprechenden Vorschriften bei Aktiengesellschaften ... wurden im Interesse der Aktionäre (...) erlassen; Gläubigerschutz-

---

[170] Vgl. Entwurf eines Gesetzes betreffend die Kommanditgesellschaften auf Aktien und die Aktiengesellschaften nebst Begründung und Anlagen. Vorgelegt dem Bundesrath am 7. Sept. 1883, Berlin 1883, S. 248; *Petersen-von Pechmann:* Kommentar zum Gesetz betreffend die Kommanditgesellschaften auf Aktien und die Aktiengesellschaften vom 18. Juli 1884, Leipzig 1890, S. 430.

Erwägungen haben dabei nur eine periphere Rolle gespielt[171]." Er stützt seine Ansicht auf die Begründung zum GmbH-Gesetz, in der es heißt, daß das Interesse derjenigen, welche in Geschäfts- und Kreditverkehr mit der Gesellschaft treten, allein einen Zwang zur Bilanzveröffentlichung nicht zu rechtfertigen vermag[172].

Wir können somit festhalten, daß man in dem Dilemma, das sich in bezug auf die Ausgestaltung des Sonderprüfungsberichts dadurch ergibt, daß die Publizität, wie oben ausgeführt, einerseits nur einheitlich erfolgen kann, andererseits aber die verschiedenen outsider-Gruppen als Empfänger dieser Publizität unterschiedliche Ansprüche an dieselbe stellen, davon auszugehen hat, daß sich der Sonderprüfungsbericht in erster Linie an die Aktionäre richtet und daher, insbesondere was seinen positiven Umfang betrifft, ganz nach deren Bedürfnissen auszurichten ist. Die Gläubiger müssen mit dem im großen und ganzen auf die Interessen der Aktionäre abgestellten Bericht vorlieb nehmen. Was für die Gläubiger gilt, gilt natürlich auch ganz besonders für die Interessen der *Öffentlichkeit* im allgemeinen[173].

Die Tatsache, daß sich der Sonderprüfungsbericht in erster Linie an die Aktionäre der Gesellschaft wendet, ist aber nun auf keinen Fall geeignet, die verschiedentlich schon geäußerte Ansicht zu unterstützen, daß der Sonderprüfungsbericht durch die Pflicht zur Einreichung zum Handelsregister eine Publizität erfährt, „die weder erforderlich noch den Interessen der Gesellschaft und der Aktionäre dienlich ist[174]." Insbesondere Forster macht sich diese Auffassung v. Gleichensteins zu eigen, indem er die Meinung vertritt, daß nach den Erfahrungen der Vergangenheit in der Publizität des Sonderprüfungsberichts „die Hauptursache dafür gesehen werden (muß), daß die aktienrechtliche Sonderprüfung in der Praxis nahezu keine Rolle gespielt hat[175]." Auch das Institut der Wirtschaftsprüfer wendet sich schließlich gegen eine Einreichung des Sonderprüfungsberichts zum Handelsregister, da „verschiedentlich beabsichtigte Prüfungen nach §§ 118 ff. AktG unterblieben sind, weil auch die Minderheitsaktionäre von der Publizität des Berichts Nachteile für die Gesellschaft befürchteten[176]." Es schlägt stattdessen

---

171 *Moxter*, Adolf, a.a.O., S. 110, Fußnote 257.

172 Vgl. Entwurf eines Gesetzes betreffend die Gesellschaften mit beschränkter Haftung nebst Begründung und Anlagen. Amtliche Ausgabe, Berlin 1891, S. 91.

173 Vgl. *von Godin-Wilhelmi*, a.a.O., Übersicht zu § 118.

174 *von Gleichenstein:* Die Sonderprüfung im Aktienrecht, in: BB, 11. Jahrgang (1956), Heft 24, S. 764.

175 *Forster*, Karl-Heinz: Aktienrechtsreform und Sonderprüfung, in: Die AG, 7. Jahrgang (1962), Heft 9, S. 236.

176 Ergänzende Vorschläge zur Aktienrechtsreform der Ausschüsse Sonderprüfung und Konzernfragen im Institut der Wirtschaftsprüfer in Deutschland e. V., Düsseldorf 1958, S. 20.

vor, daß der Bericht nur der Gesellschaft zugeht, wo er von den Aktionären eingesehen werden kann; auf Wunsch sollen diese ihn auch von der Gesellschaft zugestellt bekommen.

Im Gegensatz dazu möchten wir nochmals mit Nachdruck darauf hinweisen, daß wie oben bereits ausführlich dargelegt, die Publizität, d. h. die öffentliche Rechenschaftslegung der Verwaltung, ein Wesensmerkmal der Aktiengesellschaft ist. Auch die Berichterstattung über eine stattgefundene Sonderprüfung ist ein — wie wir ebenfalls bereits festgestellt haben, sogar sehr bedeutsames — Glied in der Kette der Informationen, die nach dem Willen des Gesetzgebers den Außenstehenden über das Geschehen in der Gesellschaft zukommen. Wir vertreten daher die Auffassung, daß die Publizität des Sonderprüfungsberichts eine unbedingte Notwendigkeit ist. Wenn Gläubigern und Öffentlichkeit dadurch die gleichen Informationen zuteil werden wie den Aktionären, so liegt dies im Wesen der Publizität begründet, die eben nur einheitlich auf die Bedürfnisse einer outsider-Gruppe, im Fall des Sonderprüfungsberichts also der Gruppe der Aktionäre, abgestellt sein kann. Die anderen outsider-Gruppen haben sich entweder mit den geringeren Informationen zu begnügen oder aber kommen, wie dies für unseren Fall zutrifft, in den Genuß von Mitteilungen über Interna der Gesellschaft, die ihnen ihrer Interessenlage nach gar nicht zustehen. Deswegen auf eine Publizität des Sonderprüfungsberichts gänzlich verzichten zu wollen, halten wir für verfehlt.

c) Die Bedeutung der Sonderprüfung für die Gesellschaft selbst

Während in dem schon einmal zitierten anonymen Mahnruf eines praktischen Juristen zur Reform des Aktienrechts noch die Auffassung vertreten wird, daß durch die schonungslose Offenlegung „unliebsamer Ereignisse“, die sich im Zusammenhang mit der Geschäftsführung zugetragen haben, eine Schädigung *berechtigter* Interessen schlechterdings nicht denkbar ist[177], haben sich in der Folgezeit doch die Stimmen vermehrt, die darauf aufmerksam machen, daß in der Publizität ganz allgemein auch Nachteile liegen können. Insbesondere die Tatsache, daß die an die breite Öffentlichkeit gerichteten Informationen von Konkurrenten, aber auch von den Arbeitnehmern oder Lieferanten, dazu benutzt werden könnten, ihre eigene Position gegenüber der Gesellschaft zu verbessern, wird vielfach als nachteilig empfunden[178].

---

[177] Ohne Verfasser: Ein Mahnruf zur Reform des Actienrechts. Von einem praktischen Juristen, Berlin 1876, S. 43.

[178] Vgl. *Hengeler-Kreifels:* Absicht und Wirklichkeit im Referentenentwurf eines Aktiengesetzes, in: Beiträge zur Aktienrechtsreform, hrsg. von Hans Hengeler, Heidelberg 1959, S. 37; *Kronstein-Clausen,* a.a.O., S. 27.

Diesen Zusammenhang zwischen Publizität der Unternehmung und den Reaktionen der Empfänger dieser Publizität, die ihrerseits wieder ganz bestimmte Verhaltensweisen bei der publizitätspflichtigen Unternehmung auslösen können, widmet nun Moxter eine umfangreiche Studie, in der er zu dem überraschenden Ergebnis gelangt, daß die Gefahren, die der Unternehmung durch einen Zwang zur Publizität im Sinne einer „Veröffentlichung von Abschlüssen“[179] drohen, im allgemeinen weit überschätzt wurden. Nur wenn den Konkurrenten detaillierte Absatz- und Produktionsstatistiken und andere betriebliche Einzelheiten mitgeteilt werden müssen, ist mit einer gewissen Beeinträchtigung des Geschäftsbetriebes der Unternehmung zu rechnen, so daß sich die Träger der Unternehmungsführung gezwungen sehen werden, ihre Dispositionen darauf einzurichten[180]. Auch die von Abnehmern, Gläubigern, Arbeitnehmern, Lieferanten, außenstehenden Eigentümern und von der Allgemeinheit ausgehenden Einflüsse stellen, wenn überhaupt, für die Unternehmung eine nur sehr geringe Bedrohung dar[181].

Dennoch wird man sich der besonders im älteren Schrifttum verschiedentlich vertretenen Ansicht nicht anschließen können, daß die Vorteile der Publizität in jedem Fall ihre Nachteile überwiegen werden[182]. Insbesondere wenn man bedenkt, daß durch die — nach unserer Meinung unumgängliche — Publizität des Sonderprüfungsberichts gerade *die* Dinge ans Licht gebracht werden sollen, die durch die Veröffentlichung des Jahresabschlusses und des diesen erläuternden Geschäftsberichts noch verborgen geblieben sind, also in aller Regel spezielle betriebliche Einzelheiten, wird man sagen müssen, daß die überwiegende Auffassung in der Literatur, nach der die Publizität ganz allgemein nicht schrankenlos ausgeübt zu werden braucht, sondern eine äußerste Grenze nicht überschritten werden darf, für die Publizität des Sonderprüfungsberichts in besonderem Maße Geltung besitzen wird[183].

---

[179] *Moxter*, Adolf, a.a.O., S. 3.

[180] Zu den Einzelheiten vgl. *Moxter*, Adolf, a.a.O., S. 28 ff.

[181] Vgl. *Moxter*, Adolf, a.a.O., S. 225. Daß sich die Unternehmen selbst dieser Tatsache immer mehr bewußt werden, beweist die Beobachtung *Blohms*, daß man immer mehr dazu übergeht, in den gegenseitigen Beziehungen „sehr viel mehr Gemeinsames als Trennendes“ zu erblicken. Vgl. *Blohm*, Hans: Der Geschäftsbericht als Mittel der Betriebspolitik, Baden-Baden 1962, S. 11; Hervorhebung nicht wiedergegeben.

[182] Vgl. *Voss*, Heinrich: Der Geschäftsbericht der Aktiengesellschaften, in: ZfhF, 21. Jahrgang (1927), Heft 8, S. 376; *Lehmann*, F.: Aktienrechtsreform, in: ZfB, 4. Jahrgang (1927), Heft 12, S. 897.

[183] Vgl. *Klausing*, Friedrich: Reform des Aktienrechts, Berlin-Wien 1933, S. 153 f.; *Ditgen*, Alfred: Die Publizität der Gesellschaft vom Standpunkt der kapitalaufnehmenden Industrie, in: ZfhF, Neue Folge, 10. Jahrgang (1958), Heft 8, S. 433; *von Caemmerer*, Ernst, a.a.O., S. 168; *Beste*, Theodor, a.a.O., S. 200; *Stammberger*, Wolfgang, a.a.O., S. 19.

Weit weniger einig ist man sich aber darüber, wo die besagte Grenze zu ziehen ist. Hierzu meint Flume, daß es auf keinen Fall angehen könne, daß der Publizität die allgemeine Pflicht zur Diskretion und zur Beachtung gewisser Konventionen, die auch den Aktiengesellschaften in ihren Rechtsbeziehungen zu Dritten auferlegt sind, geopfert wird[184]. Besondere Beachtung verdient daneben der Hinweis von Beste, daß bei der Bestimmung der Grenze der Publizität der Wirtschaftsordnung, in die sich die Aktiengesellschaft einzufügen hat, eine besondere Bedeutung zukommt[185]. Diesen Gedanken greift auch Lehnert auf. Er schreibt: „Jeder Offenlegung gegenüber der Konkurrenz oder gegenüber der Öffentlichkeit sind selbstverständlich ganz bestimmte Grenzen gezogen, die sich aus dem Prinzip der *Konkurrenzwirtschaft* von selbst ergeben. Die natürliche Grenze für jede Veröffentlichung liegt dort, wo durch sie eine *Verschiebung der Wettbewerbslage* erfolgen würde[186]."

Gerade die Aktiengesellschaften betätigen sich in der Mehrzahl in der Marktform des Oligopols, was bedeutet, daß sie Marktstrategie betreiben, deren Kennzeichen es ist, daß man seine Pläne nicht vorzeitig bekanntgibt, weil dadurch deren Durchführung erschwert, vielleicht sogar verhindert werden könnte. Die Publizität der Aktiengesellschaft muß demnach ihre Grenze dort finden, wo die Strategie, von der sich die Gesellschaft in der gegebenen Marktsituation Erfolg verspricht, gefährdet würde[187]. Führt man diesen Gedanken noch etwas weiter, so gelangt man schließlich zu der wohl vorherrschenden Meinung, daß die Grenze der Publizität ganz allgemein dort zu ziehen ist, wo durch sie irgendeine Gefährdung der Interessen der Gesellschaft zu befürchten ist, gleichgültig, ob diese nun in einer Beeinträchtigung der Wettbewerbslage zum Ausdruck kommt oder nicht.

So schreibt Homburger bereits im Jahre 1930: „Die Offenbarungspflicht in Form der Rechenschaftslegung findet ihre notwendige und natürliche Grenze da, wo ihre Durchführung geeignet wäre, das Interesse der berichtenden Gesellschaft selbst oder einer Konzerngesellschaft, oder einer abhängigen Gesellschaft, oder der Allgemeinheit zu gefährden[188]." Ganz ähnlich äußert sich in neuerer Zeit Esser, wenn er als nicht publizitätsgeeignet alle die Zahlen und insbesondere die innerbetrieblichen Ereignisse und Ergebnisse ausscheidet, „deren Bekannt-

---

[184] Vgl. *Flume*, Werner: Grundfragen der Aktienrechtsreform, Düsseldorf 1960, S. 36 f.

[185] Vgl. *Beste*, Theodor, a.a.O., S. 201.

[186] *Lehnert*, Paul R., a.a.O., S. 105. Dieser Auffassung schließt sich ausdrücklich an: *Reiniger*, Wolfgang: Zur Reform der Vorschriften über Publizität, Rechnungslegung und Prüfung der Aktiengesellschaften, Diss. München 1957, S. 9.

[187] Vgl. *Hax*, Karl, a.a.O., S. 101.

[188] *Homburger*, Max: Aufsichtsrat und Bilanzprüfer im neuen Aktienrecht, Berlin 1932, S. 99.

gabe zu einer Schädigung der Belange des Unternehmens führen würde"[189].

Ganz besondere Beachtung gebührt nun aber nach unserer Auffassung der Modifizierung, die Kronstein-Clausen der herrschenden Meinung über die Begrenzung der Pflicht zur Publizität geben. Sie führen aus: „Der Publizität unterliegen nicht solche betriebsinternen Vorgänge, deren Veröffentlichung die Gesellschaft schädigen würde *und an der die Aktionäre kein Interesse haben können*[190]." Damit ist deutlich zum Ausdruck gebracht, daß es für eine Begrenzung der Publizität nicht nur darauf ankommen kann, ob der Gesellschaft durch die Veröffentlichung ein Schaden entsteht, sondern daß noch ein weiterer Gesichtspunkt in die Betrachtung einbezogen werden muß, nämlich der des Nutzens, den die Veröffentlichung für die verschiedenen Gruppen der Außenstehenden hat, und daß Schaden für die Gesellschaft und Nutzen für die Publizitätsempfänger gegeneinander abzuwägen sind. Wir werden sehen, daß gerade dieser Gesichtspunkt in den Bestimmungen, mit denen der Gesetzgeber im speziellen Fall der Publizität des Sonderprüfungsberichts eine Grenzlinie zu ziehen versucht hat, seinen Niederschlag gefunden hat. Wenden wir uns aber zunächst der Frage zu, welche Erkenntnisse sich aus dem Wesen des Prüfungsberichts und insbesondere aus den allgemeinen Grundsätzen der Berichterstattung für den positiven Umfang des Sonderprüfungsberichts gewinnen lassen.

B. Das Wesen des Prüfungsberichts

Wie wir oben bei der Bestimmung des Prüfungsumfangs bereits festgestellt haben, ist die aktienrechtliche Sonderprüfung nicht Selbstzweck, sondern verfolgt, wie jede andere Prüfung, ein ganz bestimmtes Ziel. Wir haben gesehen, daß dieses Ziel in der Unterrichtung der Aktionäre und — wenn dies auch nicht primär geschieht — anderer außenstehender Gruppen über die Ordnungs- bzw. Zweckmäßigkeit bestimmter Vorgänge bei der Geschäftsführung besteht.

Daraus ergibt sich zwingend, daß die während der Prüfung gemachten Feststellungen den Aktionären und den anderen outsider-Gruppen irgendwie mitgeteilt werden müssen, weil sonst das Prüfungsziel nicht erreicht werden kann. Da das Gesetz ausdrücklich bestimmt, daß diese

---

[189] *Esser*, Josef: Die Aufgaben der Publizität im Aktienrecht, in: Die AG, 8. Jahrgang (1963), Heft 2, S. 31. Die gleiche Meinung vertreten: *Goerdeler*, Reinhard: Die Publizität der Rechenschaftslegung, in: Das Frankfurter Publizitätsgespräch, Frankfurt/Main 1962, S. 218; *von Caemmerer*, Ernst, a.a.O., S. 168; *Ditgen*, Alfred, a.a.O., S. 441; *Hengeler-Kreifels*, a.a.O., S. 37.

[190] *Kronstein-Clausen*, a.a.O., S. 28; Hervorhebung vom Verfasser.

Mitteilung schriftlich erfolgen soll[1], eine mündliche Berichterstattung also ausgeschlossen ist, bleibt grundsätzlich nur noch die Wahl zwischen einem Bestätigungs- und einem Erläuterungsbericht. Während der Bestätigungsbericht oder, wie er besser genannt wird, Bestätigungsvermerk nur feststellt, daß die Prüfung stattgefunden hat, und sich im übrigen auf eine knappe, zusammenfassende Darstellung des Prüfungsergebnisses beschränkt, macht der Erläuterungsbericht darüber hinaus auch „Angaben personeller, formeller und materieller Natur über das geprüfte Unternehmen und über die Prüfungshandlungen ..., die es dem Berichtsempfänger gestatten, selbst einen Einblick in den Zustand des Prüfungsobjektes zu gewinnen, sich selbst ein Urteil zu bilden und die nötigen Schlußfolgerungen daraus zu ziehen“[2].

Aus der besonderen Bedeutung, die der Sonderprüfung dadurch erwächst, daß sie die unwiderruflich letzte Möglichkeit der Aktionäre darstellt, sich über diejenigen Vorgänge bei der Geschäftsführung zu unterrichten, die geeignet erscheinen, das Vertrauensverhältnis zwischen ihnen und der Verwaltung zu stören, folgt nun, daß der Sonderprüfungsbericht den geprüften Sachverhalt auf alle Fälle einwandfrei darzustellen hat[3], was aber wiederum nur durch einen Erläuterungsbericht geschehen kann. Für einen einheitlichen Bestätigungsvermerk würden im übrigen auch alle sonstigen Voraussetzungen fehlen[4].

Der Sonderprüfungsbericht kann somit als das Mittel betrachtet werden, mit dessen Hilfe die Ergebnisse der Prüfung den interessierten Kreisen zur Kenntnis gebracht und im einzelnen erläutert werden. Wir können in Anlehnung an Schulze zur Wiesch von einer Informationsfunktion des Berichts sprechen[5]. Dies bedeutet, daß „grundsätzlich davon auszugehen (ist), daß die Berichtspflicht ebenso weit reicht wie die Prüfungspflicht“[6]. Der für die gesamte Prüfungsdurchführung dominierende Grundsatz der Zielerreichung besitzt daher auch für die Gestaltung des Sonderprüfungsberichts Geltung[7]. Genauso kann die beson-

---

[1] § 121 Abs. 3 Satz 1 AktG 1937 bzw. § 145 Abs. 4 Satz 1 AktG 1965.

[2] Veröffentlichungen der Union Européenne des Experts Comptables, Economiques et Financiers (U. E. C.): Die Prüfung des Jahresabschlusses, Düsseldorf 1961, S. 133 f.; vgl. auch *Karoli*, Richard: Bilanzprüfung und Prüfungsergebnis (Bestätigungsvermerk und Prüfungsbericht), Leipzig 1934, S. 77.

[3] Vgl. *Bussmann*, Karl F., a.a.O., S. 120 f.

[4] Vgl. Stellungnahme HFA 4/52 des Hauptfachausschusses des Instituts der Wirtschaftsprüfer zum Thema: Bestätigungsvermerk bei Sonderprüfungen, insbesondere bei Prüfung eines Vermögensstatus, in: Die Fachgutachten und Stellungnahmen des Instituts der Wirtschaftsprüfer auf dem Gebiete der Rechnungslegung und Prüfung, Düsseldorf 1956, S. 156.

[5] Vgl. *Schulze zur Wiesch*, Dietrich Wilhelm, a.a.O., S. 139.

[6] *Saage*, Gustav, a.a.O., S. 89; vgl. auch *Ludewig*, Rainer, a.a.O., S. 27.

[7] Vgl. hierzu *Voss*, Wilhelm: Handbuch für das Revisions- und Treuhandwesen, Stuttgart 1930, S. 262; *Nertinger*, Josef: Wie prüft man einen Jahresabschluß?, Stuttgart 1949, S. 18; *Blohm*, Hans, a.a.O., S. 13.

dere Bedeutung, die dem Prüfungsauftrag für die Prüfungsdurchführung dadurch zukommt, daß er den Gegenstand der Prüfung festlegt, auf die Berichterstattung übertragen werden[8], da diese eben „wesentlicher Bestandteil jeder Prüfungsarbeit“[9] ist und damit „eine notwendige Folge des Prüfungsauftrages“[10] darstellt.

Neben der Informationsfunktion hat der Bericht aber auch noch eine sog. Schutzfunktion[11]. „Diese besteht darin, daß er der Rechtfertigung und Entlastung des Prüfers selbst dient. Er weist nach, welche Prüfungshandlungen er vorgenommen hat, ob sie zweckmäßig und ausreichend waren und ob der Abschnitt und das Gebiet richtig ausgewählt wurden[12].“

Sowohl die Informations- als auch die Schutzfunktion des Sonderprüfungsberichts fordert nun eine möglichst weitgehende und ausführliche Berichterstattung. Die im Zusammenhang mit der Jahresabschlußprüfung gemachte Feststellung von Bonnet, daß „in der Frage der Verschweigung gewisser Feststellungen im Bericht oder der Erteilung von Sonderberichten an den Aufsichtsratsvorsitzenden jeweils aus besonderen Verschwiegenheitsgründen ... äußerste Vorsicht am Platze (ist)“[13], wird deshalb in besonderem Maße auch für den Prüfungsbericht bei Sonderprüfungen Geltung besitzen.

1. Prüfungsbericht und Gutachten

Der positive Umfang der Berichterstattung über die aktienrechtliche Sonderprüfung hängt in hohem Maße auch davon ab, ob im Sonderprüfungsbericht lediglich eine Schilderung des Hergangs der Prüfung und der einzelnen Prüfungsergebnisse zu erblicken ist oder ob man davon auszugehen hat, daß der Prüfer auch eine Beurteilung, ein Werturteil, über die von ihm gemachten Feststellungen abzugeben hat, d. h. daß der Sonderprüfungsbericht als Gutachten anzusehen ist.

---

[8] Vgl. *Gadow-Heinichen*, a.a.O., Bd. 2, § 302 Anm. 5; *Zimmermann*, Erhard, a.a.O., S. 183; *Klinger*, Karl: Zur Problematik der Berichterstattung über die Sonderprüfung nach § 118 AktG, in: Wpg, 10. Jahrgang (1957), Heft 7, S. 159; *Moral*, Felix: Revision und Reorganisation industrieller Betriebe, 2. Aufl., Berlin 1924, S. 110.

[9] *Berg*, Karl, a.a.O., S. 105.

[10] Veröffentlichungen der U. E. C., a.a.O., S. 133.

[11] Vgl. *Schulze zur Wiesch*, Dietrich Wilhelm, a.a.O., S. 139.

[12] *Fluch*, Kurt: Die Buchprüfung im kaufmännischen Betrieb, 3. Aufl., Hann.München 1956, S. 88; Hervorhebung nicht wiedergegeben.

[13] *Bonnet:* Welche Erfordernisse muß der zeitgemäße Prüfungsbericht eines Wirtschaftsprüfers erfüllen?, in: Wirtschaftsprüfung, Bd. II, hrsg. von H. A. Ertel, Berlin-Wien 1935, S. 252; Hervorhebung nicht wiedergegeben.

Zieht man in dieser Frage die Meinung der betriebswirtschaftlichen Literatur zu Rate, so fällt auf, daß insbesondere im älteren Schrifttum[14] eine klare Trennung zwischen Prüfungsbericht und betriebswirtschaftlichem Gutachten gefordert wird. So schreibt beispielsweise Voß, daß es zweckmäßig sei, „zwischen dem Revisionsbericht und dem betriebswirtschaftlichen Gutachten streng zu unterscheiden. Sie sind im Charakter wesentlich verschieden. Der Revisionsbericht ist in seiner Art und in seinen Ergebnissen objektiv bestimmt — das betriebswirtschaftliche Gutachten läßt dem subjektiven Ermessen manchen Spielraum"[15]. Ganz besonders deutlich im Sinne einer begrifflichen Trennung zwischen Prüfungsbericht und Gutachten spricht sich auch Eich aus, wenn er ausführt: „Mit Schlußfolgerungen sollte man überhaupt behutsam umgehen; Aufgabe des Prüfers ist es in erster Linie, Tatbestände festzustellen, Schlußfolgerungen sind Sache des Berichtlesers. Darin unterscheidet sich der Prüfungsbericht vom betriebswirtschaftlichen Gutachten[16]."

Diese Auffassung stieß aber schon bald auf Kritik. In einer Besprechung des eben zitierten Werkes von Eich widerspricht Schmaltz dessen Auffassung, daß der Prüfungsbericht grundsätzlich mit einem Gutachten nichts zu tun habe, und stellt seinerseits fest, daß ganz im Gegenteil im Vordergrund jeder Berichterstattung die Aufgabe des Berichts steht, „ein *objektives Gutachten* über den Jahresabschluß einer Unternehmung darzustellen"[17]. Dies entspricht auch der überwiegenden Ansicht in der neueren Literatur. So schreibt beispielsweise Auffermann: „Der Prüfungsbericht dient der Unterrichtung von Vorstand und Aufsichtsrat der Gesellschaft über die betriebswirtschaftlichen Verhältnisse des geprüften Unternehmens; er soll die wirtschaftlich bedeutsamen Vorgänge und die Prüfungsarbeiten darlegen. Diese Aufgaben kann der Prüfungsbericht nur erfüllen, wenn er als *betriebswirtschaftliches Gutachten* ausgestaltet wird[18]."

---

[14] Eine Ausnahme bildet *Isaac*, der bereits im Jahre 1926 die Berichterstattung des Revisors mit einem Sachverständigengutachten auf eine Stufe gestellt haben wollte. Vgl. *Isaac*, Alfred: Rentabilitäts- und Erfolgsrevision, in: Grundriß der Betriebswirtschaftslehre, Bd. 10: Revisions- und Treuhandwesen, Leipzig 1926, S. 210.

[15] *Voss*, Wilhelm: Formelle und materielle Revision, in: Archiv für das Revisions- und Treuhandwesen, 27. Jahrgang (1931), Heft 4, S. 179; vgl. auch *Lubszynski*, Julius: Welche Rechte hat die Minderheit der Aktionäre gegenüber der Gesellschaft?, Berlin 1892, S. 29.

[16] *Eich*, Wilhelm: Der Prüfungsbericht über den Jahresabschluß einer Aktiengesellschaft, Berlin 1940, S. 26; ähnlich auch *Gerstner*, Paul: Revisionstechnik, 6. Aufl., Berlin 1940, S. 145.

[17] *Schmaltz*, Kurt: Bemerkungen zum Prüfungsbericht des Abschlußprüfers, in: Die Betriebswirtschaft, 33. Jahrgang (1940), Heft 7/8, S. 89.

[18] *Auffermann*, Johann Dietrich: Prüfungsbericht und Bestätigungsvermerk, in: HdB, 3. Band, 3. Aufl., Stuttgart 1960, Sp. 4495; vgl. auch *Adler-*

Ausgehend davon, daß einerseits „das Werturteil im wirtschaftlichen Gutachten das Kennzeichnende des Begriffes ‚Gutachten'" ist[19] und andererseits eine Prüfung ohne wertende Stellungnahme des Prüfers die Ausnahme bildet[20], wird man sich der Ansicht von Bussmann anzuschließen haben, der in der Prüfung die „Fundamentaltätigkeit" erblickt, ohne die eine Begutachtung nicht möglich ist[21]. In bezug auf die Sonderprüfung bedeutet dies, daß es die Aufgabe der Prüfung ist, zunächst die Tatbestände und Zusammenhänge aufzuklären; in der darauffolgenden Begutachtung hat sich der Sonderprüfer dann zu äußern, ob die beanstandete Geschäftsführungsmaßnahme tatsächlich als nicht ordnungs- bzw. unzweckmäßig beurteilt werden muß[22]. Da er sein Urteil in jedem Fall zu begründen haben wird[23], bedeutet dies, daß im Sonderprüfungsbericht auch die prüferische Sachverhaltsermittlung ihren Niederschlag finden muß. In seinem überwiegenden Teil aber ist „der Bericht des Sonderprüfers ... ein Sachverständigengutachten"[24].

Für den positiven Umfang des Sonderprüfungsberichts bedeutet dies, daß die Ansicht des Prüfers über den zu beurteilenden Tatbestand unter allen Umständen klar, deutlich und objektiv zum Ausdruck kommen muß. Jede Begrenzung des Berichtsumfangs, die dies gefährden würde, wäre abzulehnen.

2. Die allgemeinen Grundsätze der Berichterstattung

So wie über den Ablauf der Sonderprüfung selbst im Gesetz keine detaillierten, erschöpfenden Vorschriften gegeben sind und auch nicht

---

Düring-Schmaltz, a.a.O., § 139 Tz. 7 ff.; *Oechsner*, Lothar: Betriebswirtschaftliche Gestaltungsmöglichkeiten des Prüfungsberichtes, Diss. Mannheim 1951, S. 15; Wirtschaftstreuhänder-Jahrbuch 1941, hrsg. von Otto Mönckmeier, Leipzig 1941, S. 427.

[19] *Post*, Hubert: Das wirtschaftliche Gutachten, 2. Aufl., Frankfurt am Main 1959, S. 8.

[20] Daß dies insbesondere für die Sonderprüfung gilt, bestätigt das OLG Hamburg in seinem Urteil vom 17. 12. 1963, in: BB, 19. Jahrgang (1964), Heft 16, S. 659; ebenso *Bussmann*, Karl F., a.a.O., S. 120. Daß Werturteile auch im Bericht über die aktienrechtliche Jahresabschlußprüfung enthalten sind, weist überzeugend *Schulze zur Wiesch*, Dietrich Wilhelm, a.a.O., S. 171 f., nach.

[21] Vgl. *Bussmann*, Karl F., a.a.O., S. 16 und S. 155.

[22] Vgl. hierzu auch *Hintner*, Otto: Praxis der Wirtschaftsprüfung, 3. Aufl., Stuttgart 1949, S. 51.

[23] Vgl. *Bussmann*, Karl F., a.a.O., S. 165.

[24] *Saage*, Gustav, a.a.O., S. 16; vgl. auch *Teichmann-Koehler:* Kommentar zum Aktiengesetz, 3. Aufl., Heidelberg 1950, §§ 118—121 Anm. 4; *Adler-Forster:* Zur Frage des Inhalts und Umfanges des Berichts über die aktienrechtliche Sonderprüfung (§ 121 AktG), in: Wpg, 10. Jahrgang (1957), Heft 14, S. 358.

gegeben werden konnten, fehlen auch hinsichtlich der Erstellung des Prüfungsberichts eindeutige, konkrete gesetzliche Richtlinien. Der Gesetzgeber mußte sich vielmehr auch hier mit Rahmenvorschriften begnügen, wodurch natürlich, wie Karoli bereits 1934 im Zusammenhang mit dem Bericht bei der Abschlußprüfung, für die das gleiche gilt, feststellt, „eine gewisse Problematik in die Frage des Inhalts und der Form des Prüfungsberichts hineingetragen (wird), weil einem subjektiven Moment — nämlich dem eigenen sachgemäßen Ermessen des Prüfers — eine ausschlaggebende Rolle zugesprochen wird"[25].

Dies kann aber nun — wie bereits im Zusammenhang mit der Prüfungsdurchführung festgestellt wurde — auf keinen Fall bedeuten, daß der Prüfer in seiner Berichterstattung jeweils völlig auf sich allein gestellt ist. Vielmehr hat man schon aus Gründen der Haftung des Prüfers sehr frühzeitig versucht, allgemeine Grundsätze herauszubilden, die ein gewisses einheitliches Vorgehen bei der Anfertigung von Revisionsberichten ermöglichten[26].

Im einzelnen gehören zu diesen „Grunderfordernissen eines jeden Prüfungsberichtes ..., daß er klar und übersichtlich, unparteiisch-sachlich, vollständig und wahr ist"[27]. Diese zunächst für den Prüfungsbericht bei der aktienrechtlichen Jahresabschlußprüfung entwickelten Grundsätze können auf Grund ihrer Allgemeinheit auf alle anderen Prüfungen übertragen werden[28]. Sie dürfen aber auf keinen Fall für sich allein betrachtet werden, sondern entfalten ihre Wirksamkeit nur im Hinblick auf das übergeordnete Prinzip, daß das Ziel des Berichts — im Sinne der Schutzfunktion, vor allem aber im Sinne der Informationsfunktion — auf alle Fälle erreicht werden muß. Grundsätzlich gilt nämlich, daß „die Grundsätze ordnungsmäßiger Berufsausübung im

---

[25] *Karoli*, Richard: Grundsätzliches über Inhalt und Form des Bilanzprüfungsberichtes im Hinblick auf die von ihm zu erfüllenden Aufgaben, in: WT, 3. Jahrgang (1934), Heft 19, S. 394; vgl. auch *Teichmann-Koehler*, a.a.O., §§ 118—121 Anm. 5; *Klinger*, Karl: Zur Problematik der Berichterstattung über die Sonderprüfung nach § 118 AktG, in: Wpg, 10. Jahrgang (1957), Heft 7, S. 155.

[26] Vgl. insbesondere *Eich*, Wilhelm: Der Revisionsbericht, in: Grundriß der Betriebswirtschaftslehre, a.a.O., S. 249.

[27] Wirtschaftsprüfer-Handbuch 1963, Bd. I: Fachlicher Teil, hrsg. vom Institut der Wirtschaftsprüfer, Düsseldorf 1963, S. 506; ebenso bereits: Wirtschaftstreuhänder-Jahrbuch 1941, hrsg. von Otto Mönckmeier, Leipzig 1941, S. 431; *Beham*, Peter: Das deutsche Pflichtprüfungswesen, Berlin 1940, S. 78; dort weitere Nachweise.

[28] Vgl. Wirtschaftsprüfer-Handbuch 1963, a.a.O., S. 502, Fußnote 1; Hauptfachausschuß des Instituts der Wirtschaftsprüfer: Allgemeine Bedingungen für Prüfungsaufträge, in: Wpg, 1. Jahrgang (1948), Heft 2/3, S. 51; *Voigt*, Alfred: Prüfungstechnik und Prüfungsbericht, in: Aktuelle Bilanz- und Steuerprobleme, Beiheft 3 zu der Zeitschrift „Die Wirtschaftsprüfung", 2. Jahrgang (1949), Stuttgart 1949, S. 134.

allgemeinen ... durch die Zwecke und Ziele sowohl der Prüfung selbst (...) als auch des Prüfungsberichtes (...) umgrenzt werden[29]. Die Forderung nach Vollständigkeit, Klarheit, Wahrheit und Unparteilichkeit des Berichts ist demnach nur ein Ausfluß des auch die Berichterstattung beherrschenden Prinzips der Zielerreichung[30]. Wir wollen im folgenden auf die einzelnen Grundsätze etwas näher eingehen.

a) Der Grundsatz der Vollständigkeit

Die besondere Bedeutung des Grundsatzes der Vollständigkeit für die Berichterstattung über die im Aktienrecht vorgesehenen Prüfungen wird bereits dadurch deutlich gemacht, daß sich sowohl der Gesetzgeber von 1937 als auch der von 1965 veranlaßt gesehen hat, die Verletzung dieses Grundsatzes ausdrücklich unter Strafe zu stellen. § 302 Ziff. 1 Halbsatz 2 AktG 1937 bestimmt ebenso wie § 403 Abs. 1 Halbsatz 2 AktG 1965, daß mit Gefängnis oder Geldstrafe bestraft wird, wer als Prüfer oder als Gehilfe eines Prüfers „erhebliche Umstände im Bericht verschweigt". Dabei sind „unter ‚erheblichen Umständen' ... solche Umstände zu verstehen, die für die Zwecke des Berichtes von Bedeutung sind"[31].

Dies bedeutet, daß für die Frage, was im Interesse der Vollständigkeit in dem Bericht über die Sonderprüfung Aufnahme finden muß und was nicht, entscheidend ist, welchen Beitrag die in Frage stehende Mitteilung zur Erreichung des mit der Sonderprüfung und damit auch mit dem Sonderprüfungsbericht angestrebten Zieles leistet. Dies drücken besonders deutlich Gadow-Heinichen aus. Sie schreiben: „Für den Bericht der Sonderprüfer sind diejenigen Umstände erheblich, die im Hinblick auf die bei der Bestellung der Prüfung nach § 118 festgelegte Prüfungsaufgabe von Bedeutung sind. Maßgeblich ist hier also nicht eine allgemeine Erheblichkeit, sondern eine Erheblichkeit in bezug auf das spezielle Prüfungsthema[32]."

---

[29] *Ludewig*, Rainer, a.a.O., S. 26.

[30] Vgl. dazu auch *Schnutenhaus*, Otto R.: Zum amerikanischen Revisions- und Bilanzbericht, in: ZfB, 4. Jahrgang (1927), Heft 10, S. 756; *Bonnet*, a.a.O., S. 251; *Karoli*, Richard: Grundsätzliches über Inhalt und Form des Bilanzprüfungsberichtes im Hinblick auf die von ihm zu erfüllenden Aufgaben, in: WT, 3. Jahrgang (1934), Heft 19, S. 395; *Schulze zur Wiesch*, Dietrich Wilhelm, a.a.O., S. 138; *Ludewig*, Rainer, a.a.O., S. 24 ff.

[31] *Schlegelberger-Quassowski*, a.a.O., § 302 Anm. 3; vgl. auch *von Godin-Wilhelmi*, a.a.O., § 302 Anm. 4.

[32] *Gadow-Heinichen:* Großkommentar zum Aktiengesetz, 2. Band, 2. Aufl., Berlin 1965, § 302 Anm. 9; vgl. auch *Obermüller*, Walter: Der Sonderprüfer im geltenden und im neuen Aktienrecht, in: BB, 17. Jahrgang (1962), Heft 14, S. 546; Wirtschaftsprüfer-Handbuch 1963, a.a.O., S. 507; *Warneke*, Heinz: Der

Trotz der großen Bedeutung, die der Grundsatz der Vollständigkeit für die Berichterstattung hat, sind jedoch Fälle denkbar, in denen sich der Prüfer die Frage vorzulegen hat, ob dieser Grundsatz nicht eine Einschränkung erfahren muß. Dies wird immer dann sein, wenn „Bedenken auftauchen, ob der Prüfungsbefund im Revisionsbericht auch wiedergegeben werden kann, weil berechtigte Interessen der Gesellschaft eine solche Berichterstattung verbieten“[33]. Wir werden uns mit dieser Frage in Kapitel III noch eingehend zu befassen haben.

b) Der Grundsatz der Klarheit

In der Frage, welche Bedeutung der Grundsatz der Klarheit für die Berichterstattung des Prüfers hat, können in der Literatur zwei Auffassungen festgestellt werden. Einmal wird unter der Forderung der Berichtsklarheit ausschließlich die *formelle* Ordnungsmäßigkeit des Berichts im Sinne einer „verständlichen und eindeutigen Darlegung der berichtspflichtigen Prüfungsfeststellungen“ verstanden[34]. Nach dieser Ansicht sagt der Klarheitsgrundsatz also nichts darüber aus, welche Feststellungen im Bericht zu treffen sind und welche nicht. Er soll vielmehr einzig und allein verhindern, daß auf Grund einer mangelhaften formellen Gestaltung „das, was der Prüfer pflichtgemäß sagen wollte, dem Bericht gar nicht oder nicht ohne Zweifel zu entnehmen ist“[35]. Der Grundsatz der Klarheit bedeutet demnach, daß dem Bericht eine klare Disposition zugrunde zu legen ist, ein einfacher und sachlicher Stil zur Anwendung kommt und das Wesentliche möglichst hervorgehoben wird[36].

Nach der anderen Auffassung ist der Grundsatz der Berichtsklarheit dagegen gleichsam als eine Ergänzung des Grundsatzes der Vollständigkeit aufzufassen. Danach besagt der Klarheitsgrundsatz, daß der Bericht „ohne Weitschweifigkeit und ohne Erwähnung von Nebensächlichkeiten, vor allem auch von Selbstverständlichkeiten, nur das Wesentliche enthält“[37]. Während also nach der ersten Auffassung der Inhalt des Be-

Prüfungsbericht, in: Wpg, 13. Jahrgang (1960), Heft 8, S. 203; *Schulze zur Wiesch*, Dietrich Wilhelm, a.a.O., S. 141 f.; *Schmitt-Schmitt:* Das Revisions-Universum, Berlin-Bielefeld-München 1953, S. 225.

[33] *Modert*, Harry: Der Umfang der Berichterstattung des Bilanzprüfers, in: ZfhF, 28. Jahrgang (1934), Heft 4, S. 193.

[34] *Schulze zur Wiesch*, Dietrich Wilhelm, a.a.O., S. 173.

[35] *Schulze zur Wiesch*, Dietrich Wilhelm, a.a.O., S. 174.

[36] Vgl. *Schmaltz*, Kurt: Der Prüfungsbericht des Abschlußprüfers (Wirtschaftsprüfers) nach dem Aktiengesetz, in: Die Betriebswirtschaft, 31. Jahrgang (1938), Heft 3, S. 51.

[37] Wirtschaftsprüfer-Handbuch 1963, a.a.O., S. 506 f.; ganz in diesem Sinne auch *Auffermann*, Johann Dietrich, a.a.O., Sp. 4495 f.; *Klebba*, Walter: Revisionspraxis, 4. Aufl., Nürnberg-Darmstadt-Düsseldorf-Berlin 1953, S. 146.

richts ein Datum ist und der Grundsatz der Klarheit nun darüber Aufschluß gibt, *wie* der feststehende Inhalt des Berichts im einzelnen zu gestalten ist, beeinflußt nach der zweiten Auffassung der Klarheitsgrundsatz auch den Inhalt des Berichts dahingehend, daß alles das wegzulassen ist, was im Hinblick auf die Darstellung des Prüfungsergebnisses unwesentlich ist.

Da nach unserer Auffassung der Grundsatz der Vollständigkeit nur in positiver Weise bestimmt, was in den Bericht aufzunehmen ist, möchten wir uns der zweiten Auffassung über den Inhalt des Grundsatzes der Klarheit anschließen, nach welcher ihm die Rolle einer negativen Berichtsabgrenzung zufällt. Obwohl es uns zunächst noch darum geht, den positiven Umfang des Sonderprüfungsberichts darzustellen, haben wir es aus Gründen der Systematik für erforderlich gehalten, die negative Begrenzung des Sonderprüfungsberichts durch den Grundsatz der Klarheit bereits an dieser Stelle zu erwähnen.

c) Der Grundsatz der Wahrheit

Ebenso wie der Grundsatz der Vollständigkeit steht auch der Grundsatz der Berichtswahrheit unter Strafrechtsschutz. § 302 Ziff. 1 Halbsatz 1 AktG 1937 bzw. § 403 Abs. 1 Halbsatz 1 AktG 1965 droht den Prüfern und den Prüfergehilfen Gefängnis oder Geldstrafe an, die über das Ergebnis der Prüfung falsch berichten.

Nach der einhelligen Meinung in der Literatur kommt es dabei nicht darauf an, ob sich der Inhalt des Berichts mit dem Berichtsgegenstand objektiv deckt. Unwahr oder falsch ist der Bericht vielmehr erst dann und nur dann, „wenn das Ergebnis der Prüfung mit dem Inhalt des Berichts über das Ergebnis der Prüfung nicht übereinstimmt“[38] oder, anders ausgedrückt, wenn der Prüfer etwas anderes berichtet als das, was er tatsächlich festgestellt hat, selbst wenn diese Feststellungen der wirklichen Sach- und Rechtslage nicht entsprechen, der Prüfer also durch die unwahre Berichterstattung unbewußt die tatsächlichen Verhältnisse wiedergibt[39]. Der Bericht darf auch nie den Eindruck erwekken, „daß ein Gebiet, das nicht geprüft wurde, als geprüft anzusehen ist ... Im Prüfungsbericht ist deshalb stets anzugeben, ob neben den eigenen Prüfungen fremde Prüfungen stattgefunden haben, ob und in-

---

[38] *Gadow-Heinichen:* Großkommentar zum Aktiengesetz, 2. Band, 2. Aufl., Berlin 1965, § 302 Anm. 6.

[39] Vgl. *von Godin-Wilhelmi*, a.a.O., § 302 Anm. 3; *Schlegelberger-Quassowski*, a.a.O., § 302 Anm. 3; vgl. auch *Baumbach-Hueck*, a.a.O., § 302 Anm. 2; *Schulze zur Wiesch*, Dietrich Wilhelm, a.a.O., S. 168 f.

wieweit sich die Ergebnisse des Prüfungsberichtes nicht auf eigene Prüfungen, sondern auf andere Prüfungen, Auskünfte usw. stützen[40].

Für den positiven Umfang des Sonderprüfungsberichts bedeutet dies, daß die tatsächlichen Prüfungsfeststellungen und der tatsächliche Ablauf der einzelnen Prüfungshandlungen wiederzugeben sind. Insbesondere jede Beschränkung des Prüfungsumfangs, durch welche andere Feststellungen des Berichts ein Gewicht erhalten, das ihnen nicht zukommt, bzw. in ihrer tatsächlichen Bedeutung nicht mehr in gebührender Weise zum Ausdruck gebracht werden, ist abzulehnen.

d) Der Grundsatz der Unparteilichkeit

Gemäß § 120 i. V. m. § 141 Abs. 1 Satz 1 AktG 1937 bzw. § 144 i. V. m. § 168 Abs. 1 Satz 1 AktG 1965 sind die Sonderprüfer zur gewissenhaften und *unparteilichen* Prüfung verpflichtet. Auch der Prüfungsbericht, „das Schlußstück der Prüfung"[41], hat diesen Erfordernissen zu entsprechen. Dies bedeutet, daß sich der Prüfer in seiner Berichterstattung jeder persönlich wirkenden Kritik über die Geschäftsführung zu enthalten und alle seine Feststellungen sachlich vorzubringen hat[42]. „Objektivität und vollständige Offenlegung ohne Rücksicht und Schonung, aber in gerechter Würdigung der getroffenen Feststellung, müssen die Leitgedanken des Prüfungsberichtes sein[43]."

Für den positiven Umfang des Sonderprüfungsberichts ergeben sich aus diesem Grundsatz der Unparteilichkeit keine neuen, über den durch die Prinzipien der Vollständigkeit und Wahrheit gesteckten Rahmen hinausgehenden Anforderungen. Es wird vielmehr lediglich noch einmal hervorgerufen, „daß der Prüfer nicht aus persönlicher Rücksichtnahme, aus Gefühlen der Zu- oder Abneigung oder gar aus eigennützigen, materiellen Gründen eine berichtspflichtige Feststellung unterdrücken oder verfälschen darf"[44].

---

[40] *Adler-Düring-Schmaltz*, a.a.O., § 139 Tz. 16; vgl. auch *Auffermann*, Johann Dietrich, a.a.O., Sp. 4495.

[41] *Gadow-Heinichen*, a.a.O., Bd. 1, § 139 Anm. 2.

[42] Vgl. Wirtschaftsprüfer-Handbuch 1963, a.a.O., S. 507; *Auffermann*, Johann Dietrich, a.a.O., Sp. 4495.

[43] *Gadow-Heinichen*, a.a.O., Bd. 1, § 139 Anm. 2.

[44] *Schulze zur Wiesch*, Dietrich Wilhelm, a.a.O., S. 171.

3. Die Kategorisierung der Aussagen des Prüfungsberichts nach ihrer Beziehung zum Prüfungsergebnis

Gemäß § 121 Abs. 3 Satz 1 AktG 1937 bzw. § 145 Abs. 4 Satz 1 AktG 1965 haben die Sonderprüfer in ihrem Bericht Mitteilung über das „Ergebnis der Prüfung" zu machen. Diese Formulierung des Gesetzes will Klinger nun dahingehend ausgelegt wissen, „daß sich der Bericht des Sonderprüfers ... auf eine knappe Darlegung des Prüfungsergebnisses mit einer knappen Beantwortung der Prüfungsfragen laut Prüfungsauftrag zu beschränken hat"[45]. Dabei geht er davon aus, daß der Sonderprüfungsbericht mit dem Bestätigungsvermerk der Jahresabschlußprüfung zu vergleichen ist, weil dieser ebenso wie der Sonderprüfungsbericht für die breite Öffentlichkeit bestimmt ist. Der vom Gesetzgeber geforderte schriftliche Bericht würde nach dieser Auffassung zu einer „Zusammenfassung der Prüfungsergebnisse unter kurzer schlagwortartiger Beantwortung der mit dem Prüfungsauftrag gestellten Fragen"[46] verkümmern. Es liegt auf der Hand, daß ein derartiger „Bericht" seine Aufgaben im Sinne der oben abgeleiteten Informations- und Schutzfunktion nicht erfüllen kann und außerdem in schroffem Widerspruch zu der Forderung steht, daß der Bericht dem Leser ermöglichen soll, sich ein eigenes Urteil zu bilden[47].

Aus diesem Grunde ist die Auffassung Klingers auch auf starke Kritik gestoßen. Insbesondere Adler-Forster sprechen sich gegen den Kurzbericht Klingers aus, indem sie nachweisen, daß ein Vergleich zwischen Sonderprüfungsbericht und Bestätigungsvermerk bei der Jahresabschlußprüfung nicht möglich ist[48]. Nach ihrer Ansicht sind vielmehr „die Prüfungsfeststellungen im Sonderprüfungsbericht so ausführlich wiederzugeben, daß auch den Aktionären eine eigene Beurteilung der Vorgänge ermöglicht wird"[49]. Auch Saage widerspricht der Ansicht Klingers ausdrücklich. Er schreibt: „Wenn Sonderprüfungen angeordnet werden, liegen Dinge im Dunkeln. In solchen Fällen kann nur Aufhellung des Sachverhalts die Zweifel und das Mißtrauen beseitigen. Der Sonderprüfer sollte daher stets eine möglichst eingehende Sachverhaltsdarstellung geben und seine Entscheidungs- bzw. Beurteilungsgrundlagen offenlegen. Zudem ist vom Sonderprüfer nicht ein

[45] *Klinger*, Karl: Zur Problematik der Berichterstattung über die Sonderprüfung nach § 118 AktG, in: Wpg, 10. Jahrgang (1957), Heft 7, S. 155; Hervorhebungen nicht wiedergegeben.

[46] *Klinger*, Karl, a.a.O., S. 155.

[47] Vgl. *Adler-Düring-Schmaltz*, a.a.O., § 135 Tz. 254.

[48] Vgl. *Adler-Forster:* Zur Frage des Inhalts und Umfanges des Berichts über die aktienrechtliche Sonderprüfung (§ 121 AktG), in: Wpg, 10. Jahrgang (1957), Heft 14, S. 357 f.

[49] *Adler-Forster*, a.a.O., S. 362; Hervorhebungen nicht wiedergegeben.

‚Testat‘, sondern ein Prüfungsbericht gefordert (...). Daraus wird aber deutlich, daß mehr gefordert ist als nur eine ‚knappe Beantwortung‘. Der Sonderprüfer soll nicht nur ‚urteilen‘, sondern den Sachverhalt ermitteln und über den Sachverhalt und seine Urteilsbildung die Auftraggeber informieren[50].“

Die Bestimmung des Gesetzes, daß der Sonderprüfungsbericht das „Ergebnis der Prüfung“ wiederzugeben habe, ist demnach nicht so zu verstehen, daß damit eine Beschränkung des Inhalts des Prüfungsberichts auf eine schlagwortartige Beantwortung der im Prüfungsauftrag zum Ausdruck kommenden Fragen gefordert ist. Diese wird zwar ohne Zweifel sozusagen den Kern des Berichts darstellen. Daneben wird aber der Prüfer noch eine Reihe von Feststellungen zu treffen haben, die dieses Ergebnis der Prüfung im engen Sinne begründen, untermauern und verdeutlichen bzw. dazu dienen, den Gang der Prüfung zu schildern (Schutzfunktion!). Das vom Sonderprüfer in seinem Bericht geforderte Gesamturteil kann eben nicht ohne ein Eingehen auf die Einzelkomponenten des Prüfungsobjektes gefällt werden. „Auf die Wiedergabe dieser Einzelurteile legt auch der Auftraggeber Wert, weil er nur dann das Gesamturteil verstehen kann, wenn er seine Herleitung erfährt[51].“ Geht man nun davon aus, daß, wie oben erwähnt, die Darstellung des Prüfungsergebnisses im engen Sinne — wir wollen der Einfachheit halber künftig nur noch vom Prüfungsergebnis sprechen — den Kern des Sonderprüfungsberichts darstellt und alle anderen Feststellungen mehr oder weniger nur dazu dienen, daß es in der richtigen Weise verstanden wird, so wird es möglich, die in jedem Sonderprüfungsbericht enthaltenen Mitteilungen und Aussagen nach dem Kriterium ihrer Beziehung zum Prüfungsergebnis in einzelne Kategorien einzuteilen.

Unter die Kategorie 1 fallen dann alle die Aussagen, die das Prüfungsergebnis unmittelbar darstellen. Es handelt sich dabei um den Teil des Sonderprüfungsberichts, den wir oben als das Kernstück bezeichnet haben. Aussagen der Kategorie 1 müssen in jedem Sonderprüfungsbericht enthalten sein, da jeder auf eine Sonderprüfung gerichtete Prüfungsauftrag Aufklärung über bestimmte Geschäftsführungsvorgänge begehren wird, die im Sonderprüfungsbericht entsprechend dem Grundsatz der Berichtsklarheit deutlich und unmißverständlich gegeben werden muß. Geht beispielsweise der Prüfungsauftrag dahin, daß festgestellt werden soll, ob der Vorstand beim Abschluß eines langfristigen Lieferungsvertrags mit einem Zulieferer zum Nachteil der Gesellschaft gehandelt hat und in welcher Höhe sich

---

[50] *Saage*, Gustav, a.a.O., S. 16; vgl. auch *Bordt*, Karl, a.a.O., S. 184 f.

[51] *Zimmermann*, Erhard, a.a.O., S. 35 f.

ein eventueller Schaden ungefähr bewegt, so sind die Feststellung des Sonderprüfers, daß eine derartige Schädigung der Gesellschaft eingetreten ist, und die von ihm ermittelte Schadenhöhe unter die Kategorie 1 fallende Aussagen des Sonderprüfungsberichts.

Unter die Kategorie 2 fallen alle die Aussagen, die zwar nicht unmittelbar das Prüfungsergebnis darstellen, aber zu seinem richtigen Verständnis unerläßlich sind. Es handelt sich dabei in erster Linie um die ausführliche Darstellung der Gründe, die den Prüfer zu seinem Urteil veranlaßt haben. In unserem Beispiel wäre dies etwa die Berichterstattung über die gewährten Konditionen und Preis- bzw. Rabattvereinbarungen bei dem in Frage stehenden Lieferungsvertrag sowie bei vergleichbaren Verträgen der Gesellschaft mit anderen Lieferanten, über Preisentwicklungen auf dem Beschaffungsmarkt u. dgl.

Unter Kategorie 3 fallen alle Aussagen, die zum Verständnis des Prüfungsergebnisses zwar nicht unerläßlich sind, aber dennoch dazu beitragen können, daß die Berichtsempfänger es richtig aufnehmen. Diese Kategorie umfaßt naturgemäß die am meisten vom konkreten Prüfungsauftrag abhängigen Feststellungen und Aussagen des Prüfers. Hierher gehören alle die Beobachtungen, die der Prüfer am Rande macht und die sein Urteil zwar nicht grundsätzlich ändern können, ihm aber dennoch geeignet erscheinen, es zu untermauern und zu bekräftigen. In unserem Beispiel wären dies z. B. Feststellungen des Prüfers hinsichtich des Motivs, das den Vorstand zu dem die Gesellschaft benachteiligenden Vertragsabschluß bewogen haben könnte, wie etwa verwandtschaftliche Beziehungen zu dem Eigentümer des Zulieferbetriebs und ähnliches.

Schließlich könnte man theoretisch noch Aussagen unterscheiden, die in keinerlei Zusammenhang zum Prüfungsergebnis zu bringen sind (Kategorie 4). Solche Aussagen sind aber offensichtlich überflüssig. Sie sind im Interesse der Berichtsklarheit erst gar nicht in den Bericht aufzunehmen. Wir brauchen uns daher mit dieser Kategorie nicht näher zu befassen.

Es kann nun nicht verkannt werden, daß es im praktischen Einzelfall unter Umständen schwierig ist, eine ganz bestimmte Feststellung eines Sonderprüfungsberichts einer der angeführten Kategorien eindeutig zuzuordnen. Dieser Unsicherheitsfaktor ist aber in Kauf zu nehmen. Wir werden sehen, daß sich mit der oben vorgeschlagenen Kategorisierung der Aussagen eines Sonderprüfungsberichts über den Anwendungsbereich der in Kapitel III abzuhandelnden sog. Schutzklausel und damit über den Umfang der Berichterstattung über die aktienrechtliche Sonderprüfung differenziertere und daher wesentlich präzisere Aussagen machen lassen.

C. Die sich aus den bisherigen Untersuchungen ergebenden Folgerungen für den positiven Umfang des Sonderprüfungsberichts

Die Ergebnisse der bisherigen Untersuchungen im Hinblick auf den positiven Umfang der Berichterstattung über die aktienrechtliche Sonderprüfung lassen sich in drei Hauptpunkten zusammenfassen:

1. Gegenstand einer aktienrechtlichen Sonderprüfung sein können grundsätzlich alle hinsichtlich der Ausübung der Funktionen der Unternehmungssteuerung und der Unternehmungspolitik von Vorstand und Aufsichtsrat sowie von anderen mit Entscheidungsbefugnissen ausgestatteten Personen, den sog. Leitungsorganen, getroffenen individualisierten Entscheidungen und Anordnungen, Kombinations- und Koordinationsakte einschließlich der mit ihnen in Verbindung stehenden Kontrollmaßnahmen, gleichgültig, ob sie in das Gründungsstadium, in das Stadium der werbenden Unternehmung oder in das Stadium der Liquidation fallen. Dies bedeutet, daß auch in der Berichterstattung über eine durchgeführte Sonderprüfung alle diese grundsätzlich der Prüfung unterliegenden Maßnahmen und Teilmaßnahmen der Unternehmungsführung zur Sprache kommen können.

Wir haben ferner gesehen, daß die aktienrechtliche Sonderprüfung als eine Prüfung dritter Ordnung angesehen werden muß, d. h., daß auf jeden Fall auch ein Vergleich des tatsächlichen mit dem unter den gegebenen Bedingungen optimal möglichen Geschäftsführungsvorgangs erfolgen muß. Für den Sonderprüfungsbericht ergibt sich daraus, daß dieser sowohl eine eingehende Darstellung des Sachverhalts als auch eine ausführliche Beurteilung desselben im Sinne eines wirtschaftlichen Gutachtens enthalten muß. Insbesondere die Schutzfunktion des Berichts wird den Prüfer veranlassen, seine Berichterstattung eher zu ausführlich als zu knapp zu gestalten, zumal in der Bestimmung des Gesetzes, daß über das „Ergebnis der Prüfung" zu berichten ist, keine Beschränkung des Berichts im Sinne einer knappen, schlagwortartigen Beantwortung der mit dem Prüfungsauftrag aufgeworfenen Fragen erblickt werden kann.

2. Die Durchführung der aktienrechtlichen Sonderprüfung steht unter dem dominierenden Grundsatz der Zielerreichung, wobei als Prüfungsziel, je nach dem, mit welcher Genauigkeit das für den dritten Vergleich erforderliche Soll zu bestimmen ist, die Beurteilung der Ordnungs- bzw. der Zweckmäßigkeit eines Geschäftsführungsvorganges angesehen werden muß. Dies ergibt sich einmal aus einer Analyse der Bestimmung des Prüfungsumfangs. Wir haben gesehen, daß aus der Grundgesamtheit aller Maßnahmen und Teilmaßnahmen der Geschäftsführung für eine bestimmte Prüfung nur diejenigen auszuwählen sind, die mit dem Grundsatz der Zielerreichung vereinbar sind, und nur die-

jenigen unberücksichtigt bleiben können, die diesem Grundsatz widersprechen. Auch gegenüber dem Grundsatz der Objektbezogenheit, dem zweiten für die Bestimmung des Prüfungsumfangs maßgebenden Prinzip, hat der Grundsatz der Zielerreichung den Vorrang. Dies folgt aus dem besonderen Charakter der Sonderprüfung bei der nicht von einem Geschäftsführungsvorgang auf die Geschäftsführung in ihrer Gesamtheit geschlossen werden soll, sondern bei der die „Nachprüfung" einer einzelnen Maßnahme der Geschäftsführung sozusagen Selbstzweck ist.

Zum anderen ergibt sich die besondere Bedeutung des Grundsatzes der Zielerreichung aber auch aus einer Gesamtschau der den verschiedenen Gruppen von Außenstehenden zur Verfügung gestellten Mittel, sich darüber zu unterrichten, in welchem Umfang sich die Verwaltungsorgane des ihnen entgegengebrachten Vertrauens würdig erwiesen haben. Wir haben festgestellt, daß die Sonderprüfung in erster Linie auf die Interessen der Aktionäre abgestellt ist. Im Rahmen der untereinander in einem Verhältnis der Subsidiarität stehenden Möglichkeiten der Aktionäre, sich über die Geschäftsführung ein eigenes Bild zu machen, stellt die Sonderprüfung die unwiderruflich letzte dar. Der Sonderprüfungsbericht muß daher so ausführlich sein, daß mit seiner Hilfe die Aufklärung des umstrittenen Sachverhalts endgültig ermöglicht wird. Dies bedeutet, daß die Aktionäre in die Lage versetzt werden müssen, zu entscheiden, ob Schadenersatzansprüche gegen die Mitglieder der Verwaltung geltend gemacht werden sollen und wie deren kaufmännische Fähigkeiten zu beurteilen sind. Wir haben gesehen, daß dies nichts anderes heißt, als daß der Sonderprüfungsbericht Aufschluß zu geben hat über die Ordnungs- und Zweckmäßigkeit des im Prüfungsauftrag bezeichneten Geschäftsführungsvorgangs.

Auch wenn man die Sonderprüfung in das Spannungsfeld der an der Aktiengesellschaft interessierten Gruppen stellt und die ihr in diesem Zusammenhang erwachsenden Aufgaben in den Mittelpunkt seiner Betrachtung rückt, ergibt sich demnach für die Gestaltung des positiven Umfangs der Berichterstattung die überragende Rolle des Grundsatzes der Zielerreichung, die auch durch die „sekundäre" Prüfung der Geschäftsführung im Rahmen der aktienrechtlichen Jahresabschlußprüfung nicht herabgesetzt wird. Ganz im Gegenteil kann auf Grund des Versagens des Aufsichtsrats als Kontrollinstanz eher von einer erhöhten Bedeutung der Sonderprüfung und der Berichterstattung darüber gesprochen werden.

Da aber nun die Berichterstattung über die Prüfung gleichsam nur die Fortsetzung der Prüfung selbst darstellt und der Bericht nichts anderes ist als das Medium, mit dessen Hilfe die Feststellungen und Beurteilungen des Prüfers denjenigen, in deren Interesse die Prüfung durchgeführt wurde, übermittelt werden — wir sprachen von der Informationsfunktion des Berichts —, besitzt der Grundsatz der Zielerreichung auch für den Sonderprüfungsbericht in der Form einer seinen positiven Umfang gestaltenden Determinante Geltung.

Dies ergibt sich auch aus den für jeden Prüfungsbericht gültigen allgemeinen Grundsätzen der Berichterstattung, die nicht für sich allein, sondern nur im Zusammenhang mit dem mit Hilfe des Berichts angestrebten Ziel gesehen werden dürfen. Insbesondere die Grundsätze der Berichtsvollständigkeit und der Berichtsklarheit sind ein Ausfluß des übergeordneten Grundsatzes der Zielerreichung. Aber auch der Grundsatz der Berichtswahrheit, dem die Aufgabe zufällt, eine falsche Gewichtung der im Bericht enthaltenen Feststellungen zu verhindern, dient dem Zweck, die Erreichung des mit der Berichterstattung verfolgten Zieles nicht zu gefährden.

Die besondere Bedeutung, die der Grundsatz der Zielerreichung sowohl für die Durchführung der aktienrechtlichen Sonderprüfung als auch — in Form des Erfordernisses einer einwandfreien Mitteilung der Prüfungsergebnisse — für den positiven Umfang der Berichterstattung über diese besitzt, hat es naheliegend erscheinen lassen, alle in einem Sonderprüfungsbericht enthaltenen Feststellungen und Aussagen nach dem Kriterium ihrer Beziehung zum Prüfungsergebnis in einzelne Kategorien einzuteilen. Unter Kategorie 1 fallen danach alle die Aussagen, die unmittelbar das Prüfungsergebnis darstellen. Kategorie 2 enthält alle Aussagen, die zwar nicht unmittelbar das Prüfungsergebnis darstellen, die aber dennoch unerläßlich sind, wenn es richtig verstanden werden soll. In Kategorie 3 gehören schließlich alle Aussagen, die zum Verständnis des Prüfungsergebnisses beitragen können, ohne für dieses geradezu unentbehrlich zu sein. Alle Aussagen, die mit der Darstellung des Prüfungsergebnisses in keinerlei Zusammenhang stehen, sind im Bericht überflüssig und sollten im Interesse der Berichtsklarheit in diesen erst gar nicht aufgenommen werden.

3. Die aktienrechtliche Publizität im Sinne einer öffentlichen Rechenschaftslegung ist keine unnötige Belastung, die der Gesetzgeber gerade den sich in der Rechtsform der Aktiengesellschaft betätigenden Unternehmungen auferlegt hat, sondern eine für diese Gesellschaftsform existentiell notwendige Einrichtung, auf die unter keinen Umständen verzichtet werden kann. Dies gilt in gleicher Weise für die Publizität des Sonderprüfungsberichts, denn auch die Berichterstattung über eine Sonderprüfung ist ein — sogar sehr bedeutsames — Glied in der Kette der Informationen, die nach dem Willen des Gesetzgebers den Außenstehenden über das Geschehen in der Gesellschaft zukommen. Die Eigenheit der Publizität, daß sie nur einheitlich ausgeübt werden kann,

bringt es mit sich, daß, je nachdem, nach den Bedürfnissen welcher Interessengruppe sie ausgerichtet ist, gewisse Gruppen von Außenstehenden entweder zu ungenau unterrichtet werden oder aber durch die Publizität Dinge in Erfahrung bringen, die, gemessen an ihrem legitimen Interesse, weit über das erforderliche Maß hinausgehen. Da sich, wie wir gesehen haben, die Publizität des Sonderprüfungsberichts an den Interessen der Aktionäre, also der mit der Gesellschaft am engsten verbundenen outsider-Gruppe, ausrichtet, trifft für sie die zweite der oben aufgezeigten Alternativen zu.

Auch wenn man nun die Nachteile, die der Gesellschaft durch die Publizität erwachsen können, nicht überbewerten darf, so kann doch, gerade im Hinblick darauf, daß es überwiegend spezielle betriebliche Einzelheiten sein werden, die in einem Sonderprüfungsbericht zur Sprache kommen, eine Schädigung der Interessen der Gesellschaft nicht gänzlich ausgeschlossen werden. Dies bedeutet aber, daß für den Umfang der Berichterstattung über die aktienrechtliche Sonderprüfung eine Grenze besteht und daß diese für jeden einzelnen Fall durch eine Abwägung des der Gesellschaft durch die Veröffentlichung entstehenden Schadens mit dem mit der Veröffentlichung für die Berichtsempfänger verbundenen Nutzen gesondert zu ermitteln ist.

Dies ist nun auch genau die Lösung, die das Gesetz von 1937 für den vorliegenden Interessenkonflikt vorgesehen hat. Die in § 121 Abs. 3 Satz 2 AktG 1937 enthaltene sog. Schutzklausel gebot dem Prüfer, Tatsachen, deren Aufnahme in den Bericht nach seinem pflichtgemäßen Ermessen überwiegende Belange der Gesellschaft oder eines beteiligten Unternehmens oder der gemeine Nutzen von Volk und Reich entgegenstanden, in seiner Berichterstattung unerwähnt zu lassen. Diese Schutzklausel wurde im Aktiengesetz von 1965 ausdrücklich fallengelassen. § 145 Abs. 4 Satz 2 bestimmt statt dessen, daß auch Tatsachen, deren Bekanntwerden geeignet ist, der Gesellschaft oder einem verbundenen Unternehmen einen nicht unerheblichen Nachteil zuzufügen, in den Prüfungsbericht aufgenommen werden müssen, wenn ihre Kenntnis zur Beurteilung des zu prüfenden Vorgangs durch die Hauptversammlung erforderlich ist. Wir wollen im folgenden Kapitel III darlegen, auf welche Weise durch diese Regelungen der beiden Gesetzgebungswerke der positive Umfang des Sonderprüfungsberichts eine Begrenzung erfahren hat bzw. erfährt.

III. Die Schutzklausel als Bestimmungsfaktor für den Umfang des Sonderprüfungsberichts (negative Determinierung)

Der ausdrückliche Verzicht des Aktiengesetzes von 1965 auf die im Gesetz von 1937 enthaltene Schutzklausel bedeutet nicht, wie man auf den ersten Blick annehmen könnte, daß der Gesetzgeber von 1965 bei der Lösung des oben dargestellten Interessenkonfliktes völlig neue Wege beschritten hat. Es wird sich vielmehr, wie bereits in der Einführung kurz angedeutet, herausstellen, daß die derzeit gültige Regelung von 1965 nur auf dem Hintergrund der Schutzklausel des Gesetzes von 1937 richtig verstanden werden kann. Wir wollen daher im folgenden so vorgehen, daß wir zunächst die besagte Schutzklausel auf ihre Bedeutung für den Umfang des Sonderprüfungsberichts hin analysieren und dann beurteilen, welche Veränderungen sich durch die spezifische Regelung des neuen Aktiengesetzes ergeben haben.

Die Schutzklausel des § 121 Abs. 3 Satz 2 des Aktiengesetzes vom 30. 1. 1937 zerfällt in zwei Teile. Dabei besagt der erste Teil, daß die Prüfer in den Bericht nicht aufnehmen dürfen, was der Vorstand ihnen unter Hinweis auf eine ihm im Interesse des gemeinen Nutzens von Volk und Reich auferlegte Geheimhaltungspflicht mitteilt. Diese Bestimmung ist nach der herrschenden Meinung als eine praktische „Weitergabe der Geheimhaltung an die Sonderprüfer"[1] zu verstehen. Ein Geheimhaltungsrecht des Vorstandes gegenüber dem Sonderprüfer ist damit ausgeschlossen[2]. Im allgemeinen wird „die glaubhafte Erklärung des Vorstands, daß ihm eine Pflicht zur Geheimhaltung auferlegt worden ist, (genügen), um die Pflicht der Prüfer zur Nichtaufnahme des Umstands in den Bericht auszulösen"[3]. Wenn jedoch „die Natur der mitgeteilten Tatsachen nicht das Bestehen einer Geheimhaltungspflicht nahelegt, werden die Prüfer berechtigt sein, vom Vorstand nähere Aufklärung über die angebliche Geheimhaltungspflicht zu verlangen"[4]. Insoweit wird man also von einer Nachprüfungspflicht der Sonderprüfer sprechen können[5]. Im übrigen ist der erste Teil der Schutzklausel für

---

[1] *Adler-Düring-Schmaltz,* a.a.O., § 135 Tz. 260.

[2] Vgl. *von Gleichenstein,* a.a.O., S. 763; *von Godin-Wilhelmi,* a.a.O., § 121 Anm. 5.

[3] *Schlegelberger-Quassowski,* a.a.O., § 121 Anm. 5.

[4] *Gadow-Heinichen,* a.a.O., Bd. 1, § 121 Anm. 3.

[5] Vgl. auch *Ritter,* Carl: Kommentar zum Aktiengesetz, 2. Aufl., Berlin und München 1939, § 121 Anm. 4 b aa.

den Sonderprüfer relativ problemlos[6]. Wir brauchen daher nicht weiter auf ihn einzugehen.

Größere Schwierigkeiten bereitet demgegenüber der zweite Teil der Schutzklausel. Danach dürfen solche Tatsachen in den Sonderprüfungsbericht nicht aufgenommen werden, deren Aufnahme nach pflichtmäßigem Ermessen der Prüfer überwiegende Belange der Gesellschaft oder eines beteiligten Unternehmens oder der gemeine Nutzen von Volk und Reich entgegenstehen. „Hier ist also der Hinweis des Vorstands auf eine geheimhaltungspflichtige Tatsache nicht erforderlich. Unabhängig davon, ob sie vom Vorstand darauf hingewiesen werden oder nicht, müssen die Sonderprüfer aus eigenem pflichtgemäßem Ermessen entscheiden[7].“ Diese Entscheidung wird aber nun auf keinen Fall so zu fällen sein, daß die Interessen der Gesellschaft immer den Vorrang haben[8]. Vielmehr wird, wie bereits erwähnt, stets eine Abwägung der gegensätzlichen Interessen stattfinden müssen. Die Frage ist nur, wie diese Interessenabwägung im Einzelfall vorzunehmen ist. Die vielfach in der Literatur vertretene Auffassung, daß eine Anwendung der Schutzklausel nur dann in Frage kommt, wenn die Offenlegung der Gesellschaft mehr schadet, als die Kenntnis den Aktionären und Gläubigern nützt[9], kann lediglich als eine Umschreibung des Problems angesehen werden. Eine praktikable Lösung stellt sie nicht dar. Wir wollen im folgenden den Versuch unternehmen, eine derartige Lösung zu finden. Dazu wird es erforderlich, die Schutzklausel zunächst auf ihren rechtlichen Gehalt zu untersuchen.

A. Der rechtliche Charakter der Schutzklausel

1. Die Bedeutung unbestimmter Normen in der Rechtsordnung

„Das Recht ist die jeweils in einer bestimmten Rechtsgemeinschaft als verbindlich gewußte Ordnung menschlichen Zusammenlebens unter der Anforderung der Gerechtigkeit[1].“ Diese als verbindlich gewußte Ordnung oder, anders ausgedrückt, das, was die Rechtswissenschaft als das „geltende Recht“ ansieht, geht aber nun über die Summe der kodifizierten Rechtssätze, das Normensystem, weit hinaus. Unter dem gelten-

---

[6] Vgl. *Adler-Forster*, a.a.O., S. 359; *Klinger*, Karl, a.a.O., S. 157; *Bordt*, Karl, a.a.O., S. 191.

[7] *Adler-Düring-Schmaltz*, a.a.O., § 135 Tz. 261.

[8] In diesem Sinne äußert sich *Wirtz*, Carl: Die Pflichtprüfung der Aktiengesellschaft, in: Die BW, 30. Jahrgang (1937), Heft 4/5, S. 126.

[9] Vgl. z. B. *Adler-Düring-Schmaltz*, a.a.O., § 135 Tz. 262; *Hertlein-Meisner:* Abschluß und Prüfung der Unternehmungen, 4. Aufl., Wiesbaden 1956, S. 251.

[1] *Larenz*, Karl: Methodenlehre der Rechtswissenschaft, Berlin-Göttingen-Heidelberg 1960, S. 144.

den Recht hat man nämlich „das in der *Anwendung* befindliche (nicht das von seiner Anwendung getrennt gedachte), durch Rechtswissenschaft und Rechtsprechung fortgebildete und ständig in der Fortbildung begriffene Ganze von Normen, Entscheidungsmaximen und als richtungsweisend angesehenen Urteilen" zu verstehen[2]. Dafür, daß die Gesamtheit des geschriebenen Rechts nicht in der Lage ist, den Inhalt der Rechtsordnung erschöpfend zu bestimmen, sind im wesentlichen zwei Faktoren verantwortlich zu machen: einmal das beschränkte Anschauungsvermögen des Gesetzgebers und zum anderen die Unzulänglichkeit der ihm zu Gebote stehenden Ausdrucksmittel[3].

Bei der Übermittlung der Vorstellungen des Gesetzgebers über das, was rechtens sein soll, hat sich dieser der Sprache zu bedienen. Dies bedeutet, daß er seine Vorstellungen bestimmten Rechtsbegriffen anvertrauen muß, in der Hoffnung, daß diejenigen, an die sich das Gesetz richtet, den einzelnen Rechtsbegriffen die gleichen Vorstellungen wieder entnehmen. Dies muß jedoch keineswegs zwingend der Fall sein. „Die Wörter sind (nämlich) in hohem Maße vieldeutig und namentlich ihre Bedeutungen ungemein dehnbar. Dies hängt damit zusammen, daß Gebrauch und Verstehen der Sprache sachliches Wissen, sachliches Verständnis und eigenes Mitdenken verlangen, dieses Wissen, Verständnis und Denken als etwas Einheitliches sich aber nicht ohne Willkür in sprachliches und sachliches trennen läßt. Wie die psychologische Wortforschung außerdem gezeigt hat, sind die beim natürlichen Sprechen mit den Worten verbundenen Vorstellungen individuell und bei demselben Individuum zu verschiedenen Zeiten sehr verschieden[4]." Diese Unbestimmtheit der Begriffe — man spricht häufig von einem gesicherten „Begriffskern" und einem „Begriffshof", in welchem die Bedeutung des Begriffes nicht mehr zweifelsfrei festgestellt werden kann[5] — führt nun dazu, daß jede gesetzliche Vorschrift von vornherein mit Unsicherheit behaftet ist. Die Aufgabe des Richters ist es nun, diese Unsicherheit zu beseitigen.

---

[2] *Larenz*, Karl, a.a.O., S. 148; Hervorhebung vom Verfasser.

[3] Vgl. *Heck*, Philipp: Gesetzesauslegung und Interessenjurisprudenz, in: AcP, Bd. 112 (1914), Heft 1, S. 20 f.; derselbe: Das Problem der Rechtsgewinnung, 2. Aufl., Tübingen 1932, S. 6 f.

[4] *Keller*, Adolf: Die Kritik, Korrektur und Interpretation des Gesetzeswortlautes, Winterthur 1960, S. 256 f.; vgl. auch derselbe, a.a.O., S. 39 ff.; *Müller-Erzbach*, Rudolf: Die Relativität der Begriffe und ihre Begrenzung durch den Zweck des Gesetzes, Abdruck aus: Jherings Jahrbücher für die Dogmatik des bürgerlichen Rechts, Bd. 61 (= Bd. 25 der 2. Folge), Jena 1913, S. 31 f.; *Arndt*, Adolf: Gesetzesrecht und Richterrecht, in: NJW, 16. Jahrgang (1963), Heft 29, S. 1283.

[5] Vgl. z. B. *Jesch*, Dietrich: Unbestimmter Rechtsbegriff und Ermessen in rechtstheoretischer und verfassungsrechtlicher Sicht, in: AöR, 82. Band (43. Band der neuen Folge) (1957), Heft 2/3, S. 171 f.

Weiterhin ist es die Vielgestaltigkeit des Lebens, das immer neue, im einzelnen nicht voraussehbare Tatbestände hervorbringt, eine Vielgestaltigkeit, die es dem Gesetzgeber unmöglich macht, alle vorkommenden Fälle kasuistisch zu regeln. „Er muß daher seine Zuflucht zu allgemeinen Begriffen nehmen, die so umfassend sind, daß sie die ganze Fülle der Erscheinungen zu decken vermögen[6].“ Auch die durch dieses „beschränkte Anschauungsvermögen“ des Gesetzgebers in das Gesetz hineingetragene Unbestimmtheit hat der Richter mit Hilfe einer verständigen Auslegung auszugleichen.

Je weiter der Anwendungsbereich dieser unbestimmten Normen, wie wir sie nennen möchten, aber nun gesteckt ist, desto mehr gerät die Einhaltung eines anderen Grundgebotes jeder Rechtsordnung in Gefahr, nämlich des Gebots der Rechtssicherheit[7]. Der nach dem Aufbau unserer Staats- und Rechtsordnung unvermeidlichen Freiheit des Richters bei der Gesetzesinterpretation steht die verfassungsrechtlich geforderte notwendige Bindung an das Gesetz und damit an die Gesetzesbegriffe gegenüber[8]. Trotzdem bringt die aus praktischen Gründen unvermeidliche Verwendung von unbestimmten Normen — Liver spricht von „Grundsatz-Normen“[9], Engisch vom „ius aequum“ oder „Billigkeitsrecht“[10] — auch einen erheblichen Vorteil mit sich. Mit ihrer Hilfe wird es dem Gesetz nämlich ermöglicht, sich fortgesetzt den sich ständig wandelnden Anforderungen des Lebens anzupassen. Die unbestimmten Normen sind gleichsam die „Einfallstore neuer Rechtsüberzeugungen“. „Sie fordern den Richter zu elastischer Anpassung auf und sollen ihm dabei helfen, das Recht mit den Bedürfnissen und dem Rechtsbewußtsein der Gegenwart in Einklang zu bringen[11].“ Der sicherlich nicht zu unterschätzenden Gefahr, daß sie „zur Verweichlichung, Rechtsunsicherheit und Willkür führen“, sollten Rechtsprechung und Wissenschaft „durch besonnene Herausarbeitung typischer Tatbestände und entsprechende Verfeinerung und Differenzierung“[12] zu begegnen in der

---

[6] *Rothe*, Gerhard: Richterliches Ermessen und Gestaltungswirkung, in: AcP, Bd. 151 (1950/51), Heft 1, S. 40; vgl. auch *Larenz*, Karl, a.a.O., S. 189 f.

[7] Vgl. *Boehmer*, Gustav: Grundlagen der bürgerlichen Rechtsordnung, 2. Buch, 2. Abteilung: Praxis der richterlichen Rechtsschöpfung, Tübingen 1952, S. 73; *Wieacker*, Franz: Zur rechtstheoretischen Präzisierung des § 242 BGB, Tübingen 1956, S. 10.

[8] Vgl. *Jesch*, Dietrich, a.a.O., S. 171.

[9] Vgl. *Liver*, Peter: Der Wille des Gesetzes, Bern 1954, S. 6.

[10] Vgl. *Engisch*, Karl: Einführung, a.a.O., S. 131.

[11] *Dahm*, Georg: Deutsches Recht, 2. Aufl., Stuttgart 1963, S. 47; vgl. auch *Staudinger-Weber*: Kommentar zum Bürgerlichen Gesetzbuch, II. Band: Schuldverhältnisse, 1. Teil, 10. Aufl., Berlin-München-Leipzig (o. J.), S. 100.

[12] *Staudinger-Brändl*: Kommentar zum Bürgerlichen Gesetzbuch mit Einführungsgesetz und Nebengesetzen, I. Band: Allgemeiner Teil, 11. Aufl., Berlin 1957, S. 38.

Lage sein. Daß ihnen dies bisher gelungen ist, zeigt die Beobachtung von Enneccerus-Nipperdey, daß im Privatrecht ein allmählicher Übergang „von schroffen, starren Regeln ... zu schmiegsamen, elastischen Normen“[13] zu beobachten ist.

Wir können festhalten, daß sich die Schwierigkeiten, die es vielfach bereitet, das vom Gesetzgeber gesetzte Recht im Einzelfall zur Anwendung zu bringen, einmal aus der Unvollkommenheit des sprachlichen Ausdrucks ergeben, zum anderen aber auch dadurch, daß der Gesetzgeber bewußt nur eine sehr allgemeine Maxime aufgestellt hat, um dadurch der Gefahr zu entgehen, von der Entwicklung der tatsächlichen Verhältnisse allzu schnell überholt zu werden. Während der erste Grund für die Unbestimmtheit des geschriebenen Rechts für alle Normen gleichermaßen gilt, trifft der zweite Grund naturgemäß nur für einen Teil zu, eben die unbestimmten Normen, zu denen auch die hier zu behandelnde Schutzklausel zählt. Unter diesen unbestimmten Normen kann man nun die sog. „unbestimmten Rechtsbegriffe“, die „Ermessensnormen“ und die „Generalklauseln“ unterscheiden. Um über die Auslegung der in Frage stehenden Schutzklausel nähere Aussagen machen zu können, ist es erforderlich, zunächst die verschiedenen Arten von unbestimmten Normen darzustellen und zu bestimmen, wo die Schutzklausel einzuordnen ist.

2. Die Arten unbestimmter Normen

a) Die Normen mit unbestimmten Rechtsbegriffen

Die Bestimmung dessen, was unter einem unbestimmten Rechtsbegriff zu verstehen ist, fällt nicht leicht. Wie wir oben bereits ausgeführt haben, ist es nämlich eine Eigeneit der Sprache, daß die Begriffe, derer sie sich bedient, einen verschiedenen Inhalt haben können, je nachdem, in welchem Zusammenhang, mit welcher Betonung, von wem und zu welcher Zeit sie gebraucht wurden. Wir sprachen davon, daß alle Begriffe, also auch diejenigen, die als bestimmte Rechtsbegriffe angesehen werden, einen festen, gesicherten „Begriffskern“ und einen unsicheren, diffusen „Begriffshof“ aufweisen, in welchem keine zweifelsfreie Aussage mehr darüber möglich ist, welche Vorstellungen der Verwender des Begriffs zum Ausdruck bringen wollte. Man könnte nun daran denken, als unbestimmt diejenigen Rechtsbegriffe zu bezeichnen, bei denen der Gesetzgeber bewußt auslegungsbedürftige Normen geschaffen hat, während es sich bei den bestimmten Rechts-

[13] *Enneccerus-Nipperdey:* Lehrbuch des Bürgerlichen Rechts, Bd. 1: Allgemeiner Teil des Bürgerlichen Rechts, 1. Halbband, 15. Aufl., Tübingen 1959, S. 304 ff.

begriffen um solche handeln würde, die nach der Absicht des Gesetzgebers einen ganz bestimmten Inhalt haben sollten, durch die Unvollkommenheit der Sprache aber dennoch mit Unsicherheit behaftet sind[14].

Dieses subjektive Kriterium der Willensrichtung des Gesetzgebers läßt sich aber für eine brauchbare Abgrenzung kaum verwenden. Es würde dazu führen, daß der Gesetzgeber, wenn man unterstellt, daß er die Auslegungsbedürftigkeit aller Begriffe erkannt hat, woran kein Zweifel bestehen kann, überhaupt nur unbestimmte Rechtsbegriffe geschaffen hat. Es bleibt daher nichts anderes übrig, als bestimmte und unbestimmte Rechtsbegriffe graduell voneinander abzugrenzen. Unbestimmte — oder eigentlich besser unbestimmtere — Rechtsbegriffe sind demnach dadurch gekennzeichnet, „daß bei ihnen der Begriffshof ungewöhnlich groß und diffus ist und der Kernbereich im Vergleich dazu außerordentlich klein“[15]. Dies ist beispielsweise der Fall bei Begriffen wie „wichtiger Kündigungsgrund“, „unbedeutender Wert“, „unzüchtig“, „öffentliches Interesse“, „Sachkunde“, „anständige Baugesinnung“, „öffentliche Sicherheit und Ordnung“, „gemeines Wohl“ usw.[16].

Diese sog. unbestimmten Rechtsbegriffe — gelegentlich auch dehnbare, allgemeine, weitgefaßte oder elastische Begriffe genannt[17] — treten grundsätzlich in allen Bereichen des Rechts in Erscheinung. Zu besonderer Bedeutung sind sie jedoch auf dem Gebiet des Verwaltungsrechts gelangt, was dazu geführt hat, daß auch in der Rechtswissenschaft die Erforschung ihrer Bedeutung speziell für das Verwaltungsrecht im Vordergrund steht. Es ist zwar nicht zu verkennen, daß zwischen der Anwendung eines unbestimmten Rechtsbegriffs im Zivilrecht und im Verwaltungsrecht insofern ein Unterschied besteht, als sich die in seiner Auslegung streitenden Parteien des Zivilrechts gleichwertig gegenüberstehen und nur der Zivilrichter eine bindende Entscheidung herbeiführen kann, während im Verwaltungsrecht die Behörde selbst zunächst einmal über die Auslegung verbindlich entscheidet. Auch wenn sie sich über den Inhalt eines unbestimmten Rechtsbegriffs im Irrtum befindet, ist der erlassene Verwaltungsakt zunächst voll wirksam. Der Betroffene wird erst durch seine Anfechtung vor dem Verwaltungs-

---

[14] Vgl. *Reinicke*, Gerhard: Der Gerichtshof und unbestimmte Rechtsbegriffe, 1. Korreferat zu: *Werner von Simson:* Der Gerichtshof und unbestimmte Rechtsbegriffe, in: Zehn Jahre Rechtsprechung des Gerichtshofs der Europäischen Gemeinschaften, Bd. 1 der Kölner Schriften zum Europarecht, hrsg. vom Institut für das Recht der Europäischen Gemeinschaften der Universität Köln, Köln-Berlin-Bonn-München 1965, S. 418.

[15] *Jesch*, Dietrich, a.a.O., S. 177; vgl. auch *Enneccerus-Nipperdey*, a.a.O., S. 308 f.; *Reinicke*, Gerhard, a.a.O., S. 418.

[16] Vgl. *Jesch*, Dietrich, a.a.O., S. 165 f.

[17] Vgl. *Jesch*, Dietrich, a.a.O., S. 166 f.

gericht mit der Behörde gleichgestellt[18]. Trotzdem wird man die im Hinblick auf das Verwaltungsrecht entwickelten Grundsätze über die Anwendung unbestimmter Rechtsbegriffe auch auf das Zivilrecht — in unserem Fall auf das Aktienrecht — sinngemäß übertragen können[19].

„Das eigentliche Problem des unbestimmten Rechtsbegriffs ist das, ob und unter welchen Voraussetzungen seine Unbestimmtheit der rechtsanwendenden Behörde einen Spielraum der Sachverhaltsbeurteilung überläßt, bei dessen Einhaltung die auf diese Beurteilung gestützte Entscheidung — sonstige Fehlerfreiheit vorausgesetzt — als rechtmäßig zu gelten hat, und zwar auch dann, wenn das überprüfende Gericht den Sachverhalt anders beurteilt[20].“ In dieser Frage wird man wohl nach wie vor die herrschende Meinung in der Literatur als dahingehend anzunehmen haben, daß für die Anwendung der Normen mit unbestimmten Rechtsbegriffen das gleiche gilt wie für die Anwendung bestimmter Normen, nämlich, „daß der Idee nach nur *eine*, sich aus dem Sinn und Zweck der betreffenden Regelung oder nötigenfalls aus der unter Zuhilfenahme allgemeiner Rechtsgrundsätze und außerrechtlicher Wertungen erfolgten Interpretation des Begriffs ergebende Entscheidung richtig (rechtmäßig) sein kann und jede andere falsch sein muß“[21].

Gegen diese noch immer als herrschend zu bezeichnende Auffassung sind jedoch schon von verschiedenen Seiten Bedenken geäußert worden. So schreibt beispielsweise Reinicke, daß bei der Anwendung unbestimmter Rechtsbegriffe die Feststellung, welche Interessen zur Bildung des Gebotsinhalts geführt haben, allein nicht zum Ziele führen wird. Die Gebotsvorstellungen des Gesetzgebers müßten vielmehr in vielen Fällen ergänzt, manchmal auch berichtigt und fortentwickelt werden. „Dies führt häufig nicht zu einem allein richtigen Ergebnis, sondern

---

[18] Vgl. *Ule*, Carl Hermann: Zur Anwendung unbestimmter Rechtsbegriffe im Verwaltungsrecht, in: Forschungen und Berichte aus dem öffentlichen Recht, Bd. 6 der Veröffentlichungen des Instituts für Staatslehre und Politik e. V., Mainz, Gedächtnisschrift für Walter Jellinek, hrsg. von Otto Bachof u. a., 2. Aufl., München 1955, S. 325 f.

[19] In der älteren Literatur wurde sogar die Auffassung vertreten, der Sonderprüfer sei eine Art Staatsorgan und stehe in einem beamtenähnlichen Verhältnis zur Gesellschaft, ähnlich wie dies für den Gründungsprüfer auch heute noch angenommen wird. Dieser Ansicht wird man jedoch nicht folgen können. Vgl. hierzu insbesondere *Bordt*, Karl, a.a.O., S. 126 ff.

[20] *Bachof*, Otto: Beurteilungsspielraum, Ermessen und unbestimmter Rechtsbegriff im Verwaltungsrecht, in: JZ, 10. Jahrgang (1955), Heft 4, S. 98; Hervorhebungen nicht wiedergegeben.

[21] *Enneccerus-Nipperdey*, a.a.O., S. 309; dort weitere Nachweise. Vgl. auch *Stern*, Klaus: Ermessen und unzulässige Ermessensausübung, Heft 4 der Studien und Gutachten aus dem Institut für Staatslehre, Staats- und Verwaltungsrecht der Freien Universität Berlin, Berlin 1964, S. 19; *Forsthoff*, Ernst: Lehrbuch des Verwaltungsrechts, 1. Band: Allgemeiner Teil, 9. Aufl., München und Berlin 1966, S. 81.

läßt oft die Feststellung gerechtfertigt erscheinen, daß mehrere Auslegungsmöglichkeiten richtig sein können[22]."

Wenn man nun auch sicherlich nicht so weit wird gehen können, für die Auslegung unbestimmter Rechtsbegriffe geradezu ein Wahlrecht anzunehmen, so wird man der in diesem Zusammenhang entwickelten „Lehre vom Beurteilungsspielraum"[23] doch Beachtung schenken müssen. Sie geht davon aus, daß innerhalb bestimmter Grenzen der Auslegung eines unbestimmten Rechtsbegriffs ein gewisser Spielraum für die Beurteilung eingeräumt sein kann[24]. Solange sich die Auslegung in diesem Fall innerhalb des nicht nur subjektiv, sondern auch objektiv möglichen Beurteilungsspielraums bewegt, „wird man kaum von einer richtigen oder falschen Beurteilung, sondern nur von verschiedenen möglichen ‚Ansichten' sprechen können"[25]. Erst wenn diese Grenzen überschritten werden, ist die Auslegung „offensichtlich unrichtig" und verstößt somit gegen das Gesetz[26].

Hinsichtlich der Frage, wann bei der Auslegung eines unbestimmten Rechtsbegriffs ein Beurteilungsspielraum anzunehmen ist, wird eine genauere Aussage ermöglicht, wenn man die unbestimmten Rechtsbegriffe weiter unterteilt in sog. Wertbegriffe und Erfahrungsbegriffe[27]. Dabei ist unter einem Wertbegriff ein Begriff zu verstehen, bei dem der Gesetzgeber eine rechtliche Wertung ausgesprochen hat, die bei der Auslegung entsprechend nachzuvollziehen ist, wie dies beispielsweise beim Begriff „anständige Baugesinnung" der Fall ist, während unter einem Erfahrungsbegriff ein Begriff zu verstehen ist, bei dem der Gesetzgeber auf eine Beurteilung nach objektiven Erfahrungsgrundsätzen abstellt, wie z. B. bei der Bestimmung, daß von einem zu errichtenden Gebäude keine „Gefahr" für die Verkehrsteilnehmer ausgehen dürfe.

Ein Beurteilungsspielraum im obigen Sinne wird nun vor allem bei den Wertbegriffen anzunehmen sein. Aus der Tatsache, daß der Gesetzgeber einen so sehr auf subjektive Wertvorstellungen gegründeten Begriff verwendet, wird man schließen müssen, daß dem Auslegenden hier ein gewisser Spielraum eigener Beurteilung überlassen werden sollte. „Eine volle gerichtliche Überprüfung der ‚richtigen' Beurteilung

---

[22] *Reinicke*, Gerhard, a.a.O., S. 419.

[23] Zu den Vertretern dieser Lehre vgl. die umfangreichen Literaturangaben bei *Stern*, Klaus, a.a.O., S. 20, Fußnote 53.

[24] Daß dieser Spielraum nicht den gesamten „Begriffshof" umfaßt, sondern grundsätzlich nur einen Teil davon, weist *Jesch*, Dietrich, a.a.O., S. 221, nach.

[25] *Bachof*, Otto, a.a.O., S. 99.

[26] Vgl. *Dahm*, Georg, a.a.O., S. 64.

[27] Vgl. *Bachof*, Otto, a.a.O., S. 99 f; *Reuss*, Hermann: Der unbestimmte Rechtsbegriff. Seine Bedeutung und seine Problematik, in: DVBl. 68. Jahrgang des Reichsverwaltungsblattes (1953), Heft 21, S. 653.

könnte hier nur zu dem Erfolg führen, daß das überprüfende Gericht, ja sogar jede Gerichtsinstanz, ihre nicht weniger subjektiven Wertvorstellungen an die Stelle derjenigen der Behörde bzw. der Vorinstanzen setzen müßte, wodurch ein außerordentlicher Unsicherheitsfaktor in das ganze Verfahren getragen und letztlich niemandem gedient, insbesondere aber keine Gewähr für eine bessere Rechtsfindung gegeben wäre[28]."

Anders ist die Situation bei den Erfahrungsbegriffen. Hier wird in der Tat davon auszugehen sein, daß vom Gesetzgeber, „theoretisch betrachtet, nur eine einzige Lösung als richtig angesehen wird"[29]. Der Ermittlung dieser allein richtigen Entscheidung werden sich aber in der Praxis zahlreiche Hindernisse in den Weg stellen. Vor allem wird die Feststellung dessen, was im Einzelfall als objektive Lebenserfahrung zu gelten hat, häufig unüberwindliche Schwierigkeiten bereiten. Aus praktischen Gründen wird daher auch bei den Erfahrungsbegriffen das Vorhandensein eines Beurteilungsspielraums nicht gänzlich auszuschließen sein.

Die Lehre vom Beurteilungsspielraum darf aber nun nicht dahin führen, bei der Auslegung eines jeden unbestimmten Rechtsbegriffs leichtfertig einen gewissen, der gerichtlichen Nachprüfung entzogenen Bereich anzunehmen. Ausschlaggebend wird immer sein müssen, ob der Gesetzgeber tatsächlich die Schaffung eines unüberprüfbaren Beurteilungsspielraums beabsichtigte. Hat er „die ausdrückliche Bekundung einer solchen Absicht unterlassen, so muß bei Wertbegriffen darauf abgestellt werden, ob und inwieweit die ausgesprochenen Wertvorstellungen überhaupt so weit objektivierbar sind, daß sie nur eine einzige richtige Entscheidung als möglich erscheinen lassen. Bei Erfahrungsbegriffen kommt es darauf an, ob in der Praxis eine hinreichend eindeutige Beurteilung des Sachverhalts ... möglich ist"[30]. Grundsätzlich ist bei Schweigen des Gesetzes das Vorhandensein eines Beurteilungsspielraums die Ausnahme. „Die Vermutung spricht *gegen* einen solchen Spielraum. Sein Bestehen bedarf daher sorgfältiger Begründung[31]."

b) Die Ermessensnormen

Während bei den Normen mit unbestimmten Rechtsbegriffen dem Auslegenden nur in Ausnahmefällen ein Beurteilungsspielraum ein-

[28] *Bachof,* Otto, a.a.O., S. 99; Hervorhebungen nicht wiedergegeben.
[29] *Bachof,* Otto, a.a.O., S. 100.
[30] *Bachof,* Otto, a.a.O., S. 102; Hervorhebungen nicht wiedergegeben.
[31] *Bachof,* Otto, a.a.O., S. 102.

geräumt ist, kennt die Rechtsordnung aber auch Normen, bei denen dem Rechtsanwendenden innerhalb ganz bestimmter Grenzen *stets* eine gewisse Entschließungsfreiheit eingeräumt ist. Es handelt sich dabei um die sog. Ermessensnormen. Auch sie erlangen ihre größte Bedeutung auf dem Gebiet des Verwaltungsrechts, was aber nicht bedeutet, daß die mit besonderer Ausrichtung auf dieses Rechtsgebiet entwickelten Grundsätze ihrer Anwendung auf andere Gebiete, insbesondere auf solche des Privatrechts, von vornherein nicht übertragbar wären.

Die Konkretisierung eines unbestimmten Rechtsbegriffs ist, wie wir gesehen haben, ein actus cognoscendi, ein Erkenntnisakt, woraus sich ohne weiteres ergibt, daß es keine eigentliche Wahl zwischen mehreren Auslegungsmöglichkeiten gibt, „sondern mehr oder minder vollkommene oder unvollkommene Annäherung an die *eine* — und stets unabänderliche — Wahrheit, die gefunden zu haben, das Ergebnis ‚richtig' macht"[32]. Demgegenüber ist bei den Ermessensbegriffen der rechtsanwendenden Behörde vom Gesetz ausdrücklich ein bestimmter „freier Raum" für die Betätigung ihrer eigenen Initiative zugesprochen worden, was bedeutet, daß logischerweise nicht von einer richtigen oder unrichtigen, sondern nur von einer zulässigen bzw. unzulässigen Entscheidung gesprochen werden kann. Bewegt sich die Verwaltung mit ihrer Entschließung innerhalb der vom Gesetzgeber gezogenen Grenzen, so ist diese auf alle Fälle zulässig. Insoweit ist das Gesetz nicht bloß notgedrungen, sondern bewußt ausfüllungsfähig[33]. Die gerichtliche Überprüfung kann nicht dazu führen, daß das richterliche Ermessen an die Stelle des Verwaltungsermessens tritt.

Jede nähere Beschäftigung mit den durch die Ermessensbegriffe aufgeworfenen Rechtsfragen zeigt sehr bald, daß sowohl die Sprache des praktischen Rechtslebens als auch die Sprache unserer Gesetze unter dem Begriff des Ermessens zumindest zwei voneinander völlig wesensverschiedene Sachverhalte verstehen[34]. Einmal bezieht sich das Ermessen der Verwaltung nämlich auf die Beurteilung der Voraussetzungen ihres Handelns, ist ihr also eine gewisse Freiheit bei der Subsumtion eingeräumt, zum anderen bezieht sich das Ermessen auf das Handeln selbst, d. h. die Art und Weise des Tuns oder Unterlassens der Behörde ist für den Fall des Vorliegens vom Gesetz genau bestimmter Voraussetzungen ihrer eigenen Entschließung überlassen. Im ersteren Fall pflegt man auch von kognitivem Ermessen, Subsumtionsermessen,

---

[32] *Reuss*, Hermann: Das Ermessen. Versuch einer Begriffsklärung, in: DVBl, 68. Jahrgang des Reichsverwaltungsblattes (1953), Heft 18, S. 586.

[33] Vgl. *Stern*, Klaus, a.a.O., S. 21.

[34] Vgl. *Reuss*, Hermann: Das Ermessen. Versuch einer Begriffsklärung, a.a.O., S. 585.

Urteilsermessen oder Beurteilungsermessen zu sprechen, im zweiten Fall von volitivem Ermessen oder Handlungsermessen[35]. Schließlich wird gelegentlich auch noch in ein Tatbestands- und in ein Rechtsfolgeermessen unterschieden[36]. Da es jedoch in aller Regel so sein wird, daß das Urteilsermessen auf der Tatbestandsseite des Rechtssatzes und das Handlungsermessen auf der Rechtsfolgeseite angesiedelt sein wird, werden sich beide Begriffspaare zu einem sehr großen Teil decken.

„Die Verwendung des Wortes ‚Ermessen‘ für — zumindest zwei — völlig voneinander wesensverschiedene Begriffs-Substrate ist schon an sich ein Mißstand. Die hier aus sich ergebende Unzuträglichkeit wird aber noch gesteigert dadurch, daß durch die zweite Erscheinungsform des Ermessens, das sog. ‚kognitive‘ oder Urteils-Ermessen, die Grenzen zu dem typischen Gegenbegriff des ‚Ermessens‘, nämlich dem sog. ‚unbestimmten Rechtsbegriff‘, völlig verwischt werden[37].“ In der Tat besteht zwischen der Interpretation eines unbestimmten Rechtsbegriffs und der Betätigung eines Urteilsermessens kein großer Unterschied. Auch beim Urteilsermessen wird dem Urteilenden nämlich „nicht ein rechtlich nicht relevanter Spielraum für eigene Betätigung gewährt, sondern der Gesetzgeber hat nur auf die Konkretisierung der Norm verzichtet und betraut den Richter damit, die der Rechtsordnung kongruente Entscheidung bei der Beurteilung des Einzelfalles zu finden und damit den Einzel-Sachverhalt in die Gesamtheit der Rechtsordnung zu integrieren“[38].

Die in der Literatur immer mehr im Vordringen begriffene Meinung geht daher dahin, das kognitive Tatbestandsermessen ebenso zu behandeln wie den unbestimmten Rechtsbegriff und einen eigentlichen Ermessensbegriff nur noch im Fall des volitiven Rechtsfolgeermessens anzunehmen. So schreibt beispielsweise Jesch: „Verwaltungsermessen kann nur auf der Rechtsfolgeseite auftreten. Soweit die Behörde beurteilt, ob die rechtlichen Voraussetzungen für ihr Handeln gegeben sind ..., interpretiert sie Rechtsbegriffe, wendet aber kein Verwaltungsermessen an[39].“ Je nachdem, ob sich das Ermessen der Verwal-

---

[35] Vgl. *Bachof,* Otto, a.a.O., S. 98.

[36] Vgl. *Engisch,* Karl: Einführung, a.a.O., S. 116.

[37] *Reuss,* Hermann: Das Ermessen. Versuch einer Begriffsklärung, a.a.O., S. 586.

[38] *Flume,* Werner: Steuerwesen und Rechtsordnung, in: Rechtsprobleme in Staat und Kirche, Göttinger Rechtswissenschaftliche Studien, Bd. 3, Festschrift für Rudolf Smend, Göttingen 1952, S. 98. In diesem Sinne auch: *Bettermann,* Karl August: Verwaltungsakt und Richterspruch, in: Forschungen und Berichte aus dem öffentlichen Recht, Bd. 6. der Veröffentlichungen des Instituts für Staatslehre und Politik e. V., Mainz, Gedächtnisschrift für Walter Jellinek, hrsg. von Otto Bachof u. a., München 1955, S. 386.

[39] Vgl. *Jesch,* Dietrich, a.a.O., S. 208; vgl. auch *Bachof,* Otto, a.a.O., S. 98;

tung nun auf die Setzung oder Nichtsetzung einer Rechtsfolge erstreckt oder aber darauf, welche von mehreren Rechtsfolgen eintreten soll, spricht man von Entschließungs- bzw. Auswahlermessen[40].

Dieses sich in der Form des Entschließungs- und des Auswahlermessens darstellende volitive Rechtsfolgeermessen, das den „Prototyp"[41] einer Ermessensnorm darstellt und besagt, daß der Gesetzgeber der Rechtsanwendung innerhalb gewisser Grenzen freie Hand läßt bei der Entscheidung, ob überhaupt eine bzw. welche Rechtsfolge bei der Verwirklichung eines genau umrissenen Tatbestands eintreten soll, hat seinen Standort, wie bereits erwähnt, vornehmlich im Verwaltungsrecht. Dies erscheint auf den ersten Blick auch ganz natürlich, denn die Verwaltung, an die sich die Normen des Verwaltungsrechts ausschließlich richten, erscheint in besonderem Maße befähigt, den ihr eingeräumten Entscheidungsrahmen allein nach sachlichen, objektiven Gesichtspunkten auszufüllen. Anders ist es im Privatrecht. Hier sollen die Beziehungen zwischen gleichgestellten Rechtssubjekten untereinander geregelt werden, von denen jedes seine eigenen Interessen verfolgt. Die Regelung dieser Beziehungen durch Ermessensnormen erscheint als verfehlt, denn gerade dadurch würde man den Boden für die vielfältigsten Konflikte bereiten.

Nun gibt es aber auch im Zivilrecht Normen, die sich an einen, mit dem zu regelnden Einzelfall selbst in keiner Beziehung stehenden „neutralen" Dritten wenden. Dies ist z. B. bei allen Vorschriften der Fall, die sich mit dem Vorgehen von Prüfern befassen, also auch bei der zu untersuchenden Schutzklausel, die den Umfang der Berichterstattung des aktienrechtlichen Sonderprüfers zum Inhalt hat. Es ist nicht einzusehen, weshalb in diesem Fall die für das Gebiet des Verwaltungsrechts entwickelten Grundsätze der Ermessensbetätigung nicht — wenigstens grundsätzlich — auf das Privatrecht übertragbar sein sollten. In diesem Sinne äußert sich denn auch — allerdings noch etwas vorsichtig — Lerche, wenn er schreibt: „Allerdings werden in der wachsenden Anerkennung des Gleichbehandlungsgrundsatzes innerhalb der Rechtsverhältnisse privatrechtlicher Gemeinschaften Tendenzen spürbar, das Feld der E. s-Lehre (lies: Ermessenslehre, d. Verf.) unter Verwendung der im öffentlichen Recht benützten Maßstäbe auszuweiten. Davon ist die Frage zu unterscheiden, ob der Kreis der ‚Hoheitsträger' im Sinn der E. s-Definition (lies: Ermessensdefinition, d. Verf.) nicht

---

Dahm, Georg, a.a.O., S. 64 f.; *Stern,* Klaus, a.a.O., S. 23; dort (Fußnote 65) weitere Literaturnachweise.

[40] Vgl. *Stern,* Klaus, a.a.O., S. 22; zu den Einzelheiten vgl. *Obermayer,* Klaus: Das Verhaltensermessen der Verwaltungsbehörden, in: NJW, 16. Jahrgang (1963), Heft 27, S. 1179.

[41] *Jesch,* Dietrich, a.a.O., S. 205.

weiter gefaßt werden sollte, als es früheren Auffassungen entsprach. Durch die wachsende Übernahme staatlicher Aufgaben durch Interessenorganisationen, Parteien und Unternehmen mögen hier Erweiterungen zweckmäßig erscheinen[42]."

Wenn man davon ausgeht, daß somit die oben in der gebotenen Kürze dargestellte Ermessenslehre des öffentlichen Rechts grundsätzlich auch für die Tätigkeit des Sonderprüfers — cum grano salis — Geltung besitzen könnte, so erhebt sich die Frage, nach welchen Richtlinien, nach welchem Maßstab der Sonderprüfer sein Ermessen zu betätigen hätte, wenn im Fall der Schutzklausel tatsächlich eine Ermessensnorm anzunehmen wäre.

Hier ist es zunächst einmal das allgemein geltende Erfordernis, daß bei der Ausübung des Ermessens stets der Zweck des Gesetzes, die ratio legis, im Auge zu behalten ist. Alle sachfremden Erwägungen haben außer Betracht zu bleiben[43]. Daneben wird aber auch für eine eventuelle echte Ermessensbetätigung des Sonderprüfers das gelten, was in gleicher Weise für die Verwaltung gilt, nämlich, daß die unvermeidliche Subjektivität der Ermessenswaltung ihr Korrektiv in der Pflichtmäßigkeit der Ermessensausübung findet. „Dem Ermessen ist dadurch ein absolut verbindliches, qualitätsbezogenes Richtmaß eingestiftet. Handeln nach Ermessen bedeutet also nicht ein Handeln nach subjektivem Fürrichtighalten..., sondern Handeln nach der Rechtsordnung immanenten und objektiv zu ermittelnden Gerechtigkeitswerten[44]." Für die Prüfungen des Aktienrechts und damit auch für die Sonderprüfung bedeutet dies, daß der Prüfer den Ermessensspielraum in allen Fällen, in denen ihm bei seiner Entscheidung ein solcher eingeräumt ist, nach der herrschenden Berufsauffassung auszufüllen hat.

„Gerade in diesem ständigen Bemühen des Prüfers, in jedem Ermessensfalle seine Ermessensentscheidung mit der allgemeinen Berufsauffassung in Einklang zu bringen, liegen das spezifisch Pflichtmäßige seines Ermessens und die nötige Sorgfalt. Mit diesem Vorbehalt ist das pflichtgemäße Ermessen ebenso wie die Berufsauffassung Maxime der praktischen Durchführung der Prüfung, denn der Prüfer hat die Prüfung so durchzuführen und soweit auszudehnen, bis er im Sinne der Berufsauffassung und nach seinem pflichtgemäßen Ermessen zu der Überzeugung gelangt, daß er alles getan hat, um dem Zweck der Prüfung gerecht zu werden, und bis er ein Urteil darüber abgeben kann,

---

[42] *Lerche,* Peter: Ermessen, in: Staatslexikon, hrsg. von der Görres-Gesellschaft, 6. Aufl., 3. Band, Freiburg 1959, Sp. 13 f.

[43] Vgl. *Enneccerus-Nipperdey,* a.a.O., S. 309.

[44] *Stern,* Klaus, a.a.O., S. 17.

ob das Prüfungsobjekt ordnungs- und gesetzmäßig ist[45]." In Kapitel III., A., 3. werden wir sehen, ob es sich bei der in Frage stehenden Schutzklausel tatsächlich um eine Ermessensnorm handelt.

c) Die Generalklauseln

„Als Generalklausel bezeichnet man eine sehr allgemein gehaltene Norm zur Regelung vieler unvorhersehbarer, oft schwer bestimmbarer Sachverhalte[46]." Dabei ist jedoch entscheidend, daß es sich nicht um einen in den verschiedensten, für den Gesetzgeber nicht überschaubaren Spielarten auftretenden *bestimmten* Sachverhalt handelt, wie dies beim unbestimmten Rechtsbegriff der Fall ist, sondern um eine Vielzahl wesensmäßig vollkommen unterschiedlicher Sachverhalte, deren einziges gemeinsames Merkmal es ist, daß sie innerhalb eines bestimmten Rechtsgebiets unter keine Gesetzesnorm subsumiert werden können. In diesem Sinne ist wohl auch die Bemerkung von Peters zu verstehen, daß die Generalklausel „ein echter Rechtssatz, nicht bloß ein dehnbarer, der Rechtsanwendung Spielraum gewährender Rechtsbegriff"[47] ist.

Aber auch von der Ermessensnorm ist die Generalklausel verschieden, weil, wie wir gesehen haben, das echte Ermessen sich niemals auf die Tatbestandsseite bezieht. Hier ist von dem Auslegenden in jedem Fall nach den strengen Regeln der Subsumtion vorzugehen, so wie dies auch bei der Anwendung bestimmter Normen von ihm verlangt wird. Die Rechtsanwendung von Generalklauseln, deren Unbestimmtheit sich vorwiegend auf die Tatbestandsseite erstreckt, geht dagegen über die einfache Subsumtionsrechtsprechung weit hinaus. Sie setzt einmal die innere Verarbeitung der in den Generalklauseln enthaltenen Grundsätze und die Erfassung der diese Grundsätze bestimmenden Welt- und Rechtsanschauung voraus, zum anderen aber auch die Fähigkeit, aus der Erkenntnis dieser Grundsätze die rechtliche Nutzanwendung für den einzelnen Fall zu ziehen. Bei der Anwendung von Generalklauseln muß der Richter daher in hohem Maße die rechtspolitische Tendenz erst auf Grund der Kenntnis und Erkenntnis des Willens des Gesetzgebers erforschen oder, besser gesagt, erfühlen[48].

---

[45] *Pougin*, Erwin, a.a.O., S. 33; vgl. *Schulze zur Wiesch*, Dietrich Wilhelm, a.a.O., S. 14 f.

[46] *Peters*, Hans: Generalklausel, in: Staatslexikon, hrsg. von der Görres-Gesellschaft, 3. Band, 6. Aufl., Freiburg 1959, Sp. 740.

[47] *Peters*, Hans, a.a.O., Sp. 741; vgl. auch *Hedemann*, Justus Wilhelm: Die Flucht in die Generalklauseln. Eine Gefahr für Recht und Staat, Tübingen 1933, S. 53.

[48] Vgl. *Staudinger-Weber*, a.a.O., S. 103.

Während also die Ermessensnormen der Rechtsanwendung hinsichtlich des Eintritts der Rechtsfolge innerhalb ganz bestimmter Grenzen und beim Vorliegen ganz bestimmter Voraussetzungen einen Handlungsspielraum einräumen, soll die Generalklausel — wie etwa der Grundsatz von Treu und Glauben und der Grundsatz, daß aus sittenwidrigen Rechtsgeschäften keine Rechtsfolgen hergeleitet werden können — eine Richtlinie darstellen, mit deren Hilfe nicht nur eine gewisse Gruppe von in den verschiedensten Spielarten auftretenden Sachverhalten rechtlich erfaßbar wird, sondern aus einem ganzen Rechtsgebiet alle die Fälle einer Lösung zugeführt werden, die weder mit Hilfe der bestimmten noch mit Hilfe der unbestimmten Normen (in der Form der Normen mit unbestimmten Rechtsbegriffen und der Ermessensnormen) dieses Rechtsgebiets zu entscheiden sind.

3. Die Klassifizierung der Schutzklausel

Aus dem oben Gesagten wird ohne weiteres ersichtlich, daß die den Umfang des Sonderprüfungsberichts in negativer Weise abgrenzende Schutzklausel des Aktiengesetzes von 1937 keine Generalklausel darstellt. Der Anwendungsbereich der Schutzklausel beschränkt sich auf die Gestaltung des Sonderprüfungsberichts, während es gerade das Charakteristikum der Generalklausel ist, daß sie innerhalb eines bestimmten Rechtsgebiets keinen derartigen genau definierbaren Anwendungsbereich besitzt.

Es bleibt demnach die Frage zu klären, ob es sich bei der Schutzklausel etwa um eine Ermessensnorm handelt, worauf insbesondere die Bestimmung des Gesetzes, daß der Prüfer nach „pflichtmäßigem Ermessen" zu entscheiden hat, hindeuten könnte. Ein Blick in die einschlägige Literatur zeigt, daß diese Frage bisher ausschließlich im Hinblick auf die Auskunftserteilung des Vorstands in der Hauptversammlung diskutiert worden ist. Da jedoch die Vorschrift des § 112 Abs. 3 AktG 1937 nahezu wörtlich mit der Schutzklausel beim Sonderprüfungsbericht übereinstimmt, wird man die im Zusammenhang mit der Auskunftserteilung getroffenen Feststellungen unmittelbar auf die Schutzklausel übertragen können. Dies bringt denn auch Wolany klar zum Ausdruck, wenn er ausführt: „‚Pflichtmäßiges Ermessen' bedeutet seinem unmittelbaren Inhalt nach in der Vorschrift des § 112 Abs. 3 S. 2 dasselbe wie in der Bestimmung des ... § 121 Abs. 3 S. 2 ...[49]"

---

[49] *Wolany*, Josef: Zu den Grundlagen und Grenzen des Auskunftsrechts des Aktionärs, in: Die AG, 4. Jahrgang (1959), Sonderbeilage zu Heft 12, S. 13; vgl. auch *Obermüller*, Walter: Der Sonderprüfer im geltenden und im neuen Aktienrecht, in: BB, 17. Jahrgang (1962), Heft 14, S. 546.

Hinsichtlich der die Auskunftspflicht des Vorstands begrenzenden Vorschrift des § 112 Abs. 3 wird nun in der Tat verschiedentlich die Auffassung vertreten, daß es sich hier um eine Ermessensnorm handelt. So schreibt beispielsweise Reinicke: „Ob der Gesellschaft durch die Auskunftserteilung eine nicht unerhebliche Gefahr droht, ist nicht lediglich eine Tatsache, die ‚objektiv' festgestellt werden könnte. Sie ist fast durchweg eine Wertungsfrage. Sie hängt entscheidend von dem für erforderlich gehaltenen Maß an Vorsicht ab. Dies ist naturgemäß subjektiv bestimmt, mit anderen Worten ausgedrückt, die Entscheidung des Vorstands ist weitgehend eine Ermessensentscheidung[50]."

Bei entsprechender Anwendung auf den Sonderprüfungsbericht ergäbe sich, daß die Entscheidung darüber, was in den Bericht aufzunehmen ist und was nicht, ausschließlich in den Händen des Sonderprüfers liegen würde. Sein ganz persönliches Urteil wäre bereits die endgültige Entscheidung über den Umfang des Sonderprüfungsberichts. Eine richterliche Nachprüfung käme nur insofern in Betracht, als die Nichtaufnahme eines bestimmten Umstands in den Bericht einen Ermessensmißbrauch darstellen würde, wobei allerdings als solcher nicht nur eine auf Willkür oder auf sachfremden Erwägungen beruhende Entscheidung anzusehen wäre, sondern auch eine offensichtlich unzutreffende Abwägung der beiderseitigen Interessen[51]. Ebenso wird ein Nichtberichten aus Rechtsgründen immer in vollem Umfang nachprüfbar sein[52]. Es liegt auf der Hand, daß für den Fall, daß in der Schutzklausel des Sonderprüfungsberichts tatsächlich eine Ermessensnorm zu erblikken wäre, eine wissenschaftliche Behandlung der durch sie aufgeworfenen Problematik überhaupt in Frage gestellt wäre, da die hierfür unerläßliche Objektivierbarkeit in hohem Maße nicht gegeben sein würde.

Nun fehlt es aber nicht an Stimmen, die darauf aufmerksam machen, daß die oben angeführte Auffassung erheblichen Bedenken begegnet. Insbesondere wird darauf hingewiesen, „daß der Vorstand (resp. der Sonderprüfer, d. Verf.) nach der angeführten Vorschrift über das Vorliegen einer Rechts-‚Voraussetzung' zu entscheiden hat, so daß unter Anwendung der verwaltungsrechtlichen Terminologie das ihm zugestandene Ermessen als ‚kognitives' Ermessen anzusprechen wäre"[53]. In

---

[50] *Reinicke*, Gerhard: Das Auskunftsrecht des Aktionärs, in: Beiträge zur Aktienrechtsreform, hrsg. von Hans Hengeler, Heidelberg 1959, S. 135; vgl. auch *Forsthoff*, Karl, a.a.O., S. 76 ff.

[51] Vgl. Urteil des BGH vom 7. April 1960, in: BGHZ 32, 159 ff.; *Baumbach-Hueck*, a.a.O., § 112 Anm. 4; *Schlegelberger-Quassowski*, a.a.O., § 112 Anm. 9.

[52] Vgl. Urteil des BGH vom 23. November 1961, in: BGHZ 36, 121 (132).

[53] *Deuss*, Peter: Das Auskunftsrecht des Aktionärs, Bd. 13 der Schriften des Instituts für Wirtschaftsrecht an der Universität Köln, hrsg. von H. C. Nipperdey, München und Berlin 1962, S. 306.

einer derartigen Beurteilung von Rechtsvoraussetzungen, d. h. einer Unbestimmtheit auf der Tatbestandsseite, kann aber, wie bereits dargelegt, niemals eine Ermächtigung zu einer echten Ermessensentscheidung erblickt werden[54]. Entsprechend der weiter oben vertretenen Auffassung, ist das in der Schutzklausel zum Ausdruck gebrachte kognitive Tatbestandsermessen des Sonderprüfers vielmehr nicht anders zu behandeln als ein unbestimmter Rechtsbegriff. In diesem Sinne äußert sich auch Deuss. Er führt aus: „In Wahrheit handelt es sich hier — in der verwaltungsrechtlichen Terminologie ausgedrückt — um die Auslegung eines ‚unbestimmten Rechtsbegriffes', wie sie z. B. der Polizei obliegt, wenn sie feststellen muß, ob durch eine konkrete Sachlage die öffentliche Sicherheit und Ordnung gefährdet ist[55]."

Mit Wolany sind bei der Anwendung der Schutzklausel zwei Denkprozesse zu unterscheiden[56]. Einmal gilt es, sämtliche durch eine eventuelle im Rahmen einer Sonderprüfung erfolgende Berichterstattung berührten Belange zu erfassen. Es handelt sich dabei dem Wesen nach um nichts anderes als um eine „Ermittlung von Sachverhalten". Auch im Verwaltungsrecht wird bei einer ähnlichen Operation nirgends von der Betätigung eines Ermessens gesprochen. Zum anderen geht es darum, die auf der ersten Stufe ermittelten Belange gegeneinander abzuwägen, d. h. es geht „um die Bewertung rechtlicher Sachverhalte, genauer gesagt um die Konkretisierung abstrakter positiv-rechtlicher Wertbegriffe aus den Gegebenheiten eines lebendigen Sachverhaltes"[57].

Aus dieser Analyse des bei der Anwendung der Schutzklausel ablaufenden Denkvorgangs wird bereits deutlich, daß der unbestimmte Rechtsbegriff hier in der Form eines zu konkretisierenden *Wert*begriffs vorliegt. Wie wir in Kapitel III., A., 2a) bereits dargelegt haben, bedeutet dies, daß dem Auslegenden ein gewisser subjektiver Spielraum nicht abgesprochen werden kann. Dies wird in besonderem Maße dort gelten, „wo verschiedene Wertbegriffe miteinander in Konkurrenz treten. In einem solchen Konfliktfalle bleibt keine andere Möglichkeit, als eine Autorität zu schaffen, der die Befugnis eingeräumt wird, die Wahl und die Entscheidung darüber zu treffen, welcher der konkurrierenden Wertbegriffe zu Lasten seines Widerparts zur Verwirklichung gebracht werden soll"[58]. In dieser Weise aber ist gerade die systematische Grundlage der Schutzklausel beim Sonderprüfungsbericht beschaffen. „Eine Konkretisierung des Wertbegriffs der ‚überwiegenden Belange' läßt

---

[54] Vgl. *Ule,* Carl Herrmann, a.a.O., S. 312.
[55] *Deuss,* Peter, a.a.O., S. 307.
[56] Vgl. *Wolany,* Josef, a.a.O., S. 9 f.
[57] *Deuss,* Peter, a.a.O., S. 308.
[58] *Deuss,* Peter, a.a.O., S. 309.

sich nach gänzlich objektiven Kategorien eben nicht bewerkstelligen[59]." Dies bedeutet aber nicht, daß die Schutzklausel nun doch als eine „Quasi-Ermessensnorm" anzusehen wäre. Vielmehr stellt der oben angesprochene unvermeidliche subjektive „Restbereich" — Wolany spricht von einem „Sprung ins Ungewisse"[60] — den Beurteilungsspielraum dar, der auch bei unbestimmten Rechtsbegriffen, wie wir bereits gesehen haben, durchaus nicht ungewöhnlich ist.

Dieses Ergebnis wird noch dadurch bestätigt, daß der Gesetzgeber vom Sonderprüfer ausdrücklich verlangt, daß er seine Entscheidung über die Nichtaufnahme einer Tatsache in den Bericht nach „pflichtmäßigem Ermessen" fällt. Mit dem Wort „Ermessen" soll nicht gesagt werden, daß es sich um eine Ermessensbetätigung im verwaltungsrechtlichen Sinne handelt; es soll vielmehr lediglich zum Ausdruck gebracht werden, daß dem Sonderprüfer bei der Interpretation des unbestimmten Rechtsbegriffs der „überwiegenden Belange" eben ein gewisser Spielraum der Beurteilung eingeräumt ist[61]. Demnach „dürfte die Vorschrift des § 112 III, 2 AktG (resp. § 121 Abs. 3 Satz 2 AktG, d. Verf.) . . . , sofern hiernach der Vorstand (resp. Sonderprüfer, d. Verf.) nach ‚Ermessen' . . . zu entscheiden hat, mit dem Wort ‚Ermessen' sich auf einen Begriff berufen haben, der an dieser Stelle eine nicht sehr glückliche Anwendung findet und nur immer wieder Verwirrung gestiftet und zur unkritischen Verwendung verwaltungsrechtlicher Gestaltungen in diesem Zusammenhang verleitet hat"[62].

Wie dieser Beurteilungsspielraum nun im einzelnen auszufüllen ist, ergibt sich aus dem Adjektiv „pflichtmäßig". Es bedeutet nämlich, daß die Entscheidung darüber, wann die Schutzklausel zur Anwendung kommen soll, die der Gesetzgeber ausdrücklich in die Hände des Sonderprüfers gelegt hat, der gerichtlichen Nachprüfung nicht vollkommen entzogen ist oder, anders ausgedrückt, der bei der Interpretation des unbestimmten Rechtsbegriffs „überwiegende Belange" bestehende Beurteilungsspielraum nicht den gesamten „Begriffshof" umfaßt, weil sie eben nicht nach Belieben zu fällen ist, sondern pflichtmäßig, d. h. mit der Sorgfalt eines verantwortungsbewußten und gewissenhaften Prüfers, wobei der Maßstab, worauf ebenfalls bereits hingewiesen wurde, in der Berufsauffassung zu suchen sein wird.

In diesem Sinne äußert sich beispielsweise auch Wolany, wenn er ausführt: „Die vom Gesetz gewollte Einschaltung einer gerichtlichen Kontrolle ist dadurch und nur dadurch möglich, daß für die Entschei-

---

[59] *Deuss*, Peter, a.a.O., S. 309.
[60] *Wolany*, Josef, a.a.O., S. 10.
[61] Vgl. *Stern*, Klaus, a.a.O., S. 21.
[62] *Deuss*, Peter, a.a.O., S. 318 f.

dung des Vorstands (resp. Sonderprüfers, d. Verf.) die Sachnorm aufgestellt worden ist, nach der er ‚pflichtmäßig' alles, was bei der Entscheidung anfällt, zu leisten hat[63]." Es zeigt sich somit, daß in der Befugnis des Sonderprüfers zur Entscheidung über das Vorliegen der Voraussetzungen für die Anwendung der Schutzklausel nach pflichtmäßigem Ermessen weit weniger „Freiheit" inbegriffen ist, als dies auf den ersten Blick scheinen könnte[64].

Mit diesen Feststellungen über den rechtlichen Charakter der Schutzklausel sind wir bereits mitten in die mit ihrer Anwendung verbundene Problematik vorgedrungen. Um noch nähere Anhaltspunkte über die Ausfüllung des besagten Beurteilungsspielraums zu erhalten, soll im nächsten Kapitel die Schutzklausel nach den allgemeinen Grundsätzen der Gesetzesauslegung gedeutet werden. Zuvor sind jedoch einige allgemeine Bemerkungen zum Begriff und zur Theorie der Gesetzesauslegung zu machen.

B. Die Deutung der Schutzklausel im Wege der allgemeinen Methoden der Gesetzesauslegung

Im Gesetz selbst kodifizierte Grundsätze über die Handhabung der den Umfang des Sonderprüfungsberichts maßgebend bestimmenden Schutzklausel gibt es nicht. Es muß daher untersucht werden, ob irgendwelche nicht kodifizierten Regeln bestehen, die allerdings nur dann als verbindlich anzusehen wären, „wenn sie entweder im Wege der Gesetzesauslegung entwickelt worden sind oder wenn sie auf Gewohnheitsrecht beruhen"[1]. Da ein Gewohnheitsrecht in dieser Frage nicht festzustellen ist[2], verbleibt nur noch die Möglichkeit, zu versuchen, ob auf dem Wege der Gesetzesauslegung einige Grundsätze über die Anwendung der Schutzklausel beim Sonderprüfungsbericht abzuleiten sind. Zuvor ist jedoch der Begriff der Gesetzesauslegung noch vom Begriff der Lückenergänzung abzugrenzen.

1. Gesetzesauslegung und Lückenergänzung

Um die im Gesetz niedergelegte Regel zu befähigen, in der daseienden Ordnung verwirklicht zu werden, bedarf der bei der Schaffung des Rechtssatzes stattfindende Abstraktionsprozeß einer Ergänzung „durch

[63] *Wolany,* Josef, a.a.O., S. 12.

[64] Vgl. *Wolany,* Josef, a.a.O., S. 15.

[1] *Schulze zur Wiesch,* Dietrich Wilhelm, a.a.O., S. 18.

[2] Zu den Erfordernissen eines Gewohnheitsrechts vgl. *Schulze zur Wiesch,* Dietrich Wilhelm, a.a.O., S. 21 ff., und die dort angegebene Literatur.

einen Prozeß der ‚Konkretion', der die Regel oder den abstrakt gefaßten Rechtssatz wieder an das ‚Leben', an die konkreten menschlichen Lebensverhältnisse und ihren verständlichen Sinn, heranführt"[3]. Diesen Prozeß der Konkretion bezeichnet man als Rechtsanwendung. Da wir aber bereits gesehen haben, daß der Rechtsanwendung in vielen Fällen dadurch Schwierigkeiten erwachsen, daß die einzelnen Begriffe, aus denen sich der Rechtssatz zusammensetzt, keine festen Größen sind, sondern „durch den Zusammenhang, in dem sie gebraucht werden, in ihren Grenzen, in ihrer Bedeutung ein wenig nach dieser oder jener Richtung hin verschoben werden"[4], wird es erforderlich, die Regel oder den Rechtssatz zunächst hinsichtlich des mit ihm verfolgten Sinns und Zwecks zu untersuchen.

Diese „eigenartig in sich zurückkehrende Denkarbeit"[5], bei der aus den Worten und Wendungen der Gesetzesvorschrift zunächst der Zweck der Vorschrift ermittelt wird, um dann mit Hilfe des so ermittelten Gesetzeszwecks Sinn und Bedeutung der vom Gesetzgeber gebrauchten Begriffe und Wendungen schärfer umreißen zu können, stellt nach der überwiegenden Ansicht in der Literatur das dar, was man als *Auslegung* bezeichnet. So schreibt bereits sehr früh Rumpf: „Hinter den Buchstaben des Gesetzes den ‚eigentlichen' Sinn des Gesetzes, hinter den bald zu knappen, bald zu weiten Worten den ‚wahren' Willen des Gesetzgebers hervorzuholen, ist der edle Beruf der Auslegungstätigkeit[6]." Besonders deutlich drücken sich Lehmann-Hübner aus: „Da jede Rechtsvorschrift einen vorgestellten typischen Interessengegensatz auf Grund einer ... sozialen Bewertung der widerstreitenden Bedürfnisse zu schlichten versucht, kann man den Sinn der Vorschrift offenbar nur ermitteln, indem man den Bewertungsvorgang nachdenkt, der den Gesetzgeber zu dieser Lösung geführt hat. Das geschieht durch Klarlegen der in Betracht kommenden gattungsmäßigen Interessengegensätze und durch Ermitteln der Werturteile, die gerade die in diesem Rechtssatz

---

[3] *Larenz*, Karl, a.a.O., S. 147.

[4] *Müller-Erzbach*, Rudolf: Die Relativität der Begriffe und ihre Begrenzung durch den Zweck des Gesetzes, Abdruck aus: Jherings Jahrbücher für die Dogmatik des bürgerlichen Rechts, Bd. 61, Bd. 25 der 2. Folge, Jena 1913, S. 31.

[5] *Müller-Erzbach*, Rudolf: Wohin führt die Interessenjurisprudenz?, Tübingen 1932, S. 78.

[6] *Rumpf*, Max: Gesetz und Richter, Berlin 1906, S. 29 f.; vgl. auch *Less*, Günter: Vom Wesen und Wert des Richterrechts, Erlangen 1954, S. 8; Das Bürgerliche Gesetzbuch, Kommentar hrsg. von Reichsgerichtsräten und Bundesrichtern, 1. Band, 1. Teil, 11. Aufl., Berlin 1959, S. 9; *Enneccerus-Nipperdey*, a.a.O., S. 323; *Larenz*, Karl, a.a.O., S. 234; *Paulick*, Heinz: Auslegung und Rechtsfortbildung im Steuerrecht, in: Die Auslegung der Steuergesetze in Wissenschaft und Praxis, Gedächtnisschrift für Armin Spitaler, hrsg. von Gerhard Thoma und Ursula Niemann, Köln 1965, S. 167.

getroffene Lösung zweckbegrifflich rechtfertigen, kurz durch Zutagefördern des Gesetzeszweckes[7]."

Überall, wo eine Gebotsordnung für ein umfangreiches Gebiet berechnet ist, erweist es sich jedoch als nicht möglich, die Anordnungen so vollständig zu geben, daß der Richter jeden ihm zur Entscheidung vorgelegten Fall nur unter eine bestehende, mit Hilfe der Auslegung zu verdeutlichende Gesetzesvorschrift zu subsumieren braucht. Er wird sich vielmehr häufig vor die Tatsache gestellt sehen, daß für einen bestimmten praktischen Interessenkonflikt eine gesetzliche Regelung überhaupt nicht vorhanden ist, d. h. daß das Gesetz *lückenhaft* ist. Für diesen Fall geht die heutige Lehre nun dahin, „daß der Richter Interessen schützen darf, die er als schutzwürdig erkannt hat, auch wenn sich eine spezielle Anerkennung im Gesetze nicht findet, daß er also seine Kenntnis der Gemeinschaftsinteressen nicht nur aus dem Gesetze, sondern auch aus seiner eigenen Lebenserfahrung entnehmen darf"[8]. Der Richter darf also die im Gesetz bestehende Lücke[9] ausfüllen. Er hat demnach nicht nur die Aufgabe, ein bestehendes Gesetz auszulegen, sondern ist auch aufgerufen, ein lückenhaftes Gesetz zu ergänzen; man spricht von der Funktion der Lückenergänzung.

So unbestritten aber das Recht der Gerichte zur Lückenergänzung ist, so zweifelhaft ist es, was eine Gesetzeslücke überhaupt ist und wann sie vorliegt. So verwendet beispielsweise Heck den Begriff der Lücke in einem weiteren und in einem engeren Sinne. In dem weiteren Sinne umfaßt er alle die Fälle, in denen der Richter nach dem ausdrücklichen Willen des Gesetzgebers Rechtsschutz gewähren soll, obgleich die Subsumtion des Sachverhalts unter den Tatbestand einer kognitiv gewinnbaren primären oder auch ergänzten Norm nicht möglich ist. „In einem engeren Sinn soll die Bezeichnung sich auf denjenigen Teil dieser Fälle beschränken, für die der Gesetzgeber die wertende Gebotsbildung weder besonders angeordnet, noch als selbstverständlich vorausgesehen hat. Die Lücken i. e. S. sind also die ‚ungewollten' Lücken[10]." Genau dieser engere Lückenbegriff ist es, von

[7] *Lehmann-Hübner:* Allgemeiner Teil des Bürgerlichen Gesetzbuches, 15. Aufl., Berlin 1966, S. 59; Hervorhebungen nicht wiedergeben. Auf die Analyse der einer gesetzlichen Vorschrift zugrunde liegenden Interessenlage stellt insbesondere auch *Müller-Erzbach,* Rudolf: Umgestaltung der Aktiengesellschaft zur Kerngesellschaft verantwortungsvoller Großaktionäre, Berlin 1929, S. 8, ab. Vgl. auch derselbe: Wohin führt die Interessenjurisprudenz?, Tübingen 1932, S. 64; derselbe: Lassen sich das Recht und das Rechtsleben tiefer und sicherer erfassen?, München und Leipzig 1934, S. 6.

[8] So bereits *Heck,* Philipp: Gesetzesauslegung und Interessenjurisprudenz, in: AcP, Bd. 112 (1914), Heft 1, S. 227.

[9] Über die verschiedenen Arten von Lücken vgl. *Keller,* Adolf, a.a.O., S. 59 ff.; *Staudinger-Brändl,* a.a.O., S. 37 f.

[10] *Heck,* Philipp: Gesetzesauslegung und Interessenjurisprudenz, in: AcP, Bd. 112 (1914), Heft 1, S. 162.

dem auch Larenz und einige andere Autoren ausgehen. Nach Larenz liegt eine Lücke des Gesetzes überall da und nur da vor, „wo es, gemessen an seiner eigenen Absicht und immanenten Teleologie, unvollständig, also ergänzungsbedürftig ist... Man kann das auch so ausdrücken, daß es sich um eine dem Plan des Gesetzgebers widersprechende, also ‚planwidrige Unvollständigkeit' handeln muß"[11].

Rufen wir uns nun ins Gedächtnis zurück, daß wir weiter oben die Schutzklausel beim Sonderprüfungsbericht als einen unbestimmten Rechtsbegriff mit Beurteilungsspielraum erkannt haben, d. h. als eine vom Gesetzgeber bewußt ausfüllungsbedürftig gestaltete Norm, so wird deutlich, daß das Aktiengesetz von 1937 hinsichtlich der für die Gestaltung des Umfangs des Sonderprüfungsberichts vorgesehenen Schutzklausel nur für den Fall als lückenhaft anzusehen ist, daß wir uns entschließen, den folgenden Ausführungen den Lückenbegriff im weiteren Sinne zugrunde zu legen. Für den Fall, daß wir uns zugunsten des Lückenbegriffs im engeren Sinne entscheiden, wäre keine Lücke anzunehmen, da es sich bei der Schutzklausel ja nicht um eine ungewollte Unvollständigkeit handelt, sondern eben um eine gewollt auslegungsbedürftige Norm, die nach den allgemeinen Grundsätzen der Gesetzesauslegung auszufüllen wäre und nicht nach den Methoden der Lückenergänzung, also nicht etwa durch Analogieschluß[12].

Ein Blick in die einschlägige Fachliteratur zeigt nun, daß in der Tat zahlreiche Autoren die Fälle, in denen das Gesetz dem Richter nur eine sehr allgemeine, mehr oder weniger unvollkommene Anweisung für seine Entscheidung gibt — man spricht von Lücken intra legem —, wie dies z. B. bei der Verwendung eines unbestimmten Rechtsbegriffs der Fall ist, nicht als eigentliche Lückenfälle betrachten, d. h. also den oben gekennzeichneten engeren Lückenbegriff verwenden. So schreibt beispielsweise Less über die Lücken intra legem: „Trotzdem wird man mit Rücksicht darauf, daß es augenscheinlich dem Willen des Gesetzgebers entspricht, eine solche Ausfüllung vorzunehmen, von keiner Lösung vom Gesetz sprechen müssen, sofern die Ausfüllung nach Grundsätzen erfolgt, die im übrigen Gesetz erkennbar geworden sind oder aus der ‚sachlogischen Struktur' des Gegenstandes folgen, an die auch der Gesetzgeber gebunden ist. Es ist eine Art delegierter Gesetzgebungsgewalt, die von der Rechtsprechung in diesen Fällen geübt wird. Denn sie stellt nicht nur eine für den konkreten Urteilsfall geltende individuelle Rechtsnorm auf, sondern eine allgemeine, die sich aber (mit der gekennzeichneten Einschränkung[13]) noch als Auslegung begreifen läßt[14]."

---

[11] *Larenz*, Karl, a.a.O., S. 286; vgl. auch *Paulick*, Heinz, a.a.O., S. 186.

[12] Zum Wesen der Analogie vgl. insbesondere *Heller*, Theodor: Logik und Axiologie der analogen Rechtsanwendung, Berlin 1961; *Larenz*, Karl, a.a.O., S. 287 ff.

[13] Wir halten diese Einschränkung nicht für gerechtfertigt, weil nach

Im gleichen Sinne äußern sich auch Enneccerus-Nipperdey, wenn sie ausführen: „Die Ausfüllung dieser Lücken erfolgt aber nicht durch Rechtsfortbildung, d. h. durch Aufstellung eines Satzes, der die Tendenz in sich trägt, bindender Rechtssatz zu werden ... Vielmehr trifft der Richter in diesen Fällen eine Entscheidung, deren Grundlage weder geeignet noch darauf angelegt ist, objektive Regel zu werden[15]." Die gleiche Auffassung vertreten schließlich noch Staudinger-Brändl, wenn sie schreiben: „Auch die sog. planmäßigen Gesetzeslücken sind keine Lücken im engeren Sinn, sondern das Merkmal der sog. Richtliniennormen, ausfüllungsbedürftigen Rechtssätze, Blankettnormen und Generalklauseln ... Sie wahren formell die Geschlossenheit der Rechtsordnung und ermöglichen als Einfallstore des billigen Rechts (ius aequum) dem Richter eine individualisierende Gerechtigkeitspflege und die Anpassung an gewandelte Rechtsanschauungen ohne das Hilfsmittel der Analogie[16]."

Wir möchten uns im folgenden der Auffassung der oben zitierten Autoren anschließen. Die Konkretisierung der Schutzklausel bewegt sich in allen Phasen „im Rahmen und auf dem Boden des Gesetzes"[17] und ist deshalb Auslegung und nicht Lückenergänzung, wenn auch zuzugeben ist, daß die Grenze zwischen beiden in vielen Fällen flüssig ist[18].

2. Das Verhältnis der einzelnen Auslegungskriterien zueinander

„Soll die Auslegung nicht dem Gutdünken des Auslegers überlassen bleiben, sondern in einer gesicherten, nachprüfbaren Weise, also methodisch, vor sich gehen, so bedarf es bestimmter Kriterien, nach denen der Auslegende sich zu richten hat[19]." Diese Kriterien sind nach der

---

unserer Auffassung dadurch, daß der Richter bei der Ausfüllung eines unbestimmten Rechtsbegriffes auf außerrechtliche Maßstäbe zurückgreifen muß oder tatsächlich zurückgreift, aus seiner bis dorthin unbestrittenen Auslegungstätigkeit noch keine Lückenergänzung wird. Vgl. hierzu *Larenz*, Karl, a.a.O., S. 217 ff.

[14] *Less*, Günter, a.a.O., S. 26.

[15] *Enneccerus-Nipperdey*, a.a.O., S. 338.

[16] *Staudinger-Brändl*, a.a.O., S. 38; Hervorhebungen nicht wiedergegeben. Da auch Dahm die Richtliniennormen usw. nicht unter den „Lückenfällen" aufzählt, ist anzunehmen, daß auch er sie noch zur Auslegung rechnet. Vgl. *Dahm*, Georg, a.a.O., S. 49 ff.; im gleichen Sinne wohl auch *Keller*, Adolf, a.a.O., S. 60.

[17] Das Bürgerliche Gesetzbuch, hrsg. von Reichsgerichtsräten und Bundesrichtern, a.a.O., S. 9.

[18] Vgl. *Siebert*, Wolfgang: Die Methode der Gesetzesauslegung, Heidelberg 1958, S. 14; Das Bürgerliche Gesetzbuch, hrsg. von Reichsgerichtsräten und Bundesrichtern, a.a.O., S. 11.

[19] *Larenz*, Karl, a.a.O., S. 241; Hervorhebungen nicht wiedergegeben.

einhelligen Auffassung in der Literatur grundsätzlich im Wortsinn (grammatische Auslegung), in der Stellung der auszulegenden Vorschrift innerhalb des Gesetzes (logisch-systematische Auslegung), in der Entstehungsgeschichte (historische Auslegung) und schließlich im Zweck der Vorschrift, in der ratio legis (teleologische Auslegung), zu erblicken[20].

Weit weniger einig ist man sich in der Literatur aber nun darüber, welches Ziel mit der Auslegung überhaupt verfolgt werden soll, d. h. was es hinter dem Wortlaut, dem systematischen Zusammenhang usw. eigentlich zu erforschen gilt. Mit dieser Frage ist vielmehr eines der grundlegenden Probleme der Rechtswissenschaft angesprochen, um dessen Lösung schon seit Jahrhunderten vergeblich gerungen wird, so daß sich Engisch bereits zu der resignierenden Feststellung veranlaßt sah, daß es „sich wie alle echten Grundlagenprobleme nie endgültig wird lösen lassen“[21]. Es versteht sich von selbst, daß im Rahmen dieser Arbeit kein Beitrag zu dem erwähnten Methodenproblem geleistet werden kann[22]. Da aber die Einigung auf ein bestimmtes Auslegungsziel die Voraussetzung für die Festlegung einer bestimmten Rangordnung unter den angeführten Auslegungskriterien ist[23] und diese deswegen erforderlich ist, weil man immer damit rechnen muß, daß die nach den einzelnen Kriterien durchgeführte Auslegung zu unterschiedlichen Ergebnissen führt[24], soll im folgenden versucht werden, wenigstens in groben Umrissen den Stand der Diskussion in der Frage des Auslegungsziels — es handelt sich dabei im wesentlichen um die Frage, ob der subjektiven oder der objektiven Theorie zu folgen ist — darzustellen.

Nach der subjektiven Auffassung ist das Ziel der Rechtsfindung „die Erkenntnis derjenigen Gedankeninhalte, welche nach dem Willen des tatsächlichen Gesetzgebers durch dessen Erklärung zum Ausdruck kommen sollten“[25]. Es geht also ausschließlich um die Erkenntnis dessen, welche Vorstellungen der historische Gesetzgeber mit der von ihm geschaffenen Gesetzesvorschrift verbunden hat. Daraus ergibt sich bereits, daß für die subjektive Auslegungstheorie die dem Gesetzgebungsakt vorausgehenden Denkschriften, Kommissionsberichte, Regierungs- und Referentenentwürfe, Sitzungsprotokolle u. dgl., kurz: die sog. Ge-

---

[20] Vgl. *Siebert*, Wolfgang, a.a.O., S. 8; vgl. auch *Enneccerus-Nipperdey*, a.a.O., S. 334; *Larenz*, Karl, a.a.O., S. 241 ff.

[21] *Engisch*, Karl: Einführung, a.a.O., S. 96; vgl. auch *Siebert*, Wolfgang, a.a.O., S. 7.

[22] Vgl. hierzu die übersichtliche Darstellung bei *Larenz*, Karl, a.a.O., S. 8 ff.

[23] Vgl. *Engisch*, Karl: Einführung, a.a.O., S. 84 und 96 f.

[24] Vgl. *Siebert*, Wolfgang, a.a.O., S. 10.

[25] *Keller*, Adolf, a.a.O., S. 88 f.

setzesmaterialien, eine überragende Rolle spielen, denn an ihnen wird sich die Willensrichtung des Gesetzgebers am ehesten ablesen lassen.

Zugleich wird aber auch schon deutlich, daß die subjektive Theorie in ihrer konsequentesten Spielart dort versagen muß, wo es gilt, einen unter Umständen vorliegenden Anschauungs-, Denk- oder Bewertungsfehler des Gesetzgebers zu berichtigen. Vor allem aber „kann sie die unverzichtbare Anpassung der Rechtsfindung an bedeutsame evolutionäre oder revolutionäre Wandlungen des wirtschaftlichen, sozialen, politischen oder kulturellen Lebens nicht leisten. Sie wird daher in solchen Fällen angemessene und sachgerechte Entscheidungen vermissen lassen“[26]. Ganz abgesehen davon, bereitet die ohnehin in zahlreichen Fällen sehr mühselige Auffindung des subjektiven Gesetzgeberwillens dann besondere Schwierigkeiten, „wenn ein Rechtserlaß nicht von einer Einzelperson gesetzt wurde, sondern — wie das für unsere Gesetze in aller Regel zutrifft — durch das Zusammenwirken mehrerer, ein Gesamtorgan bildender Einzelpersonen oder mehrerer Personenmehrheiten zustande gekommen ist“[27].

All diesen Schwierigkeiten glaubt die objektive Theorie dadurch zu entgehen, daß sie das Ziel der Auslegung nicht in der Erforschung der subjektiven Vorstellungen der gesetzgebenden Menschen sieht, sondern in der „Erschließung des dem Gesetz innewohnenden vernünftigen Sinnes, des normativen Gesetzessinnes“[28]. Mit dem Akt der Gesetzgebung löst sich nach der Ansicht der Objektivisten das Gesetz von seinem Urheber und wird in ein objektives Dasein erhoben[29]. „Der Urheber hat seine Rolle ausgespielt, er tritt hinter seinem Werk zurück[30].“ Nicht mehr sein Wille ist maßgebend, sondern ausschließlich der verselbständigte, objektive „Wille des Gesetzes“. „Denn er allein ist verfassungsmäßig in Erscheinung getreten und legalisiert, während die um ihn kreisenden Vorstellungen und Erwartungen der Gesetzesschöpfer keinerlei Verbindlichkeit erlangt haben[31].“

Offensichtlich findet diese Rechtsfindungsmethode ihre Rechtfertigung darin, daß sie auch für die erforderliche Rechtsfortbildung Raum läßt. Auf der anderen Seite aber sind die mit ihr verbundenen Gefahren

---

[26] *Bender*, Bernd: Zur Methode der Rechtsfindung bei der Auslegung und Fortbildung gesetzten Rechts, in: JZ, 12. Jahrgang (1957), Heft 19/20, S. 596.

[27] *Keller*, Adolf, a.a.O., S. 89, vgl. insbesondere auch die Ausführungen dort auf S. 89 ff.

[28] *Larenz*, Karl, a.a.O., S. 237.

[29] Vgl. Das Bürgerliche Gesetzbuch, hrsg. von Reichsgerichtsräten und Bundesrichtern, a.a.O., Einl. Anm. 16.

[30] *Engisch*, Karl: Einführung, a.a.O., S. 89.

[31] *Engisch*, Karl: Einführung, a.a.O., S. 89.

und Nachteile unverkennbar. „Wer es ablehnt, die vom historischen Gesetzgeber beim Gesetzgebungsakt angeschauten Interessen- und Machtlagen in grundsätzlich strenger Bindung an den gesetzgeberischen Willen zu bewerten, wird die Wertmaßstäbe jedenfalls dann, wenn eine allgemeine Wertgewißheit fehlt, keineswegs irgendwelchen gegenwärtig herrschenden gesellschaftlichen Wertungen entnehmen können, sondern nur seinem eigenen, notwendig subjektiv-persönlichen Dafürhalten[32]."

Die Unsicherheit in der Frage der Auslegungsmethode spiegelt sich auch in der Rechtsprechung der obersten Bundesgerichte wider. So finden sich insbesondere unter den älteren Entscheidungen des Bundesgerichtshofs sowohl Urteile, in denen sich dieser zugunsten der subjektiven Auslegungstheorie ausspricht[33], als auch Urteile, in denen ausdrücklich der objektiven Theorie der Vorzug gegeben wird[34]. Diese Uneinheitlichkeit in der Rechtsprechung des Bundesgerichtshofs zur Frage der Gesetzesauslegung änderte sich erst durch das grundlegende Urteil des Bundesverfassungsgerichts vom 21. 5. 1952. Unter dem Eindruck dieses Urteils schwenkte der Bundesgerichtshof nämlich in der Folgezeit mehr und mehr in die Richtung der objektiven Auslegungstheorie ein[35].

In der Entscheidung des Bundesverfassungsgerichts heißt es: „Maßgebend für die Auslegung einer Gesetzesbestimmung ist der in dieser zum Ausdruck kommende objektivierte Wille des Gesetzgebers, so wie er sich aus dem Wortlaut der Gesetzesbestimmung und dem Sinnzusammenhang ergibt, in den diese hineingestellt ist. Nicht entscheidend ist dagegen die subjektive Vorstellung der am Gesetzgebungsverfahren beteiligten Organe oder einzelner ihrer Mitglieder über die Bedeutung der Bestimmung. Der Entstehungsgeschichte einer Vorschrift kommt für deren Auslegung nur insofern Bedeutung zu, als sie die Richtigkeit einer nach den angegebenen Grundsätzen erhaltenen Auslegung bestätigt oder Zweifel behebt, die auf dem angegebenen Weg allein nicht ausgeräumt werden können[36]."

Wenn es nun auch keinem Zweifel unterliegen kann, daß sich das Bundesverfassungsgericht in dem angegebenen Urteil im Grundsatz für

---

[32] *Bender*, Bernd, a.a.O., S. 597.

[33] Vgl. z. B. die Urteile vom 12. 4. 1951, in: BGHZ 1, 369 (373); vom 23. 5. 1951, in: BGHZ 2, 176 (187); vom 27. 9. 1951, in: BGHZ 3, 162 (166); ferner den Beschluß des BGH vom 10. 7. 1951, in: BGHZ 3, 82 (84).

[34] Vgl. z. B. die Urteile vom 22. 1. 1951, in: BGHZ 1, 87 (90); vom 30. 10. 1951, in: BGHZ 3, 308 (315); vom 18. 5. 1955, in: BGHZ 17, 266 (275 f.)

[35] So — unter ausdrücklicher Berufung auf die angezogene Entscheidung des Bundesverfassungsgerichts — das Urteil des BGH vom 28. 2. 1957, in: BGHZ 23, 377 (390).

[36] BVerfGE 1, 299 f.

eine Auslegung im Sinne der objektiven Theorie ausspricht, so darf doch nicht übersehen werden, daß es dabei zwei bedeutsame Einschränkungen macht. Einmal geht es bei der Auslegung von der historischen Wertung des Gesetzes, dem „objektivierten Willen des *Gesetzgebers*" aus, zum anderen wird der Entstehungsgeschichte einer Vorschrift gerade in den nicht seltenen Zweifelsfällen eine entscheidende Rolle zugesprochen[37]. Es kann demnach festgestellt werden, daß das Bundesverfassungsgericht und damit auch der sich auf seine Entscheidung stützende Bundesgerichtshof in dem Streit um die richtige Auslegungsmethode zwar den Schwerpunkt auf die objektive Theorie legen, die Vorteile der subjektiven Theorie jedoch durchaus nicht unberücksichtigt lassen möchten.

Genau dies ist aber die Tendenz, die sich auch in der Fachliteratur abzeichnet. So heißt es bei Enneccerus-Nipperdey zwar zunächst entschieden, daß an der subjektiven Theorie festzuhalten sei. Maßgebend sei nach wie vor „der im Gesetz zum Ausdruck gelangte Wille des Gesetzgebers, also der Sinn, den der Gesetzgeber mit seinen Worten verband"[38]. Im Verlauf der weiteren Abhandlung dieses Themas führen die genannten Autoren dann jedoch aus, daß neben dem Wortlaut alle systematischen und historischen Momente zu berücksichtigen sind, „die einen Schluß auf den Sinn des *Gesetzes* zulassen"[39]. Auch Larenz schreibt: „Eine rein ‚objektive' Theorie der Auslegung läßt sich ... ebensowenig halten wie die rein subjektive Theorie. Die Wahrheit kann nur in der Synthese gefunden werden[40]."

Ausgehend von diesem in der Rechtsprechung und in der Literatur immer mehr zum Durchbruch gelangenden „Kompromiß" zwischen subjektiver und objektiver Teorie, läßt sich nun unter den weiter oben angeführten Auslegungskriterien eine bestimmte Rangfolge ableiten. Danach ist zunächst vom Wortlaut auszugehen, „um ihm ein *allgemeines*, vorläufiges Bild der gattungsmäßigen Lebensvorgänge und Tatbestände zu entnehmen, die der Regel zugrunde liegen"[41]. Immer dann jedoch, wenn die Auslegung nach dem Gesetzeswortlaut zu keinem eindeutigen Ergebnis führt — und das wird die Regel sein —, muß der

---

[37] Darauf weist auch *Schulze zur Wiesch*, Dietrich Wilhelm, a.a.O., S. 21, hin.

[38] *Enneccerus-Nipperdey*, a.a.O., S. 325; Hervorhebungen nicht wiedergegeben.

[39] *Enneccerus-Nipperdey*, a.a.O., S. 334; Hervorhebung vom Verfasser.

[40] *Larenz*, Karl, a.a.O., S. 239. In der gleichen Weise äußern sich *Zimmermann*, Theo: Der Wortlaut des Gesetzes im Spiegel höchstrichterlicher Rechtsprechung, in: NJW, 9. Jahrgang (1956), Heft 35, S. 1263; *Staudinger-Brändl*, a.a.O., Einl. Anm. 55; *Bender*, Bernd, a.a.O., S. 597; *Dahm*, Georg, a.a.O., S. 46; *Lehmann-Hübner*, a.a.O., S. 61.

[41] *Lehmann-Hübner*, a.a.O., S. 61; vgl. auch *Staudinger-Brändl*, a.a.O., Einl. Anm. 57.

wahre Sinn der Vorschrift aus ihrem Zweck heraus endgültig festgestellt werden. Der teleologischen Auslegung kommt somit eindeutig der Vorrang zu[42]. Um nun diesen Zweck des Gesetzes zu ermitteln, muß der Richter zunächst die Interessenlage, d. h. die gattungsmäßigen Bedürfnisse, herausarbeiten, zu deren Befriedigung die Vorschrift dienen soll. Da diese Interessenabwägung aber keine ungebundene ist, „sondern nur das Mittel zur Erkenntnis und Offenbarung der im Gesetz schlummernden Werturteile“[43], sind auch der logisch-systematische Zusammenhang der Vorschrift mit den übrigen Vorschriften des Gesetzes und der Rechtsordnung sowie ihre geschichtliche Entwicklung zu beachten.

Die Auslegung einer Gesetzesvorschrift hat sich demnach so zu vollziehen, daß zuerst der Wortlaut analysiert wird und daran anschließend der Zweck des Gesetzes, die ratio legis, unter Zuhilfenahme des logisch-systematischen Zusammenhangs und der historischen Entwicklung ermittelt wird, um daraus dann endgültig die zutreffende Auslegungsweise zu erhalten.

3. Die Anwendung der Methoden der Gesetzesauslegung auf die Schutzklausel beim Sonderprüfungsbericht

a) Die grammatische Auslegung

Jede Auslegung hat beim Wort anzufangen, denn die Worte sind es, denen der Gesetzgeber seine Vorstellungen anvertraut hat, und es gibt zunächst einmal keinen Grund zu der Annahme, daß das Gesetz das, was der Wortlaut zum Ausdruck bringt, nicht auch gewollt hat[44]. Eine erste Schwierigkeit entsteht aber nun bereits dadurch, daß der Begriff des Gesetzeswortlauts durchaus nicht eindeutig ist[45]. Unter dem Wortlaut einer Gesetzesvorschrift kann man nämlich einmal das — aus den einzelnen Worten und ihrer Stellung im Satzgefüge resultierende — Vorstellungsbild verstehen, das sich unter Verwendung des Maßstabes des allgemeinen Sprachgebrauchs ergibt, und zum anderen dasjenige

---

[42] Vgl. *Larenz,* Karl, a.a.O., S. 258; *Staudinger-Brändl,* a.a.O., Einl. Anm. 57; *Dahm,* Georg, a.a.O., S. 41; *Siebert,* Wolfgang, a.a.O., S. 39. Diese Feststellung wurde im übrigen bereits durch das Reichsgericht getroffen. In einer Entscheidung aus dem Jahre 1933 heißt es nämlich: „Höher als der Wortlaut des Gesetzes steht sein Zweck und Sinn“. (Urteil des Reichsgerichts vom 17. 10. 1933, in: RGZ 142, 36 (40). Im gleichen Sinne auch der Beschluß des BGH vom 11. 11. 1954, in: BGHStr 6, 394 (397); vgl. auch *Reinicke,* G. und D.: Die Auslegungsgrundsätze des Bundesgerichtshofes, in: NJW, 4. Jahrgang (1951), Heft 18, S. 685.)

[43] *Lehmann-Hübner,* a.a.O., S. 61; Hervorhebungen nicht wiedergegeben.

[44] Vgl. *Paulick,* Heinz, a.a.O., S. 169.

[45] Vgl. insbesondere: *Heck,* Philipp: Gesetzesauslegung und Interessenjurisprudenz, in: AcP, Bd. 112 (1914), Heft 1, S. 121 ff.

Vorstellungsbild, das entsteht, wenn an die Worte und ihre Satzstellung der Maßstab des sog. technisch-juristischen Sprachsinns angelegt wird.

Es kann nun keinem Zweifel unterliegen, daß in allen Fällen, in denen sich eine vom allgemeinen Sprachgebrauch abweichende spezifisch juristische Redeweise feststellen läßt, diese bei der Ermittlung des Gesetzeswortlauts zum Zuge kommen muß. Darauf weist besonders deutlich Müller-Erzbach hin, wenn er schreibt, daß der Gesetzgeber seinen eigenen Standort hat, von dem aus er seine Welt betrachtet. „Er kann mithin verlangen, daß der ihm gehorsampflichtige Richter sich in diese Welt des Gesetzes und seiner Begriffe begibt und von dem gleichen Standpunkt aus wie es das Leben betrachtet[46]."

Sieht man nun die in Frage stehende Schutzklausel beim Sonderprüfungsbericht unter diesem Gesichtspunkt, so muß auffallen, daß das Gesetz bei verschiedenen anderen Gelegenheiten, bei denen es ebenfalls um den Schutz der Interessen der Gesellschaft geht, genau die gleiche Formulierung wählt wie im Fall des Sonderprüfungsberichts, so z. B. im Zusammenhang mit dem Auskunftsrecht der Aktionäre in der Hauptversammlung (vgl. § 112 Abs. 3 Satz 1), bei der Berichterstattung im Rahmen des jährlichen Geschäftsberichts (vgl. § 128 Abs. 3 Satz 2) und teilweise auch in Verbindung mit dem Auskunftsrecht der Abschlußprüfer (vgl. § 138 Abs. 3). Dies muß noch nicht unbedingt bedeuten, daß wir es bei der Schutzklausel mit einer vom allgemeinen Sprachgebrauch abweichenden typisch juristischen Redeweise zu tun haben. Es berechtigt aber jedenfalls dazu, bei der Ermittlung des Vorstellungsbildes, das der Gesetzgeber mit den Worten der Schutzklausel beim Sonderprüfungsbericht verbunden hat, auch die diesbezüglichen, weit eingehenderen wissenschaftlichen Untersuchungen der anderen Schutzklauseln zu berücksichtigen.

An dieser Stelle muß jedoch mit Nachdruck darauf hingewiesen werden, daß es sich bei dieser Übertragung der Ergebnisse, zu denen die Untersuchungen der anderen gleichlautenden Schutzklauseln gelangt sind, nicht etwa um einen Analogieschluß handelt.

Weiter oben wurde festgestellt, daß es sich bei der Schutzklausel des Sonderprüfungsberichts um eine auslegungsbedürftige Norm handelt und nicht um eine Gesetzeslücke. Für eine analoge Übertragung des spezifischen Anwendungsbereichs einer in anderem Zusammenhang in das Gesetz eingefügten Schutzklausel auf den Fall der Berichterstattung anläßlich einer aktienrechtlichen Sonderprüfung, wie sie von Klinger

---

[46] *Müller-Erzbach,* Rudolf: Wohin führt die Interessenjurisprudenz?, Tübingen 1932, S. 73; vgl. auch *Enneccerus-Nipperdey,* a.a.O., S. 331.

vorgenommen wird[47], kann daher schon aus diesem Grunde kein Raum sein[48].

Ganz abgesehen davon, sind auch die formalen Voraussetzungen für einen Analogieschluß nicht gegeben, da, wie wir ebenfalls bereits gesehen haben, die Unterdrückung einer Mitteilung im Rahmen des Auskunftsrechts in der Hauptversammlung, des Geschäftsberichts oder eines Sonderprüfungsberichts sehr unterschiedlich beurteilt werden muß[49]. Selbst innerhalb des Geschäftsberichts ist der Anwendungsbereich der Schutzklausel verschieden, je nachdem, ob es sich um die Einzelangaben nach § 128 Abs. 2 Ziff. 1—9 handelt oder nicht[50]. Das kann aber nicht heißen, daß der besondere Vorstellungsinhalt, den das Gesetz mit den einzelnen bei der — in allen Fällen gleichen — Formulierung der Schutzklausel verwandten Begriffen verbunden hat, ebenfalls verschieden sein müßte.

Eine erste Analyse des zu erforschenden Wortlauts der Schutzklausel[51] zeigt nun, daß es insbesondere die Begriffe „pflichtmäßiges Ermessen", „überwiegende Belange", „Gesellschaft", „beteiligtes Unternehmen" und „gemeiner Nutzen von Volk und Reich" sind, auf deren Klärung es im Rahmen einer grammatischen Auslegung ankommen wird. Was den Begriff des pflichtmäßigen Ermessens anbelangt, so wurde weiter oben bereits gesagt, daß er nicht bedeutet, daß der Gesetzgeber mit der Schutzklausel eine Ermessensnorm schaffen wollte. Der Hinweis darauf, daß der Prüfer seine Entscheidung nach pflichtmäßigem Ermessen zu fällen hat, soll vielmehr besagen, daß es sich um einen — an sich nur eine Ausdeutung zulassenden — unbestimmten Rechtsbegriff handelt, der aber in diesem speziellen Fall in der Form eines Wertbegriffs vorliegt und aus diesem Grunde einen sog. Beurteilungsspielraum aufweist. Im übrigen kann auf die Ausführung in Kapitel III., A., 3 verwiesen werden.

Das zentrale Problem der Schutzklausel bildet aber der Begriff der überwiegenden Belange, dessen besondere Unbestimmtheit in erster

---

[47] Vgl. *Klinger*, Karl, a.a.O., S. 158 f.

[48] Im Ergebnis ebenso *Bordt*, Karl, a.a.O., S. 195; *Adler-Forster*, a.a.O., S. 362.

[49] Vgl. Urteil des BGH vom 23. 11. 1961, in: BGHZ 36, 121 (125); *Teichmann-Koehler*, a.a.O., § 112 Anm. 3; *Neflin*, Hermann: Der Umfang der Schutzklausel in § 128 Abs. 3 Satz 2 AktG, in: Die AG, 8. Jahrgang (1963), Heft 1, S. 14.

[50] Vgl. *Schlegelberger-Quassowski*, a.a.O., § 128, Anm. 8; *Gadow-Heinichen*, a.a.O., Bd. 1, § 128, Anm. 8; *von Godin-Wilhelmi*, a.a.O., § 128 Anm. 3.

[51] Unter dem Begriff Schutzklausel soll stets der zweite Halbsatz der Bestimmung des § 121 Abs. 3 Satz 2 verstanden werden. Der erste Halbsatz dieser Bestimmung enthält, worauf bereits hingewiesen wurde, verhältnismäßig wenig Probleme.

Linie dafür verantwortlich ist, daß die Anwendung der Schutzklausel in der Praxis mit so großen Schwierigkeiten verbunden ist. Mit Sicherheit läßt sich über ihn zunächst einmal nur sagen, daß das Gesetz davon ausgeht, daß die Belange der Gesellschaft oder eines beteiligten Unternehmens durch das Berichten über Maßnahmen der Geschäftsführung, das im Interesse der Aufklärung der outsiders zu fordern ist, grundsätzlich Schaden erleiden können. Die Frage ist nur die, wie das Gesetz den aus einer Berichterstattung für die Gesellschaft usw. entstehenden Schaden und den Nutzen, den die outsiders daraus ziehen, bewertet. Hier ist es nun offensichtlich so, daß das Gesetz weder den Belangen der Gesellschaft noch den Interessen der outsiders uneingeschränkt und in jedem Fall den Vorzug gibt. Im erstgenannten Fall würde es wohl nicht von „überwiegenden" Belangen sprechen, sondern einfach nur von „Belangen der Gesellschaft", im zweiten Fall wäre die ganze Schutzklausel unnötig.

Aus der Tatsache, daß nach dem Willen des Gesetzes eine Berichterstattung erst dann unterbleiben kann, wenn *überwiegende* Belange der Gesellschaft oder eines beteiligten Unternehmens es fordern, und nicht schon dann, wenn Schaden für die Gesellschaft und Nutzen für die Berichtsempfänger sich in gleicher Höhe gegenüberstehen, kann man jedoch über das oben Gesagte hinaus noch den Schluß zichen, daß das Gesetz die Interessen der outsiders doch etwas höher bewertet als die Belange der Gesellschaft, denn nur so ist es zu erklären, daß in dem Fall, in dem beide Interessen gleich stark sind, berichtet werden muß, d. h. die Interessen der outsiders das Übergewicht erhalten. Darüber jedoch, unter Verwendung welchen Maßstabs im Einzelfall festgestellt werden soll, wie groß der Schaden bzw. der Nutzen ist, der durch die Aufnahme einer ganz bestimmten Tatsache in den Sonderprüfungsbericht entsteht, sagt das Gesetz mit der Formulierung „überwiegende Belange" nichts aus.

Diese Überlegungen machen bereits deutlich, daß die in der Literatur verschiedentlich geäußerte Ansicht, daß der Prüfer, um zu einer zutreffenden Anwendung der Schutzklausel zu gelangen, „die bestehenden Interessen gegeneinander abzuwägen" hat[52], eigentlich nicht ganz korrekt ist. Die grundlegende Interessenabwägung ist bereits durch das Gesetz in der oben beschriebenen Weise festgelegt. Die Aufgabe des Prüfers besteht ausschließlich darin, für den konkreten Fall die Höhe der in Betracht kommenden Belange zu ermitteln. Ob er dann schließlich berichten darf oder nicht, sagt ihm ein Vergleich zwischen der Höhe des der Gesellschaft entstehenden Schadens und der Höhe des

---

[52] *Schulze zur Wiesch*, Dietrich Wilhelm, a.a.O., S. 126; vgl. auch *Schlegelberger-Quassowski*, a.a.O., § 128 Anm. 20; *Neflin*, Hermann, a.a.O., S. 13.

Nutzens für die outsiders. Diesen Vergleich kann man aber eigentlich nicht als Interessenabwägung bezeichnen.

In der Praxis liegen die Dinge freilich deswegen komplizierter, weil der Prüfer bei der Ermittlung der Höhe von Schaden bzw. Nutzen ganz auf sich selbst gestellt ist und ihm als Maßstab für die Beurteilung in den meisten Fällen nur seine persönliche Erfahrung, sein Wissen und oft genug ausschließlich seine individuellen Wertmaßstäbe zur Verfügung stehen[53]. Wenn von verschiedenen Autoren als Beispiele für eine Schädigung der Gesellschaftsbelange, welche die Anwendung der Schutzklausel rechtfertigen würde, die Gefährdung ihres Kredits, die Beeinträchtigung von Verdienstmöglichkeiten und schwebenden Verhandlungen etwa über Beteiligungen oder eine Fusion, die ungünstige Beeinflussung von Rechtsstreitigkeiten und insbesondere die Schwächung der Abwehrbereitschaft gegenüber Konkurrenzgefahren angeführt werden[54], so liegt es auf der Hand, daß damit nur sehr vage Anhaltspunkte gegeben sind, die durchaus nicht in jedem Fall zum Ziele, d. h. zur richtigen Anwendung der Schutzklausel, führen müssen.

Wenn das Gesetz darüber hinaus von überwiegenden Belangen *der Gesellschaft* spricht, so bringt es nach der einhelligen Auffassung in der Literatur[55] damit eindeutig zum Ausdruck, daß durch die Schutzklausel auf keinen Fall die Belange von Einzelpersonen oder Personenmehrheiten, die an dem betreffenden Unternehmen interessiert sind, geschützt werden. „Gegenstand des Schutzes ist vielmehr das Unternehmen an sich, dem auch gegenüber der Mehrheit der Aktionäre, ja sogar gegenüber ihrer Gesamtheit, eine selbständige Interessensphäre zukommt"[56].

Dieser Gedanke ist auch für die Deutung des Begriffs des *beteiligten Unternehmens* maßgebend. Beteiligt im Sinne der Schutzklausel ist, ebenfalls nach überwiegender Auffassung, nicht nur ein herrschendes, ein abhängiges oder ein sonstiges Konzernunternehmen, sondern ganz allgemein jedes Unternehmen, „mit dem die Gesellschaft so eng ver-

---

[53] Daß es doch einige Richtlinien gibt, an die er sich halten kann, werden wir im Laufe dieser Untersuchung sehen.

[54] Vgl. *Schlegelberger-Quassowski*, a.a.O., § 128 Anm. 20; *Gadow-Heinichen*, a.a.O., Bd. 1, § 128 Anm. 19; *Hertlein-Meisner:* Abschluß und Prüfung der Unternehmungen, 4. Aufl., Wiesbaden 1956, S. 251; *Neflin*, Hermann, a.a.O., S. 13; *Höppner*, Martin: Praxis des Aktienrechts, Hamburg 1935, S. 220.

[55] Vgl. Wirtschaftsprüfer-Handbuch 1963, a.a.O., S. 326; *Neflin*, Hermann, a.a.O., S. 13; *Meilicke*, Heinz: Das Minderheitenproblem im Aktienrecht, in: Dynamische Betriebsführung, Vorträge des 12. Deutschen Betriebswirtschafter-Tages, hrsg. von der Deutschen Gesellschaft für Betriebswirtschaft, Berlin 1959, S. 217; *Haas-Oechsner*, a.a.O., S. 218.

[56] *Walb*, Hans Hermann: Der Geschäftsbericht der Aktiengesellschaft, Halle/Saale 1938, S. 18.

bunden ist, daß seine wirtschaftlichen Verhältnisse auf die Lage der Gesellschaft oder umgekehrt die wirtschaftlichen Verhältnisse der Gesellschaft auf die Lage des Unternehmens von Einfluß sind"[57]. Dies bedeutet, daß es auch in diesem Fall unabdingbares Erfordernis ist, daß eine durch die Berichterstattung im Rahmen einer Sonderprüfung eintretende konkrete Schädigung des beteiligten Unternehmens auch tatsächlich eine Schädigung der Gesellschaft selbst darstellt. „Ist das nicht der Fall, wird nur das andere Unternehmen durch die Offenlegung geschädigt, so trifft die Voraussetzung nicht zu. Die Belange des anderen Unternehmens wahrzunehmen, ist der Vorstand der Gesellschaft nicht berufen[58]."

Schließlich bleibt noch zu klären, was das Gesetz unter dem „gemeinen Nutzen von Volk und Reich" verstanden haben will. Offensichtlich ist diese Formulierung von dem zur Zeit der Entstehung des Gesetzes vorherrschenden nationalsozialistischen Gedankengut beeinflußt worden. Es wäre aber sicherlich nicht richtig, dieser Bestimmung schon deswegen keine Bedeutung mehr beizumessen[59]. Vielmehr wird man davon auszugehen haben, daß hier die großen wirtschafts- und staatspolitischen Belange der Allgemeinheit den Schutz des Gesetzes erfahren sollten, insbesondere die Abwehr von Industrie- und Handelsspionage, die wirtschaftspolitischen Maßnahmen zur Arbeitsbeschaffung, Exportförderung, Konjunkturbeeinflussung usw. sowie vor allem die Interessen der Landesverteidigung nicht gefährdet werden sollten[60]. Daraus wird deutlich, daß sich der Begriff des gemeinen Nutzens von Volk und Reich ziemlich genau mit dem deckt, was das Bürgerliche Gesetzbuch[61] als Gemeinwohl bezeichnet[62].

---

[57] *Schlegelberger-Quassowski*, a.a.O., § 128 Anm. 20.

[58] *Gadow-Heinichen*, a.a.O., Bd. 1, § 128 Anm. 19; vgl. auch *Neflin*, Hermann, a.a.O., S. 13; *Adler-Düring-Schmaltz*, a.a.O., § 128 Tz. 6.

[59] In diesem Sinne auch: *Adler-Düring-Schmaltz*, a.a.O., § 128 Tz. 6; *Neflin*, Hermann, a.a.O., S. 13.

[60] Vgl. *Schlegelberger-Quassowski*, a.a.O., § 128 Anm. 21; *Adler-Düring-Schmaltz*, a.a.O., § 128 Tz. 6; *Hertlein-Meisner*, a.a.O., S. 251 f.; Wirtschaftsprüfer-Handbuch 1963, a.a.O., S. 326; *Neflin*, Hermann, a.a.O., S. 13; *Beckmann-Trültzsch:* Der Jahresabschluß nach dem neuen Aktienrecht, 2. Aufl., Halle/Saale 1937, S. 106.

[61] Vgl. z. B. § 43 Abs. 1 BGB.

[62] So auch das Institut der Wirtschaftsprüfer: Vorschläge zur Aktienrechtsreform, Düsseldorf 1956, S. 35; Arbeitsgemeinschaft der Schutzvereinigungen für Wertpapierbesitz, Aktienrechtsausschuß: Denkschrift zur Reform des Aktienrechts, Düsseldorf 1952, S. 31. Im übrigen verwendet das Aktiengesetz von 1937 den Begriff des Gemeinwohls in § 288 Abs. 1 Satz 1 selbst. Ein Hinweis darauf, daß dabei etwas anderes gemeint ist als in den Fällen, in denen das Gesetz vom gemeinen Nutzen von Volk und Reich spricht, ist nicht ersichtlich.

Das entscheidende Merkmal dieser Beschränkung des Umfangs des Sonderprüfungsberichts zugunsten des Gemeinwohls ist aber darin zu erblicken, daß die vom Gesetz vorgenommene Interessenabwägung eine vollkommen andere ist als die weiter oben geschilderte. Während im Fall der überwiegenden Belange der Gesellschaft oder eines beteiligten Unternehmens die Belange der an einer vollkommenen Unterrichtung interessierten outsiders ein leichtes Übergewicht hatten, geht für den Fall, daß das Gemeinwohl gefährdet ist, dieses den Interessen der outsiders stets vor. Ist für das gemeine Wohl auch nur der geringste Schaden zu befürchten, so hat insoweit eine Berichterstattung zu unterbleiben, ganz gleich welchen Vorteil sie den Berichtsempfängern gebracht hätte[63].

Wir können demnach festhalten, daß die grammatische Auslegung der Schutzklausel einmal einen wesentlich tieferen Einblick in die mit den einzelnen Begriffen verbundenen Vorstellungen des Gesetzgebers gewährt. Darüber hinaus konnte aber gezeigt werden, daß sich durch eine Analyse des Gesetzeswortlauts auch bereits ein erster Anhaltspunkt für die Bestimmung des Anwendungsbereichs der Schutzklausel gewinnen läßt. Wir haben gesehen, daß die Schutzklausel für den Fall, daß das Gemeinwohl gefährdet erscheint, ohne Rücksicht auf den unter Umständen beträchtlichen Nutzen, den die outsiders aus der Berichterstattung ziehen könnten, zur Anwendung kommen muß. Für den Fall, daß überwiegende Belange der Gesellschaft selbst oder eines beteiligten, d. h. in engen wirtschaftlichen Beziehungen mit der Gesellschaft stehenden Unternehmens Gefahr laufen, Schaden zu nehmen, ist dagegen für die Anwendung der Schutzklausel zusätzliche Voraussetzung, daß der Schaden für die Gesellschaft größer ist als der Nutzen für die Berichtsempfänger. Halten sich Schaden und Nutzen die Waage, so findet die Schutzklausel keine Anwendung. Die Interessen der outsiders sind also bevorzugt.

Was die grammatische Auslegung dagegen nicht kann, ist Aufklärung über die Frage zu bringen, wie nun im Einzelfall festgestellt werden soll, wie groß ein Nutzen ist bzw. welches Ausmaß ein Schaden annehmen kann. Es soll daher im folgenden untersucht werden, ob diese Fragen mit Hilfe der teleologischen Auslegungsmethode unter Berücksichtigung der Auslegung nach dem logisch-systematischen Zusammenhang und der historischen Auslegung einer Klärung zugeführt werden können.

---

[63] Vgl. hierzu auch Kapitel III., C., insbesondere III., C., 1., bb).

b) *Die Auslegung nach dem logisch-systematischen Zusammenhang*

Soll der Anwendungsbereich einer Gesetzesbestimmung ermittelt werden, so darf diese grundsätzlich nicht isoliert betrachtet werden, sondern muß in ihrem Zusammenhang mit dem Ganzen des Rechtssystems gesehen werden. „Der einzelne Begriff, der einzelne Rechtssatz, das einzelne Gesetz sind nur Teile eines Ganzen: Glieder einer einheitlichen, vom Gesetzgeber widerspruchslos gewünschten Ordnung von Rechtssätzen. Anhaltspunkte für den zu erkennenden Inhalt des tatsächlichen gesetzgeberischen Gedankens erhalten wir deshalb aus dem schon erkannten Inhalt der übrigen geltenden Rechtssätze, welche durch das zu ermittelnde Recht ergänzt oder näher bestimmt werden oder das zu ermittelnde Recht ergänzen oder näher bestimmen sollen“[64]. Diese Auslegungsmethode, die nicht nur nach der Bedeutung der Rechtsbegriffe im jeweiligen konkreten Gedankenzusammenhang oder nach der äußeren Stellung eines Rechtssatzes im Gesetz fragt, sondern darüber hinaus nach der „Fülle des im einzelnen Rechtssatz geborgenen Rechtsgedankens in seiner mannigfaltigen Bezüglichkeit auf die anderen Bestandteile des gesamten Rechtssystems“[65], nennt man Auslegung nach dem logisch-systematischen Zusammenhang[66].

Untersucht man nun die Schutzklausel beim Sonderprüfungsbericht auf ihre Stellung innerhalb der Vorschriften über die Sonderprüfung und auf ihren Zusammenhang mit anderen Bestimmungen des Aktienrechts hin, so kann man zunächst feststellen, daß sich der Gesetzgeber bei der Anordnung der einzelnen die Sonderprüfung betreffenden Vorschriften ziemlich genau an den zeitlichen Ablauf der Prüfung gehalten bzw. die von ihm ins Auge gefaßten Rechtsfragen in ihrer logischen Aufeinanderfolge geregelt hat.

So findet man zuerst die Frage behandelt, wer unter welchen Voraussetzungen eine Sonderprüfung veranlassen kann und wer als Prüfer in Betracht kommt. Daran schließen sich Bestimmungen darüber an, welche Sorgfalt bei der Prüfung anzuwenden ist und welches Auskunfts- und Einsichtsrecht dem Prüfer zur Verfügung steht. Schließlich folgen die Vorschriften über den zu erstattenden Prüfungsbericht, in dem das Ergebnis der Prüfung niedergelegt werden muß und der die Prüfung damit zum Abschluß bringt. Dabei ist die Schutzklausel nun zwischen die allgemeine Forderung, daß die Prüfer über das Ergebnis der Prüfung schriftlich zu berichten haben, und die Bestimmung, daß der Bericht unverzüglich dem Vorstand und zum Handelsregister des Sitzes

---

[64] *Keller*, Adolf, a.a.O., S. 102.
[65] *Engisch*, Karl: Einführung, a.a.O., S. 79.
[66] Vgl. auch: *Larenz*, Karl, a.a.O., S. 244; Dahm, Georg, a.a.O., S. 42 f.

der Gesellschaft einzureichen ist, eingebettet. Damit ist zunächst klargestellt, daß die Schutzklausel eine Angelegenheit der Gestaltung des Sonderprüfungsberichts ist, d. h. daß eine Berücksichtigung der vom Gesetz grundsätzlich als schutzwürdig anerkannten Belange dadurch, daß Teile des Sonderprüfungsberichts nicht zum Handelsregister eingereicht und damit der Öffentlichkeit zugänglich gemacht werden, ausgeschlossen ist.

Die Tatsache, daß das Gesetz zunächst ohne Einschränkung die Berichterstattung fordert und erst im zweiten Satz, eben in der Schutzklausel, die Fälle nennt, in denen sie zu unterbleiben hat, macht aber außerdem deutlich, daß es sich bei der Schutzklausel um den typischen Fall einer Ausnahmevorschrift oder, wie Larenz sich ausdrückt, eines einschränkenden Rechtssatzes handelt. Diese Art von Normen ist dadurch gekennzeichnet, daß „der Tatbestand eines Rechtssatzes im Gesetz zunächst so weit gefaßt (wird), daß er auch solche Sachverhalte deckt, für welche die ihm zugeordnete Rechtsfolge nicht gelten soll. Dann wird durch einen zweiten (unvollständigen) Rechtssatz die zuvor gegebene Regel wieder eingeschränkt, indem für einen bestimmten, engeren Kreis von Vorgängen, die der Tatbestand deckt, die im ersten Rechtssatz angeordnete Rechtsfolge ausgeschlossen, die getroffene Geltungsanordnung also wieder zurückgenommen wird“[67]. Einschränkende Rechtssätze „enthalten also eine negative Geltungsanordnung (. . .), die nur verständlich ist in Verbindung mit einer vorausgegangenen positiven Geltungsanordnung“[68].

Das heißt aber nun nichts anderes, als daß die Methode, nach der wir vorgehen zu müssen glaubten, um die Bedeutung der Schutzklausel für den Sonderprüfungsbericht klar erkennen zu können, sozusagen nachträglich durch das Gesetz in vollem Umfang bestätigt wird. Wenn wir uns oben in Kapitel II zunächst bemüht haben, den positiven Umfang der Berichterstattung über die aktienrechtliche Sonderprüfung herauszuarbeiten, so entspricht dies genau der Systematik des Gesetzes, das durch die an den Anfang gestellte ganz allgemeine Bestimmung, daß über das Ergebnis der Prüfung schriftlich zu berichten ist, zu erkennen gibt, daß es seinen Ausgangspunkt ebenfalls von dem oben dargestellten, insbesondere durch den fundamentalen Grundsatz der Zielerreichung geprägten, positiven Umfang des Sonderprüfungsberichts nimmt. Die Schutzklausel engt diesen positiven Umfang dann in den vom Gesetz bezeichneten Fällen *ausnahmsweise* wieder ein, ohne jedoch die grundsätzliche Bestimmung wieder zu neutralisieren, daß so zu berichten ist, daß es dem Charakter der Sonderprüfung und dem Wesen

---

[67] *Larenz*, Karl, a.a.O., S. 163.

[68] *Larenz*, Karl, a.a.O., S. 163; Hervorhebungen nicht wiedergegeben.

eines Prüfungsberichts nicht widerspricht oder, anders ausgedrückt, daß das mit der Anordnung der Sonderprüfung verfolgte konkrete Ziel nicht gefährdet wird. Wollte man dies tatsächlich annehmen, so würde das bedeuten, daß sich der Gesetzgeber bei der Abfassung der Vorschriften über die Gestaltung des Sonderprüfungsberichts in einen Normenwiderspruch[69] verwickelte, mit der Folge, daß beide Vorschriften, die positive Vorschrift und die Schutzklausel, als nicht gegeben angesehen werden müßten. Für eine derart folgenschwere Annahme fehlen jedoch nach unserer Auffassung alle Anhaltspunkte.

Aus der Tatsache, daß es sich bei der Schutzklausel des Sonderprüfungsberichts — und übrigens auch bei den anderen Schutzklauseln — um eine typische Ausnahmevorschrift handelt, folgert nun ein beträchtlicher Teil der Fachliteratur, daß sie auf jeden Fall eng auszulegen ist. So schreibt beispielsweise Bordt: „Auch der Charakter der Schutzklausel als einer Ausnahmebestimmung spricht für eine einengende Auslegung[70].“ Ohne näher auf die Frage einzugehen, in bezug worauf eine Auslegung als „eng“ oder als „weit“ anzusehen ist[71], wird man annehmen können, daß der Grundgedanke dieser allgemeinen Richtlinie, wonach Ausnahmevorschriften eng auszulegen sind, nun gerade darin zu sehen ist, daß Ausnahmebestimmungen eben nur im Zusammenhang mit dem die Regel enthaltenden Rechtssatz gesehen werden dürfen und daß dieser die Auslegung der Ausnahmebestimmung insofern beeinflußt, als durch sie die Regel als solche grundsätzlich nicht gefährdet werden soll. Es kann daher Oswald nicht zugestimmt werden, wenn er meint, daß „der immer wieder nachgesprochene Satz, Ausnahmevorschriften wären einschränkend auszulegen, ... falsch (ist)“, daß vielmehr auch für sie die gleichen Auslegungsgrundsätze gelten wie für jede andere Norm[72].

Wie oben bereits angedeutet, können aber nun für die Auslegung einer Gesetzesbestimmung nicht nur die ihr unmittelbar vorausgehenden oder an sie anschließenden Vorschriften einen Hinweis enthalten, sondern grundsätzlich jede Vorschrift innerhalb des gleichen Gesetzgebungswerkes — in unserem Fall also des Aktiengesetzes —, da jedes Gesetz als eine Einheit aufzufassen ist. Unter diesem Aspekt ist

---

[69] Vgl. zu diesem Begriff *Engisch*, Karl: Einführung, a.a.O., S. 158 f.

[70] *Bordt*, Karl, a.a.O., S. 196; zu gleichem Ergebnis gelangen hinsichtlich der Auslegung der anderen Schutzklauseln: *Adler-Düring-Schmaltz*, a.a.O., § 128 Tz. 8; *Haas-Oechsner*, a.a.O., S. 218; *Schulze zur Wiesch*, Dietrich Wilhelm, a.a.O., S. 127; *Neflin*, Hermann, a.a.O., S. 13; *Walb*, Hans Hermann, a.a.O., S. 19 f.; *Deuss*, Peter, a.a.O., S. 105.

[71] Vgl. hierzu *Larenz*, Karl, a.a.O., S. 259 f.; *Engisch*, Karl: Einführung, a.a.O., S. 100 ff.

[72] *Oswald*: Grundsätzliche Fragen der Gesetzesauslegung im Steuerrecht, in: NJW, 6. Jahrgang (1953), Heft 49, S. 1812.

es insbesondere die Vorschrift des § 302 AktG 1937, die für den Anwendungsbereich der Schutzklausel beim Sonderprüfungsbericht von Bedeutung sein könnte. In Ziffer 1 dieser Vorschrift wird nämlich bestimmt, daß jeder Prüfer — also auch der Sonderprüfer — und jeder Prüfergehilfe mit Gefängnis oder Geldstrafe bestraft werden, wenn sie über das Ergebnis der Prüfung falsch berichten oder erhebliche Umstände im Bericht verschweigen. Wie im Kapitel über die Berichtsvollständigkeit bereits ausgeführt, muß unter „erheblichen Umständen" alles verstanden werden, was vom Berichtszweck aus gesehen von Bedeutung ist[73], womit die oben gewonnene Erkenntnis, daß durch die Schutzklausel das mit der Sonderprüfung verfolgte konkrete Prüfungsziel nicht gefährdet werden darf, eine Bestätigung erfahren würde.

Nun verhält es sich aber tatsächlich so, daß alle Mitteilungen, die der Sonderprüfer auf Grund der Schutzklausel unterläßt, den Tatbestand des § 302 Ziff. 1 AktG 1937 von vornherein gar nicht erfüllen. „Umstände, die nach § 121 Abs. III nicht in den Bericht über das Ergebnis der Prüfung aufgenommen werden durften, sind nicht verschwiegen im Sinne des § 302 Nr. 1. Diese Vorschriften beseitigen nicht erst die Rechtswidrigkeit des Verhaltens, sondern schon seine Tatbestandsmäßigkeit[74]." Demnach können auf Grund der Schutzklausel auch erhebliche, d. h. im Hinblick auf den Berichtszweck wesentliche Umstände im Sonderprüfungsbericht nicht zur Sprache kommen, ohne daß § 302 Ziff. 1 AktG 1937 eingreift, wobei es in Anbetracht der Schwierigkeit der Feststellung, wann die Schutzklausel anzuwenden ist, genügen wird, wenn der Sonderprüfer für seine Entscheidung gewichtige Gründe vorbringen kann[75]. Dies bedeutet, daß der von § 302 Ziff. 1 AktG 1937 zunächst für alle Prüfungen geforderte Grundsatz der Berichtsvollständigkeit für den Sonderprüfungsbericht durch die Schutzklausel durchbrochen wird. Ein (negativer) Einfluß der Strafvorschrift des § 302 Ziff. 1 AktG 1937 auf den Anwendungsbereich der Schutzklausel ist damit, entgegen der Ansicht Bordts[76], ausgeschlossen.

Das gleiche gilt für § 302 Ziff. 2 AktG 1937, der die unbefugte Verwertung von Geschäfts- und Betriebsgeheimnissen durch Prüfer und Prüfergehilfen unter Strafe stellt. Ein (positiver) Einfluß auf den Anwendungsbereich der Schutzklausel, etwa dahingehend, daß die Schutzklausel stets zur Anwendung kommen müsse, wenn derartige Geheim-

---

[73] Vgl. insbesondere *Ritter*, Carl: Kommentar zum Aktiengesetz, 2. Aufl., Berlin und München 1939, § 302 Anm. 20.

[74] *Gadow-Heinichen*, a.a.O., Bd. 2, § 302 Anm. 8; vgl. auch *Baumbach-Hueck*, a.a.O., § 302 Anm. 2; *von Godin-Wilhelmi*, a.a.O., 2. Aufl., § 302 Anm. 4; *Schlegelberger-Quassowski*, a.a.O., § 302 Anm. 3

[75] Vgl. *Walb*, Hans Hermann, a.a.O., S. 127.

[76] Vgl. *Bordt*, Karl, a.a.O., S. 185.

nisse zur Berichterstattung anstehen, ist nicht gegeben, weil für den Fall, daß die Mitteilung von Geschäfts- und Betriebsgeheimnissen nach Ansicht des Sonderprüfers unbedingt erforderlich ist, um den Berichtsempfängern ein vollständiges Bild zu vermitteln, kaum von einer „unbefugten Verwertung" gesprochen werden kann[77]. Der gegenteiligen Ansicht Klingers, der sich in seiner Argumentation — unnötigerweise — auf die Vorschrift des § 17 des Gesetzes gegen den unlauteren Wettbewerb stützt, die den Schutz von Geschäfts- und Betriebsgeheimnissen vor unbefugter Verwertung durch Angestellte, Arbeiter und Lehrlinge zum Gegenstand hat[78], kann nicht gefolgt werden.

Zusammenfassend kann demnach als Ergebnis einer logisch-systematischen Auslegung der Schutzklausel beim Sonderprüfungsbericht folgendes festgehalten werden: Die Schutzklausel betrifft eindeutig die Gestaltung des Sonderprüfungsberichts und nicht — was, soweit wir sehen, auch noch von niemand behauptet wurde — seine Publizität. Sie kann als typische Ausnahmevorschrift nur im Zusammenhang mit der ihr vorausgehenden uneingeschränkten Forderung, daß die Sonderprüfer über das Ergebnis der Prüfung schriftlich zu berichten haben, gesehen werden. Aus der Tatsache, daß das Gesetz die Interessen der Gesellschaft, eines beteiligten Unternehmens und des Gemeinwohls im Rahmen einer Ausnahmevorschrift schützt, kann geschlossen werden, daß auch das Gesetz die Erreichung des Prüfungszieles durch die Schutzklausel nicht gefährdet sehen will. Im übrigen kann darin eine Bestätigung für das dieser Untersuchung zugrunde liegende methodische Vorgehen gesehen werden, wonach der Umfang des Sonderprüfungsberichts aus dem Wesen von Sonderprüfung und Prüfungsbericht zunächst in positiver Weise zu bestimmen ist und erst dann festgestellt werden soll, in welcher Weise dieser positive Berichtsumfang durch die Schutzklausel wieder eingeschränkt wird. Aus anderen Bestimmungen des Aktiengesetzes, insbesondere aus den Strafvorschriften des § 302 AktG 1937, ergeben sich keine Auswirkungen auf den Anwendungsbereich der Schutzklausel. Ein negativer, d. h. einengender Einfluß des § 302 Ziff. 1 AktG 1937 kommt deswegen nicht in Betracht, weil der Tatbestand obiger Vorschrift auf die Fälle, in denen auf Grund der Schutzklausel „verschwiegen" wird, nach herrschender Meinung gar nicht zur Anwendung kommt. Ein möglicherweise positiver, d. h. ausdehnender Einfluß des § 302 Ziff. 2 AktG 1937 ist deshalb nicht anzunehmen, weil eine durch eine Sonderprüfung veranlaßte Mitteilung von Geschäfts- und Betriebsgeheimnissen nur in krassen Ausnahmefällen als strafbare „unbefugte Verwertung" zu betrachten sein wird.

---

[77] Vgl. *Adler-Forster*, a.a.O., S. 362.

[78] Vgl. *Klinger*, Karl, a.a.O., S. 159 f.

c) Die teleologische Auslegung unter Berücksichtigung der Entstehungsgeschichte

Bei der Auslegung des Gesetzes ist, wie bei jeder anderen Willenserklärung (vgl. § 133 BGB), der wirkliche Wille des Gesetzgebers, d. h. der von ihm verfolgte Sinn und Zweck der Regelung, der „die einzelnen Wendungen einer gesetzlichen Vorschrift zusammenhält“[79], zu erforschen und nicht am buchstäblichen Sinne des Ausdrucks zu haften[80], denn „welchen Inhalt der Gesetzgeber (...) dem Gesetz gibt, hängt in erster Linie davon ab, welche Zwecke er verfolgt, welche Lösungen (einer rechts- oder sozialpolitischen Aufgabe) er vor Augen hat und verwirklichen will“[81]. Auch wenn hierbei zunächst die Zwecksetzungen des historischen Gesetzgebers als Ausgangspunkt dienen, so geht die Auslegung doch über dessen Vorstellungen meist schon dadurch unmerklich hinaus, daß sie die im Gesetz gegebene Regelung in ihren Konsequenzen durchdenkt und den einzelnen Ausdruck so näher präzisiert und auf diese Weise die Gedanken des historischen Gesetzgebers weiterdenkt und das Gesetz insofern besser versteht als er selbst[82]. Diese Auslegung nach dem Kriterium des Gesetzeszwecks, die in Anlehnung an den römischrechtlichen Grundsatz „cessante ratione legis, cessat lex ipsa“ schon sehr frühzeitig gefordert wurde[83] und auch heute noch überwiegend als vorrangig bezeichnet wird[84], nennt man teleologische Auslegung.

Um nun den vom Gesetz mit einer bestimmten Vorschrift verfolgten Sinn und Zweck zu erkennen, wird ein eingehendes Studium der Gesetzesmaterialien, in denen sich die Entstehungsgeschichte der auszulegenden Bestimmung widerspiegelt, erforderlich. Insbesondere Heck hat auf die in dieser Hinsicht bedeutsame Rolle der Materialien hingewiesen. Er schreibt: „Ich glaube, daß jeder, der sich mit der Auslegung von Gesetzen beschäftigt hat, damit übereinstimmen wird, daß die Kenntnis der Entstehungsgeschichte in hohem Grade geeignet ist, ein historisch richtiges Verständnis für die kausalen Interessen und für die von den gesetzgebenden Menschen erstrebten Zwecke zu vermitteln[85].“ Entsprechend dem oben abgeleiteten Grundsatz, daß die Schutzklausel

---

[79] *Müller-Erzbach*, Rudolf: Wohin führt die Interessenjurisprudenz?, Tübingen 1932, S. 78.

[80] Vgl. *Enneccerus-Nipperdey*, a.a.O., S. 320.

[81] *Larenz*, Karl, a.a.O., S. 250.

[82] Vgl. *Larenz*, Karl, a.a.O., S. 250.

[83] Vgl. *Brütt*, Lorenz: Die Kunst der Rechtsanwendung, Berlin 1907, S. 57 f.; *Laubhardt:* Zur Auslegung des § 321 BGB, in: AcP, Bd. 109 (1912), S. 250.

[84] Vgl. z. B. *Engisch*, Karl: Einführung, a.a.O., S. 74; *Siebert*, Wolfgang, a.a.O., S. 40.

[85] *Heck*, Philipp: Gesetzesauslegung und Interessenjurisprudenz, in: AcP, Bd. 112 (1914), Heft 1, S. 114.

nur im Zusammenhang mit dem Prüfungsziel gesehen werden kann, ist im folgenden eine umfassende Darstellung der Entstehungsgeschichte der Sonderprüfung zu geben, denn nur wenn der vom Gesetz mit der Schaffung der Institution der Sonderprüfung verfolgte Zweck herausgearbeitet ist, können Sinn und Zweck der Schutzklausel und damit ihr Anwendungsbereich umrissen werden.

Die betrügerischen Machenschaften der Aktiengesellschaften in den Jahren nach 1870, durch die weite Kreise der Bevölkerung um ihre Ersparnisse gebracht wurden, sind in großem Umfang zum Anlaß genommen worden, die Grundordnung der Aktiengesellschaft, wie sie im Aktiengesetz vom 11. Juni 1870 niedergelegt war, nochmals zu überdenken. Ein beredtes Bild von den damaligen Zuständen zeichnet der anonyme Verfasser des schon verschiedentlich herangezogenen Mahnrufs, wenn er ausführt: „Es wird dem ehrlichen Manne schwer, zu begreifen, daß so manches, was im Aktienwesen geschehen ist und noch geschieht, vor den Gesetzen erlaubt und für die erlittene Unbill keine Genugthuung zu erhalten ist[86]." Und weiter heißt es: „Das gegenwärtige Recht der Aktien-Gesellschaft mit seiner ungleichen Theilung der Gewalten zwischen quasi-souveränen Vorständen und Aufsichtsräthen, welche Alles können, wollen und wissen und der stumpfen Menge der Aktionäre, welche wenig ausrichten können und vor allen Dingen fast nichts oder doch nichts zur rechten Zeit erfahren und wissen, ist das mächtigste Agens für die fortdauernde Bereicherung der Reichen und für die Schmälerung, wenn nicht Verarmung der mittleren Vermögen, des Bürgerstandes[87]."

Als besonders nachteilig empfand man es, daß die ihr Kapital zur Verfügung stellenden Aktionäre keine Möglichkeit hatten, eine Kontrolle über die Geschäftsführung auszuüben. Aus der Tatsache, daß sie von Gedeih und Verderb der Gesellschaft unmittelbar und ausschließlich betroffen werden, folgerte man, „daß es ihre Sache ist, die Geschäftsführung, welche sie Vorständen überlassen *müssen*, zu kontroliren und letztere zur Verantwortung zu ziehen"[88]. Besonders bemerkenswert sind in diesem Zusammenhang die in Nr. 14 der „Formulirungen der preussischen Kommission zur Untersuchung von Mißständen im Eisenbahn-Konzessions-Wesen" gemachten Vorschläge. Dort heißt es nämlich: „In Betreff der Verantwortlichkeit aus Delikten soll das Gesetz je nach der Beschaffenheit des in Frage kommenden Delikts entweder einem einzelnen Aktionär oder einer Anzahl vereinigter Aktio-

[86] Ohne Verfasser: Ein Mahnruf zur Reform des Actienrechts. Von einem praktischen Juristen, Berlin 1876, Vorwort, S. 1 (künftige Zitierweise: Ohne Verfasser: Ein Mahnruf..., a.a.O.).

[87] Ohne Verfasser: Ein Mahnruf..., a.a.O., S. 8.

[88] Ohne Verfasser: Ein Mahnruf..., a.a.O., S. 11 f.

näre die Befugniss geben: ... b) die Einsetzung besonderer Revisoren bei dem Richter zu beantragen, wenn die gesetzwidrige Geschäftsführung wahrscheinlich gemacht wird und die bestehende Revision als lässig sich erweist[89]." In die gleiche Richtung zielt der mit viel Beifall aufgenommene Beschluß des Deutschen Juristentages von 1873, demzufolge die Gerichte ermächtigt werden sollten, „jederzeit auf Antrag einzelner Aktionäre, wenn nicht wichtige Gründe dagegen vorliegen, ... eine Untersuchung der Geschäftsfürung zu veranlassen"[90].

Die in dem soeben angeführten Beschluß gemachte Einschränkung „... wenn nicht wichtige Gründe dagegen vorliegen ..." läßt jedoch bereits erkennen, daß man nicht nur einseitig die Vorteile einer Unterrichtung der außenstehenden Aktionäre über Vorgänge bei der Geschäftsführung gesehen hat, sondern sich auch durchaus dessen bewußt war, daß damit unter Umständen eine Schädigung der Gesellschaft verbunden sein kann. Dies kommt auch deutlich in der besagten anonymen Schrift zum Ausdruck, wenn es dort heißt: „Manche Anfragen werden sich mit Rücksicht auf die Kunden nach unzweifelhaften Grundsätzen nicht beantworten lassen, manche deshalb nicht, weil ... erst die Zukunft die wünschenswerthe Gewißheit schaffen wird"[91].

Die Forderungen nach einem Einblick der Aktionäre in die Geschäftsführung der Aktiengesellschaften fanden ihren ersten Niederschlag in Art. 190 b des Entwurfs eines Aktiengesetzes von 1883. Dieser lautete:

„Auf Antrag von Kommanditisten, deren Antheile zusammen den zehnten Theil des Gesammtkapitals darstellen, kann das Handelsgericht, sofern glaubhaft gemacht wird, daß bei der Gründung, Geschäftsführung oder Liquidation der Gesellschaft Unredlichkeiten oder grobe Verletzungen des Gesetzes oder des Gesellschaftsvertrages stattgefunden haben, Revisoren zur Prüfung des Hergangs ernennen.

Vor der Anordnung sind die persönlich haftenden Gesellschafter oder die Liquidatoren sowie der Aufsichtsrath zu hören. Die Anordnung kann von einer nach freiem Ermessen zu bestimmenden Sicherheitsleistung abhängig gemacht werden.

Die persönlich haftenden Gesellschafter haben den Revisoren die Einsicht der Bücher und Schriften der Gesellschaft und die Untersuchung des Bestandes der Gesellschaftskasse, wie der Bestände an Effekten, Handelspapieren und Waaren zu gestatten.

---

[89] Zitiert nach: Ohne Verfasser: Ein Mahnruf ..., a.a.O., S. 44; Hervorhebungen nicht wiedergegeben.

[90] Zitiert nach: Ohne Verfasser: Ein Mahnruf ..., a.a.O., S. 45.

[91] Ohne Verfasser: Ein Mahnruf ..., a.a.O., S. 43; vgl. auch die Ausführungen des gleichen Autors auf S. 45 und 51.

Der Bericht über das Ergebniss der Prüfung ist von den Revisoren zu dem Handelsregister einzureichen und von den persönlich haftenden Gesellschaftern zur Kenntnis der nächsten Generalversammlung der Kommanditisten zu bringen[92]."

Gemäß Art. 222 fanden die Vorschriften des Art. 190 b auf die Aktiengesellschaft Anwendung, mit der Maßgabe, daß die den persönlich haftenden Gesellschaftern auferlegten Verpflichtungen dem Vorstand oblagen.

Aber nicht nur die grundsätzliche Nützlichkeit und Notwendigkeit einer „besonderen Untersuchung" wurden anerkannt, auch die damit verbundenen Nachteile fanden Berücksichtigung. So führt die allgemeine Begründung aus: „Auf der anderen Seite hat sich der Entwurf nicht der Überzeugung verschließen können, mit wie schweren Nachtheilen eine solche Untersuchung verbunden sein muß, wenn die Gesellschaft nicht gegen jede missbräuchliche Benutzung in geeigneter Weise gesichert wird[93]." Um diese Nachteile von der Gesellschaft fernzuhalten, hielt der Entwurf es bemerkenswerterweise für ausreichend, wenn das Verfahren der Bestellung der Revisoren an bestimmte erschwerende Voraussetzungen gebunden wurde. Aus diesem Grunde bestimmt er, daß die Aktionäre nicht selbst die Untersuchung anordnen, sondern lediglich einen Antrag auf Bestellung beim Handelsgericht einreichen können, und dies auch nur, wenn die Antragsteller mindestens den zehnten Teil der Anteile halten und glaubhaft machen, daß bei der Gründung, Geschäftsführung oder Liquidation der Gesellschaft Unredlichkeiten oder grobe Verletzungen des Gesetzes oder des Gesellschaftsvertrages vorgekommen sind. Außerdem soll das Handelsgericht ermächtigt sein, die Anordnung der Untersuchung von einer nach freiem Ermessen zu bestimmenden Sicherheitsleistung seitens der Antragsteller abhängig zu machen.

Diese Grundsätze wurden in Art. 222 a auch in das Gesetz betreffend die Kommanditgesellschaften auf Aktien und die Aktiengesellschaften vom 18. Juli 1884 übernommen, in dem die aktienrechtliche Sonderprüfung ihre erste Kodifizierung fand. Das ganze Gesetz und insbesondere die Vorschriften über die Sonderprüfung müssen nach der übereinstimmenden Meinung der damaligen Kommentatoren auf dem Hintergrund der oben geschilderten Mißstände betrachtet werden[94]. Daraus

---

92 Entwurf eines Gesetzes betreffend die Kommanditgesellschaften auf Aktien und die Aktiengesellschaften nebst Begründung und Anlagen, vorgelegt dem Bundesrath am 7. September 1883, Berlin 1883.

93 Allgemeine Begründung zum Entwurf eines Gesetzes..., a.a.O., Berlin 1883, S. 248.

94 Vgl. *Hergenhahn*, Th.: Das Reichsgesetz betreffend die Kommanditgesellschaften auf Aktien und die Aktiengesellschaften vom 18. Juli 1884,

ziehen Petersen-von Pechmann eindeutige Konsequenzen. Sie schreiben: „Das Gesetz ist Reformgesetz ... Daraus folgt, daß man in Fällen, in welchen die Auslegung zweifelhaft ist, den Sinn des Gesetzes am sichersten treffen wird, wenn man es so auslegt, wie es im Interesse der wirksamen Verfolgung seiner Reformzwecke erforderlich ist ... In der Regel ist dies die Auslegung, welche in Hinsicht auf die im Gesetze gestellten Ansprüche als die strengere erscheint. Man ist daher berechtigt, den Satz aufzustellen, daß im Zweifel für die strengere Auslegung zu entscheiden sei[95]." Dies bedeutet für den Sonderprüfungsbericht, daß er in bestmöglicher Weise Aufklärung über die fragliche Geschäftsführungsmaßnahme bringen muß. Selbst Unregelmäßigkeiten, die mit dem Prüfungsauftrag in keinem Zusammenhang stehen, die die Revisoren also beiläufig entdecken, sollten nach der Ansicht der oben genannten Kommentatoren in den Prüfungsbericht Aufnahme finden[96].

Die Tatsache, daß Art. 12 Abs. 2 Satz 2 des damals geltenden Allgemeinen Deutschen Handelsgesetzbuchs nur davon spricht, daß die Einsicht in das Handelsregister öffentlich ist, die zu diesem eingereichten Schriftstücke aber unerwähnt läßt, könnte nun zu der Ansicht führen, daß dem Sonderprüfungsbericht damals gar nicht die uneingeschränkte Publizität zukam, die die Frage seines Umfangs erst zum Problem macht, wodurch Rückschlüsse von der mit der Sonderprüfung zur Zeit ihrer Einführung verfolgten Absicht auf den Umfang der Berichterstattung nach heutigen Verhältnissen natürlich nur noch sehr bedingt möglich wären. Daß sich das öffentliche Einsichtsrecht aber schon damals auch auf die zum Handelsregister einzureichenden Urkunden usw. bezog, stellt mit Nachdruck Staub fest[97]. Ausdrücklich in diesem Sinne ist dann die Regelung des heute noch geltenden § 9 Abs. 1 des Handelsgesetzbuchs vom 10. Mai 1897 ausgefallen.

Aber auch die im Entwurf vorgesehenen Bestimmungen, mit denen man mit der Sonderprüfung verbundene nachteilige Folgen für die Gesellschaft abwenden wollte, wurden in das Gesetz von 1884 übernommen und sogar noch wesentlich erweitert. So konnte ein Antrag auf Ernennung von Revisoren nur noch zur Überprüfung von Geschäftsführungsmaßnahmen, die nicht länger als zwei Jahre zurücklagen, ge-

---

Berlin 1891, S. XXIII; *Ring,* Viktor: Das Reichsgesetz betreffend die Kommanditgesellschaften auf Aktien und die Aktiengesellschaften vom 18. Juli 1884, 2. Aufl., Berlin 1893, S. 12.

[95] *Petersen-von Pechmann*: Kommentar zum Gesetz betreffend die Kommanditgesellschaften auf Aktien und die Aktiengesellschaften vom 18. Juli 1884, Leipzig 1890, S. XVII f.

[96] Vgl. *Petersen-von Pechmann,* a.a.O., S. 441.

[97] Vgl. *Staub,* Hermann: Kommentar zum Allgemeinen Deutschen Handelsgesetzbuch, Ausgabe für Österreich, bearbeitet von Oskar Pisko, Bd. 1, Wien 1904, S. 57.

stellt werden. Ferner hatten die Antragsteller die Aktien bis zur Entscheidung über den Antrag gerichtlich zu hinterlegen und glaubhaft zu machen, daß sie dieselben seit mindestens sechs Monaten, von der Generalversammlung zurückgerechnet, besitzen. Schließlich wurde als wohl wirksamste Sicherung gegen mißbräuchliche Inanspruchnahme des Sonderprüfungsrechts in Art. 222 a Abs. 5 der Gesellschaft für den Fall, daß der Antrag auf Ernennung von Revisoren vom Gericht zurückgewiesen wurde oder er sich nach dem Ergebnis der Prüfung als unbegründet erweist, ein Schadenersatzanspruch gegen die Aktionäre eingeräumt, denen bei der Stellung des Antrags eine bösliche Handlungsweise, d. h. Vorsatz oder ein derartiger Grad der Fahrlässigkeit, der die Möglichkeit des Schadens in Kauf nimmt[98], zur Last fällt.

Diese grundlegende Einstellung des Aktiengesetzes von 1884 zu der Frage der Notwendigkeit einer Kontrolle der Geschäftsführung einerseits und der bestmöglichen Ausschaltung vermeidbarer Schädigungen der Gesellschaft andererseits wurde auch in das Handelsgesetzbuch vom 19. Mai 1897 übernommen. Ohne an der Gesamtkonzeption etwas zu ändern, bestimmen die entsprechenden §§ 266 f. HGB 1897 außerdem noch, daß auch die Generalversammlung als Gesamtheit mit einfacher Stimmenmehrheit Revisoren bestellen kann, daß der Bericht „unverzüglich" dem Handelsregister einzureichen und wie die Kostenfrage zu regeln ist.

Neue Impulse läßt erst wieder der Reformentwurf aus dem Jahre 1930 erkennen. Unter dem Eindruck der damaligen schweren Wirtschaftskrise kam die sog. Theorie vom „Unternehmen an sich" auf. Diese ging davon aus, „daß das Unternehmen nicht nur der äußere Rahmen für die Verfolgung der Interessen der einzelnen beteiligten Staatsbürger, sondern als solches ein Rechtsgut besonderer Eigenart und eine Einrichtung mit besonderen Aufgaben sei, eine Einrichtung, der der Staat Schutz und Förderung auch insoweit nicht vorenthalten dürfe, als das Schutz- und Förderungsbedürfnis in Widerstreit mit den Sonderinteressen der Aktionäre gerät"[99].

Trotz dieser besonderen Betonung der Schutzwürdigkeit des Unternehmens konnte man sich im Entwurf jedoch nicht dazu entschließen, das Recht auf eine Sonderprüfung entscheidend einzuschränken — im

---

[98] Vgl. *Esser*, Robert und Ferdinand: Die Aktiengesellschaft nach den Vorschriften des Handelsgesetzbuchs vom 10. Mai 1897, 3. Aufl., Berlin 1907, S. 191; *Goldschmit*, Friedrich: Die Aktiengesellschaft. Handelsgesetzbuch § 178 bis § 319, München 1927, S. 113 f.

[99] Erläuternde Bemerkungen zum Entwurf eines Gesetzes über Aktiengesellschaften und Kommanditgesellschaften auf Aktien sowie Entwurf eines Einführungsgesetzes nebst erläuternden Bemerkungen, veröffentlicht durch das Reichsjustizministerium, Berlin 1930, S. 94.

Gegenteil. Aus dem Gedanken heraus, daß ein echter Interessengegensatz zwischen der Gesellschaft und den Aktionären gar nicht besteht und daß der durch den Entwurf noch gesteigerten Macht der Verwaltungen bei der Betreuung fremden Kapitals eine gesteigerte Rechenschaftspflicht und Kontrolle entsprechen müsse, wurde das Instrument der Sonderprüfung in seiner Wirksamkeit wesentlich verbessert. So wurde auf Vorschlag des 34. Deutschen Juristentages[100] und des Deutschen Anwaltvereins[101] der Minderheit das Recht auf Bestellung anderer als der von der Generalversammlung vorgeschlagenen Prüfer zugesprochen. Ferner wurden die Vorschriften über die Glaubhaftmachung von Unredlichkeiten oder Verletzungen von Gesetz oder Satzung sowie über die Sicherheitsleistung vereinfacht, die Aktienbesitzzeit der Antragsteller verkürzt und Bestimmungen über den Ausschluß bestimmter Personen vom Stimmrecht eingeführt.

Diese eindeutige Stellungnahme zugunsten einer sehr erheblichen Stärkung der Rechte der Minderheit, die verschiedenen Kommentatoren sogar nicht unbedenklich erschien[102], ist deswegen so bedeutsam, weil der Gesetzgeber sie mit nur kleinen Veränderungen in die Notverordnung vom 19. 9. 1931 übernommen hat, die zusammen mit einem weiteren Reformentwurf aus dem Jahr 1931, der in seinen §§ 130 f. die Sonderprüfungsbestimmungen der Notverordnung unverändert übernahm, einen tragenden Pfeiler des Aktiengesetzes vom 30. 1. 1937 bildete. So führt denn auch die amtliche Begründung zu diesem Gesetz bezüglich der die Sonderprüfung betreffenden §§ 118 ff. lediglich aus: „Die Vorschriften des Entwurfs über die Sonderprüfung entsprechen im wesentlichen den Vorschriften des geltenden Rechts, die bereits durch die Aktienrechtsnovelle den heutigen Bedürfnissen angepaßt sind. Die vorgenommenen Änderungen sind meistens rein sprachlicher Art[103]."

Diese äußerst knappen Feststellungen lassen nun zusammen mit der bis auf das Aktiengesetz von 1884 zurückzuverfolgenden Tendenz, die Wirksamkeit der Sonderprüfung ständig zu steigern, die in das Gesetz

---

[100] Vgl. Bericht der durch den 34. Juristentag zur Prüfung einer Reform des Aktienrechts eingesetzten Kommission, hrsg. von der ständigen Deputation des deutschen Juristentages, Mannheim - Berlin - Leipzig 1928, S. 32.

[101] Vgl. Deutscher Anwaltverein: Zur Reform des Aktienrechts, Antworten des Dt. Anwaltvereins auf die Fragen des Reichsjustizministers, 1. Teil, Druckschriften des Dt. Anwaltvereins Nr. 20, Leipzig 1929, S. 173.

[102] Vgl. *Staub-Pinner:* Kommentar zum Handelsgesetzbuch, 2. Band, 14. Aufl., Berlin und Leipzig 1933, S. 652.

[103] Amtliche Begründung zum Gesetz über Aktiengesellschaften und Kommanditgesellschaften auf Aktien vom 30. Januar 1937, zitiert nach: *Klausing,* Friedrich: Gesetz über Aktiengesellschaften und Kommanditgesellschaften auf Aktien (Aktien-Gesetz) nebst Einführungsgesetz und „Amtlicher Begründung", Berlin 1937, S. 105.

neu eingeführte und in der amtlichen Begründung mit keinem Wort erwähnte Schutzklausel in einem vollkommen anderen Licht erscheinen. Wenn man auch sicherlich nicht so weit wird gehen können, die Vorschrift des § 121 Abs. 3 Satz 2 AktG 1937 lediglich als eine der in der Begründung erwähnten Änderungen „rein sprachlicher Art" anzusehen, so erscheint es angesichts der gegenüber der Verordnung von 1931 unveränderten Grundhaltung des Gesetzes von 1937 doch angezeigt, den Anwendungsbereich der Schutzklausel nicht allzu weit zu ziehen. Auf keinen Fall aber wird man es rechtfertigen können, daß von der Schutzklausel in einem Maße Gebrauch gemacht wird, daß der Sinn und Zweck der Sonderprüfung, Aufklärung über die Ordnungs- bzw. Zweckmäßigkeit einzelner Geschäftsführungsmaßnahmen zu bringen, gefährdet wäre, dies zumal deswegen nicht, weil in der Einleitung zur amtlichen Begründung ausdrücklich davon die Rede ist, daß der gesteigerten Macht des Vorstands eine verschärfte Verantwortlichkeit gegenüber den Aktionären und Gläubigern der Gesellschaft entspricht[104].

Einen deutlicheren Hinweis auf den mit der Schutzklausel vom Gesetzgeber von 1937 verfolgten Zweck könnte aber nun die grundsätzliche Bemerkung der amtlichen Begründung enthalten, nach der das Aktiengesetz von 1937 auch das Ziel verfolgt, dem nationalsozialistischen Gedankengut Eingang in das Aktienrecht zu verschaffen. Wörtlich führt die Begründung aus: „Mit der Übernahme der Macht durch den Nationalsozialismus konnte endlich an eine energische Aufnahme der Erneuerungsarbeiten gedacht werden. Sie war vor allem deshalb erforderlich, um den nationalsozialistischen Grundsätzen auch auf dem Gebiete der Wirtschaft zum Durchbruch zu verhelfen[105]."

In der Tat gibt es nicht wenige Autoren, die davon ausgehen, daß das Aktiengesetz von 1937 in hohem Maße von den damals herrschenden ideologischen Anschauungen beeinflußt ist[106]. Den Angelpunkt dieser Überlegungen bildet dabei stets die Vorschrift des § 70 Abs. 1 AktG 1937, nach der der Vorstand unter eigener Verantwortung die Gesellschaft so zu leiten hat, wie das Wohl des Betriebs und seiner Gefolgschaft und der gemeine Nutzen von Volk und Reich es fordern. Diese souveräne Stellung des Vorstands, die man als einen Ausfluß des poli-

---

[104] Vgl. Amtliche Begründung zum Gesetz über Aktiengesellschaften und Kommanditgesellschaften auf Aktien vom 30. Januar 1937, a.a.O., S. 3.

[105] Amtliche Begründung zum Gesetz über Aktiengesellschaften und Kommanditgesellschaften auf Aktien vom 30. Januar 1937, a.a.O., S. 2.

[106] Vgl. z. B. *Eich*, Wilhelm: Fragen der Aktienrechtsreform in betriebswirtschaftlicher Sicht, in: Die AG, 1. Jahrgang (1956), Heft 2, S. 25; *Beckmann-Trültzsch:* Der Jahresabschluß nach dem neuen Aktienrecht, 2. Aufl., Halle/Saale 1937, S. 20.

tischen Führerprinzips ansah, macht Bordt nun auch für die Einführung der Schutzklausel verantwortlich, wenn er schreibt: „Der Tendenz, die Stellung der die Aktiengesellschaft leitenden Personen zu verstärken und die Rechte der Hauptversammlung bezüglich der Geschäftsführung einzuschränken, entsprach die Neuaufnahme der Bestimmung des § 121 Abs. 3 Satz 2[107]."

Es kann aber nun nicht eingesehen werden, auf welche Weise die Stellung des Vorstands dadurch noch zusätzlich gestärkt werden sollte, daß das Gesetz eine Prüfung von Vorgängen bei der Geschäftsführung zuläßt, die Berichterstattung über das Prüfungsergebnis aber beschränkt. Wenn das Gesetz den angegebenen Zweck tatsächlich verfolgt hätte, wäre es viel naheliegender gewesen, die Möglichkeiten zur Einberufung von Sonderprüfungen zu vermindern oder zumindest zu erschweren. Gerade das aber macht das Aktiengesetz von 1937 nicht.

Ist aus diesem Grunde eine Zurückführung der Schutzklausel auf das sog. Führerprinzip nicht möglich, so bleibt immerhin zu bedenken, ob nicht das neuartige Verhältnis von Aktiengesellschaft und Staat, das im Gesetz von 1937 seinen Niederschlag gefunden hat, für die Einführung der Schutzklausel in die Bestimmungen über die Sonderprüfung ausschlaggebend war. „Die Vorstellung von den Aufgaben der Aktiengesellschaft hat sich gewandelt. Die Aktiengesellschaft bleibt zweifellos ein privates Unternehmen, ‚aber ein Unternehmen, dessen Einordnung in die Gesamtwirtschaft und Unterordnung unter die staatliche Führung schon in seiner Rechtsgrundlage ... zum Ausdruck kommt'[108]." Ein erweiterter Schutz der Aktiengesellschaften, in denen sich ja ein beträchtlicher Teil der gesamten wirtschaftlichen Betätigung der Volkswirtschaft abspielt, vor den nachteiligen Folgen einer Veröffentlichung von Einzelheiten der Geschäftsführung wäre auf diesem Hintergrund durchaus denkbar und ist als *ein* Motiv für die Einführung der Schutzklausel auch kaum von der Hand zu weisen.

Es erhebt sich in diesem Zusammenhang aber nun die Frage, ob diese besondere Integration der Aktiengesellschaft in die Gesamtwirtschaft und den Staat allein dem Einfluß des Nationalsozialismus zuzuschreiben ist. In diesem Fall würde die Schutzklausel der Nichtanwendung verfallen, denn nach Art. III Abs. 4—6 des Militärregierungsgesetzes Nr. 1 ist „die Auslegung oder Anwendung deutschen Rechts nach nationalsozialistischen Lehren, gleichgültig wie und wann sie kundgemacht wurden, ... unzulässig"[109].

---

[107] *Bordt*, Karl, a.a.O., S. 45.

[108] *Schulze zur Wiesch*, Dietrich Wilhelm, a.a.O., S. 47.

[109] *Enneccerus-Nipperdey*, a.a.O., S. 321.

Wenn wir uns auch nicht der Meinung einiger namhafter Autoren anschließen können, die einen Einfluß des Nationalsozialismus auf das Aktiengesetz von 1937 gänzlich leugnen[110], so erscheint es doch ungerechtfertigt, die Schutzklausel ausschließlich als einen Ausfluß des im Jahre 1937 vorherrschenden Ideenguts zu betrachten. Für eine Nichtanwendung auf Grund der oben angeführten Bestimmung des Militärregierungsgesetzes Nr. 1 besteht daher kein Anlaß. Auch nach der Rechtsprechung der obersten Bundesgerichte zu der Frage der Anwendbarkeit von Gesetzen, die aus der Zeit des Nationalsozialismus stammen, kommt es nicht darauf an, „aus welchen Gründen eine Vorschrift seinerzeit eingeführt oder wie sie früher gehandhabt worden ist, sondern ob sie unter Ausschaltung dieser Zwecke und dieser Handhabung noch zu vernünftigen und brauchbaren und sittlich zu rechtfertigenden Ergebnissen führen kann“[111]. Daß aber die Schutzklausel, wenn sie in einer Weise zur Anwendung gelangt, die nicht den Sinn und Zweck der ganzen Sonderprüfung gefährdet, noch zu vernünftigen und brauchbaren Ergebnissen führen kann, läßt sich nicht bestreiten.

Wir können demnach als Ergebnis der entwicklungsgeschichtlichen Betrachtung der Sonderprüfung einmal festhalten, daß man sich der Tatsache, daß mit dieser besonderen Untersuchung von Vorgängen bei der Geschäftsführung grundsätzlich eine Schädigung der Belange der Gesellschaft verbunden sein kann, schon von aller Anfang an bewußt war. Um diesen nachteiligen Folgen zu begegnen, hat der Gesetzgeber von 1884 die Einberufung und das Verfahren der Sonderprüfung an bestimmte erschwerende Voraussetzungen geknüpft, die das Gesetz von 1937 ohne wesentliche Änderung übernommen hat. Dem steht das ständige Bemühen des Gesetzgebers — nicht zuletzt des Gesetzgebers von 1937[112] — gegenüber, die Wirksamkeit der Sonderprüfung zu erhöhen und sie zu einem wirklich schlagkräftigen Instrument in der Hand der Minderheit werden zu lassen.

Betrachtet man nun die in das Gesetz von 1937 neu aufgenommene Schutzklausel aus dem Blickwinkel dieser der Gesetzgebung seit 1884 zu entnehmenden Tendenzen, so stellt man fest, daß sie in zweifacher Hinsicht eine Besonderheit darstellt. Einmal wird mit ihr erstmalig ver-

---

[110] Vgl. *Hueck*, Alfred: Gedanken zur Reform des Aktienrechts und des GmbH-Rechts, Vortrag, gehalten vor der Berliner Juristischen Gesellschaft am 9. November 1962, Heft 11 der Schriftenreihe der Juristischen Gesellschaft e. V. Berlin, Berlin 1963, S. 16 f.; *Wilhelmi*, Hans: Das neue Aktiengesetz, in: Die AG, 10. Jahrgang (1965), Heft 6, S. 153.

[111] Urteil des BGH vom 22. 1. 1951, in: BGHZ 1, 87 (90); vgl. auch Urteil des BGH vom 23. 5. 1951, in: BGHZ 2, 176 (184), und Urteil des Bundesarbeitsgerichts vom 27. 1. 1955, in: Entscheidungen des Bundesarbeitsgerichts 1, 279 (280).

[112] Vgl. *Schlegelberger-Quassowski*, a.a.O., § 118 Anm. 1.

sucht, nicht nur die nachteiligen Wirkungen einer zu Unrecht einberufenen Sonderprüfung zu vermeiden, sondern auch diejenigen, die sich aus einer zu Recht einberufenen Prüfung ergeben können, und zwar eben dadurch, daß die Tatsachen, die eine nachteilige Wirkung haben könnten, in den Bericht nicht aufgenommen werden dürfen. Zum anderen muß es überraschen, daß ein Gesetz, das seiner Begründung zufolge eine verschärfte Verantwortlichkeit des Vorstands gegenüber den Aktionären und Gläubigern der Gesellschaft verwirklichen will, in die Vorschriften über die Sonderprüfung eine Bestimmung aufnimmt, die dazu benutzt werden kann, diese Prüfung völlig zu entwerten.

Die Verwirrung wird vollkommen, wenn man dann in der amtlichen Begründung statt eines Hinweises auf den mit dieser außerordentlichen Maßnahme verfolgten Zweck die Bemerkung findet, daß die Vorschriften über die Sonderprüfung im wesentlichen dem schon bisher geltenden Recht entsprächen und die vorgenommenen Änderungen meist rein sprachlicher Natur seien. Aus dieser völligen Ignorierung der Schutzklausel in der amtlichen Begründung und der ausdrücklichen Absicht des Gesetzgebers, die Wirksamkeit der Sonderprüfung zu erhöhen, wird man den Schluß ziehen dürfen, daß sie bei weitem nicht die Bedeutung hat die man ihr gewöhnlich gerne beimißt. Für diese Annahme spricht auch der Umstand, daß es zumindest nicht ausgeschlossen werden kann, daß die Einführung der Schutzklausel auch nationalsozialistische Motive hatte, die heute nicht mehr zum Tragen kommen können. Im übrigen darf nicht aus dem Auge gelassen werden, daß das Gesetz die Entscheidung über die Anwendung der Schutzklausel ja nicht in die Hände des Vorstands legt, sondern in das pflichtmäßige „Ermessen" der Prüfer stellt.

Aus all dem ergibt sich nun erneut eine Bestätigung für die in der Literatur schon vielfach andeutungsweise geäußerte Auffassung, daß mit der Schutzklausel auf keinen Fall die Erreichung des Prüfungsziels vereitelt werden darf. So schreibt selbst Klinger, daß der Prüfer dem Verlangen des Vorstands, die Schutzklausel zur Anwendung zu bringen, nur dann nachgeben darf, „wenn durch eine knappe Berichterstattung Sinn und Zweck der Sonderprüfung nicht umgebogen werden"[113]. Für die Schutzklausel gilt demnach in besonderem Maße, daß der einzelne Gesetzeszweck immer nur insoweit maßgeblich ist, „als er sich in das Ganze der rechtlichen Zwecke einfügen läßt"[114]. Damit findet die oben vorgenommene Kategorisierung der Aussagen eines Sonder-

---

[113] *Klinger*, Karl, a.a.O., S. 159; vgl. auch *Bordt*, Karl, a.a.O., S. 184; *Forster*, Karl-Heinz: Aktienrechtsreform und Sonderprüfung, in: Die AG, 7. Jahrgang (1962), Heft 9, S. 236; *Adler-Forster*, a.a.O., S. 362.

[114] *Larenz*, Karl, a.a.O., S. 253; Hervorhebungen nicht wiedergegeben.

prüfungsberichts nach dem Kriterium ihrer Beziehungen zum Prüfungsergebnis, dessen Übermittlung an die Aktionäre ja das Ziel der Sonderprüfung darstellt, ihre Rechtfertigung. Im folgenden sollen nun die Ergebnisse der bisherigen Untersuchungen auf die einzelnen Kategorien des Sonderprüfungsberichts angewandt werden.

C. Der Umfang des Sonderprüfungsberichts nach altem und neuem Aktienrecht

1. Die Bedeutung der Schutzklausel des alten Aktienrechts für die einzelnen Kategorien des Sonderprüfungsberichts

a) Der Umfang der Berichterstattung in der Kategorie 1

Unter die Kategorie 1 fallen, wie bereits dargelegt, diejenigen Aussagen eines Sonderprüfungsberichts, die unmittelbar das Prüfungsergebnis darstellen. Unter Berücksichtigung des oben sowohl aus dem Wesen der Sonderprüfung als auch aus der Auslegung der Schutzklausel abgeleiteten Grundsatzes, daß die Erreichung des mit der Sonderprüfung verfolgten Zieles auf keinen Fall gefährdet werden darf, ergibt sich nun zwangsläufig, daß eine Anwendung der Schutzklausel auf die Kategorie 1 nicht in Frage kommt.

Die Möglichkeit der Aktionäre, eine Sonderprüfung zu veranlassen, wurde von Anfang an als ein Recht aufgefaßt, „in die intimen Verhältnisse der Gesellschaft einzudringen“[1]. Die Sonderprüfung bezieht sich denn auch in aller Regel „auf Tatbestände, die das Ansehen und den Kredit der Gesellschaft oder ihrer Verwaltungsmitglieder erheblich untergraben können“[2]. Aus diesem Grunde ist es unvermeidbar, daß in der Kategorie 1 eines Sonderprüfungsberichts, der gemäß § 121 Abs. 3 Satz 1 AktG 1937 über das Ergebnis der Prüfung zu berichten hat, auch Dinge zur Sprache kommen, die für die Gesellschaft ungünstig sind[3]. Für die Anwendung der Schutzklausel kann in diesem Fall kein Raum sein, weil dies praktisch einer Beschränkung der möglichen Sonderprüfungsgegenstände gleichkäme, die vom Gesetz nicht gewollt ist.

Im übrigen wird man davon ausgehen müssen, „daß bereits mit der Erteilung des Sonderprüfungsauftrages, der in der Öffentlichkeit in der Regel durch die Beschlußfassung in der Hauptversammlung bekannt

---

[1] *Lubszynski*, Julius: Welche Rechte hat die Minderheit der Aktionäre gegenüber der Gesellschaft?, Berlin 1892, S. 21.

[2] *Bordt*, Karl, a.a.O., S. 197.

[3] Vgl. *Adler-Düring-Schmaltz*, a.a.O., § 135 Tz. 262; *Obermüller*, Walter: Der Sonderprüfer im geltenden und im neuen Aktienrecht, in: BB, 17. Jahrgang (1962), Heft 14, S. 546.

wird, eine gewisse Beeinträchtigung der Belange der Gesellschaft verbunden ist. Es kann vom Sonderprüfer nicht erwartet werden, daß er durch das Verschweigen wesentlicher Tatsachen, die er infolge des ihm erteilten Auftrages aufgedeckt hat, diese Beeinträchtigung wieder rückgängig macht[4]."

Wir können demnach festhalten, daß eine Beschränkung der Berichterstattung in der Kategorie 1 durch die Schutzklausel nicht möglich ist. Die Aktionäre haben grundsätzlich das Recht, zur Untersuchung jedes einzelnen Vorgangs bei der Geschäftsführung eine Sonderprüfung zu verlangen. Da sie nach der überwiegenden Auffassung in der Literatur daneben einen Anspruch darauf haben, über das Ergebnis der Prüfung vollständig aufgeklärt zu werden[5], hat der Prüfer in der Kategorie 1 auf jeden Fall lückenlos zu berichten, da diese ja das Ergebnis der Prüfung im engeren Sinne darstellt.

b) Der Umfang der Berichterstattung in der Kategorie 2

Die Kategorie 2 umfaßt nach unserer Definition alle die Aussagen eines Sonderprüfungsberichts, die zum Verständnis des Prüfungsergebnisses unerläßlich sind. Wie schon erwähnt, handelt es sich dabei in erster Linie um die Teile des Berichts, in denen der Prüfer seine Auffassung über den zu prüfenden Vorgang der Geschäftsführung begründet, d. h. das Für und Wider im einzelnen aufführt, damit sich die Berichtsempfänger selbst ein möglichst klares Bild von den Verhältnissen machen können. Da, wie wir bereits gesehen haben, die Forderung des Gesetzes, daß über das „Ergebnis der Prüfung" zu berichten ist, nicht so zu verstehen ist, daß nur eine knappe Beantwortung der im Prüfungsauftrag gestellten Fragen zu geben ist, sondern durchaus in der Weise, daß die Beurteilung des Prüfers auch ausreichend begründet wird, könnte man zu der Ansicht gelangen, daß die Schutzklausel auf die Kategorie 2 ebensowenig anwendbar ist wie auf die Kategorie 1.

Bei näherer Betrachtung wird jedoch deutlich. daß hier doch ein Unterschied gemacht werden muß. Der Grundsatz der Zielerreichung, der eine Anwendung der Schutzklausel auf die Kategorie 1 unmöglich macht, gebietet nur, daß die outsider über das Prüfungsergebnis *im engeren Sinne* unterrichtet werden. Alle Aussagen des Berichts dagegen, die dazu bestimmt sind, darzulegen, warum der Prüfer gerade zu diesem Ergebnis (im engeren Sinne) gekommen ist, also alle Aussagen

---

[4] *Adler-Forster,* a.a.O., S. 361.

[5] Vgl. *Schlegelberger-Quassowski,* a.a.O., § 118 Anm. 2; *Teichmann-Koehler,* a.a.O., Einl. zu §§ 118—121; *Bordt,* Karl, a.a.O., S. 196; *Adler-Forster,* a.a.O., S. 360.

der Kategorie 2, fallen nicht darunter. Daraus folgt, daß eine Anwendung der Schutzklausel auf die Kategorie 2 grundsätzlich nicht ausgeschlossen werden kann.

Dies darf aber nicht dazu verleiten, die ganz besondere Bedeutung, die eine Berichterstattung in der Kategorie 2 für die outsider hat, zu verkennen. Erst eine detaillierte Begründung des vom Prüfer gefällten Urteils wird es in den meisten Fällen ermöglichen, sich ein zutreffendes Bild von den wahren Verhältnissen zu verschaffen. Man wird daher davon auszugehen haben, daß die Schutzklausel auf die Kategorie 2 tatsächlich nur in ganz wenigen Ausnahmefällen zur Anwendung kommen kann. Es wird sich dabei um die Fälle handeln, in denen Rechtsgüter bedroht sind, deren Wert vom Gesetz ganz besonders hoch eingeschätzt wird und die daher in der ganzen Rechtsordnung seinen besonderen Schutz genießen. Nur in diesen Fällen erscheint es nämlich gerechtfertigt, den outsidern lediglich das Prüfungsergebnis im engeren Sinn ohne nähere Begründung und Erläuterung mitzuteilen.

Diese besonders geschützten Rechtsgüter lassen sich nun einteilen in solche, deren Schutz im Interesse der Gesellschaft und solche, deren Schutz im Interesse der Öffentlichkeit liegt. Wir beginnen mit den erstgenannten.

ba) Die Begrenzung der Berichterstattung im Interesse der Gesellschaft

Die im Interesse der Gesellschaft in der ganzen Rechtsordnung besonders geschützten Rechtsgüter sind einmal das Geschäfts- und Betriebsgeheimnis, dann der Bestand des Unternehmens als solches und schließlich das Steuer- und Bankgeheimnis. Im folgenden soll untersucht werden, ob die besondere Bedeutung dieser Rechtsgüter dazu führt, daß von einer Berichterstattung über sie in der Kategorie 2 abgesehen werden muß.

baa) Das Geschäfts- und Betriebsgeheimnis

Der Begriff Geschäfts- und Betriebsgeheimnis ist in dieser Zusammenstellung dem Sprachgebrauch der Wirtschaft entnommen. Zwischen beiden Ausdrücken besteht kein Unterschied, „es sei denn, man ordnet die zur kaufmännischen Seite des Unternehmens gehörigen Geheimnisse den Geschäfts- und die zur technischen Seite gehörigen den Betriebsgeheimnissen zu“[6]. Von rechtlicher Bedeutung ist diese Unterscheidung jedoch nicht. Anders ist dies freilich bei der Frage, welcher

---

[6] *Gadow-Heinichen*, a.a.O., Bd. 2, § 302 Anm. 14; vgl. auch *Dietz*, Rolf: Die Pflicht der ehemaligen Beschäftigten zur Verschwiegenheit über Betriebsgeheimnisse, in: Festschrift für Justus Wilhelm Hedemann, hrsg. von Roland Freisler u. a., Jena 1938, S. 335 f., Fußnote 20.

Inhalt diesem Begriff beizulegen ist, d. h. welche Voraussetzungen vorliegen müssen, damit von einem Geschäfts- oder Betriebsgeheimnis gesprochen werden kann. Da das Gesetz nirgends eine Begriffsbestimmung gibt, fällt die Antwort auf diese Frage nicht leicht. Es soll versucht werden, an Hand von Rechtsprechung und Literatur die herrschende Meinung hierzu darzustellen.

Eine erste Voraussetzung ist, „daß die geheimzuhaltende Tatsache nur einem engbegrenzten Personenkreis bekannt sein darf"[7]. Ein absolutes Unbekanntsein ist demnach nicht erforderlich. Alle Mitwisser haben aber einen im wesentlichen in sich geschlossenen Kreis zu bilden, so daß die geheimzuhaltende Tatsache beliebigem fremdem Zugriff entzogen ist[8]. Wie groß die Zahl der Eingeweihten sein darf, läßt sich nur im Einzelfall entscheiden[9].

Als weiteres wichtiges Erfordernis für das Bestehen eines Geschäfts- und Betriebsgeheimnisses ist nach der sog. Willenstheorie der — ausdrücklich oder durch schlüssiges Handeln — von seiten des Inhabers des Geheimnisses gegenüber allen Mitwissern deutlich erkennbar gemachte Wille zur Geheimhaltung anzusehen[10]. Dieses entscheidende Abstellen auf den Geheimhaltungswillen des Geschäftsherrn wurde nun von den Vertretern der sog. Interessentheorie abgelehnt. Nach ihrer Meinung kommt es in erster Linie darauf an, daß ein berechtigtes wirtschaftliches Interesse an der Geheimhaltung besteht. Es genügt nicht, daß das Betriebsgeheimnis den Betrieb individualisiert. „Er muß (vielmehr) durch das Geheimnis über die Stellung seiner Mitbewerber oder wenigstens über die Stellung, die er auch ohne dieses Geheimnis einnehmen würde, *erheblich* emporgehoben werden, d. h. die Bewahrung des Betriebsgeheimnisses muß für seine wettbewerbliche Lage von *entscheidender* Bedeutung sein[11]."

Die Gegensätzlichkeit dieser beiden Theorien kann heute als überwunden angesehen werden. Nach herrschender Meinung müssen Wille und Interesse zusammentreffen. „Der Wille des Unternehmers, oder gar seine Willkür, kann allein keinen strafbaren Tatbestand schaffen; es bedarf einer Beeinträchtigung, und die liegt nur vor, wenn die Ge-

---

[7] *Baumbach-Hefermehl:* Wettbewerbs- und Warenzeichenrecht, Bd. 1: Wettbewerbsrecht, 9. Aufl., München und Berlin 1964, § 17 UWG Anm. 3.

[8] Vgl. auch *Dietz,* Rolf, a.a.O., S. 346; Teichmann-Koehler, a.a.O., § 141 Anm. 2.

[9] Vgl. Urteil des Reichsgerichts vom 2. 7. 1909, in: RGSt 42, 394 (396 f.).

[10] Vgl. *Möhring,* Philipp: Betriebs- und Geschäftsgeheimnisse in wettbewerbs- und kartellrechtlicher Sicht, in: Festschrift für Hans Carl Nipperdey, Bd. II, hrsg. von Rolf Dietz und Heinz Hübner, München und Berlin 1965, S. 418 f.

[11] *Dietz,* Rolf, a.a.O., S. 347.

heimhaltung nicht nur dem Willen des Inhabers entspricht, sondern auch für dessen WbFähigkeit (lies: Wettbewerbsfähigkeit, Anm. d. Verf.) Bedeutung hat, von wirtschaftlichem Wert ist[12]." Auch der BGH bekennt sich in seinem Urteil vom 15. 3. 1955 zu dieser Auffassung[13].

Dieses so definierte Geschäfts- und Betriebsgeheimnis stellt nun ein Rechtsgut dar, dessen Wahrung nicht nur gemäß § 120 i. V. m. § 141 Abs. 1 Satz 2 AktG 1937 den Sonderprüfern, deren Gehilfen und den bei der Prüfung unter Umständen mitwirkenden gesetzlichen Vertretern einer Prüfungsgesellschaft zur ausdrücklichen Pflicht gemacht ist, sondern auch an anderen Stellen des Aktiengesetzes — so in § 42 Abs. 1 Satz 2 AktG 1937 und in § 302 Ziff. 2 AktG 1937 — und darüber hinaus bei den verschiedensten Gelegenheiten in der gesamten übrigen Rechtsordnung — so z. B. in § 384 Ziff. 3 ZPO, §§ 172 f. GVG, § 300 Abs. 1 StGB, § 63 Abs. 1 VAG, §§ 22 Abs. 2 Ziff. 3, 51 Abs. 1, 70 Abs. 1 AO, § 145 a Abs. 1 GewO und insbesondere in § 17 Abs. 1 und 2 UWG — den besonderen Schutz des Gesetzgebers genießt. Angesichts dieser außerordentlichen Bedeutung, die das Gesetz der Erhaltung der Geschäfts- und Betriebsgeheimnisse beimißt, ist zu prüfen, ob die Aufnahme eines solchen Geheimnisses in den Sonderprüfungsbericht und damit seine Preisgabe nicht anders zu beurteilen ist als die Aufnahme einer sonstigen Tatsache, deren Bekanntwerden sich für die Gesellschaft nachteilig auswirken kann.

Eine derartige Auffassung, die darauf hinausläuft, im Geschäfts- und Betriebsgeheimnis ein Rechtsgut besonderer Art zu sehen, das der Gesetzgeber dementsprechend auch in besonders hohem Maße geschützt sehen will, läßt sich nun in der Tat durch zahlreiche diesbezügliche Hinweise in der Literatur belegen. So schreibt beispielsweise Dietz: „Daß ein Bedürfnis nach einem verstärkten Schutz gegen den Verrat von Betriebsgeheimnissen besteht, kann nicht in Zweifel gezogen werden[14]." In der gleichen Weise wird man Beste verstehen müssen, wenn er meint: „Geschäftsgeheimnisse sind ... von der Publizität selbstverständlich ausgeschlossen[15]." Ganz besonders beachtenswert aber erscheint in diesem Zusammenhang schließlich eine Bemerkung Klausings, der

---

[12] *Baumbach-Hefermehl*, a.a.O., § 17 UWG Anm. 2; Hervorhebungen nicht wiedergegeben; vgl. auch *Gadow-Heinichen*, a.a.O., Bd. 2, § 302 Anm. 14; Dietz, Rolf, a.a.O., S. 346.

[13] Vgl. Urteil des BGH vom 15. 3. 1955, in: *Lindenmaier-Möhring*, Nachschlagewerk des Bundesgerichtshofs, Nr. 2 zu § 17 UWG, Blatt 2.

[14] *Dietz*, Rolf, a.a.O., S. 338.

[15] *Beste*, Theodor, a.a.O., S. 201; vgl. auch *Blohm*, Hans, a.a.O., S. 12; *Haussmann*, Fritz, a.a.O., S. 55; Verband Deutscher Bücherrevisoren: Zur Reform des Aktienrechts, Leipzig 1930, S. 23; *Baumbach*, Adolf: Bedarf das Betriebsgeheimnis eines verstärkten Schutzes?, in: DJZ, 36. Jahrgang (1931), Heft 17/18, Sp. 1141.

es bereits vor Einführung der Schutzklausel als eine Pflicht der Sonderprüfer bezeichnet, keine Geschäftsgeheimnisse zu verraten[16]. Im übrigen hat auch der BGH in einer Reihe von Entscheidungen die besondere Bedeutung der Geschäfts- und Betriebsgeheimnisse unterstrichen[17].

Trotz dieser vielfach zum Ausdruck gebrachten erhöhten Schutzwürdigkeit wird man aber nicht so weit gehen können, die Geschäfts- und Betriebsgeheimnisse als ein absolutes, ausschließliches Recht, etwa im Sinne der in § 823 Abs. 1 BGB aufgezählten Rechtsgüter zu betrachten. Vielmehr wird man davon auszugehen haben, daß sie eine Art Zwischenstellung einnehmen. Sie sind zwar noch kein ausschließliches, von jedermann zu beachtendes Recht, eine gewisse besondere rechtliche Relevanz ist ihnen aber doch nicht abzusprechen. Als äußerst treffend erscheint daher die Formulierung Möhrings, der von „einem den absoluten Ausschließungsrechten angenäherten Schutz" der Betriebsgeheimnisse spricht[18].

Diese besondere, den absoluten Rechten ähnliche Stellung der Geschäfts- und Betriebsgeheimnisse muß nun in der Tat dazu führen, daß ihre Offenbarung auch im Zusammenhang mit einer Sonderprüfung möglichst vermieden wird. Dies bedeutet, daß alle Aussagen, die geeignet sind, den Bestand eines derartigen Geheimnisses zu gefährden, in den Sonderprüfungsbericht nur dann aufgenommen werden dürfen, wenn sie selbst unmittelbar das Prüfungsergebnis darstellen, d. h. zur Kategorie 1 gehören. Eine Berichterstattung in der Kategorie 2 ist dagegen schon nicht mehr möglich. Hier verbietet die besondere rechtliche Relevanz der Geschäfts- und Betriebsgeheimnisse die Aufnahme in den Bericht.

bab) Der Bestand des Unternehmens

Ein weiteres Rechtsgut, das in großem Umfang den besonderen Schutz des Gesetzes genießt, ist der Bestand des Unternehmens als solches. Ist schon nicht auszuschließen, daß der oben nachgewiesene verstärkte Schutz der Geschäfts- und Betriebsgeheimnisse zum Teil darauf zurückzuführen ist, daß der Gesetzgeber eine Gefährdung wirtschaftlicher Unternehmungen in ihrem Fortbestand, die mit einem Verrat derartiger Geheimnisse verbunden sein könnte[19], vermeiden

---

[16] Vgl. *Klausing,* Friedrich: Reform des Aktienrechts, Berlin - Wien 1933, S. 280.

[17] Vgl. hierzu *Bock,* H.: Neuere Rechtsprechung des Bundesgerichtshofes zum gewerblichen Rechtsschutz, in: BB, 10. Jahrgang (1955), Heft 19, S. 582 f.; *Möhring,* Philipp, a.a.O., S. 417 f.

[18] *Möhring,* Philipp, a.a.O., S. 417; vgl. auch *Dietz,* Rolf, a.a.O., S. 345.

[19] Vgl. z. B. *Baumbach,* Adolf: Bedarf das Betriebsgeheimnis eines verstärkten Schutzes?, in: DJZ, 36. Jahrgang (1931), Heft 17/18, Sp. 1139.

wollte, so tritt dieses Motiv bei den Bestimmungen über die Nichtigkeit von Gesellschaften und bei der Anerkennung des Rechts am eingerichteten und ausgeübten Gewerbebetrieb ganz besonders deutlich in den Vordergrund.

Gemäß § 275 Abs. 1 AktG 1965 kann eine Aktiengesellschaft auf Antrag durch das Landgericht, in dessen Bezirk die Gesellschaft ihren Sitz hat, grundsätzlich dann, und nur dann für nichtig erklärt werden, wenn ihre Satzung die in § 23 Abs. 3 AktG 1965 aufgeführten Mindestbestandteile nicht enthält. Aber selbst in diesen engbegrenzten Fällen ist eine tatsächliche Nichtigerklärung nur möglich, wenn der Mangel nicht nach § 276 AktG 1965 durch Satzungsänderung geheilt werden kann bzw. die Gesellschaft diese Satzungsänderung nicht durchführt[20]. Dieses besondere Bemühen des Gesetzgebers, die Fälle, in denen die Nichtigkeit einer Gesellschaft ausgesprochen werden muß, d. h. ein Unternehmen in seinem rechtlichen Bestand untergeht, zu beschränken, zeigt die besondere Bedeutung, die das Gesetz dem Schutz des Fortbestands des Unternehmens beimißt. Auch die Lehre von der „faktischen Gesellschaft", die davon ausgeht, daß das Recht das tatsächliche Bestehen und die tatsächliche unternehmerische Betätigung einer Gesellschaft auch dann nicht ignorieren kann, wenn der Gesellschaftsvertrag nichtig ist, zielt in diese Richtung[21].

In gleicher Weise muß die schon durch das Reichsgericht[22] erfolgte Anerkennung des eingerichteten und ausgeübten Gewerbebetriebs als „sonstiges Recht" im Sinne des § 823 Abs. 1 BGB dahin verstanden werden, daß ein unmittelbar gegen den Bestand des Gewerbebetriebs gerichteter, rechtswidriger Eingriff verhindert werden soll[23]. Auch der BGH hat diese Auffassung in mehreren Entscheidungen bekräftigt[24], so daß in der Schaffung des Rechtsguts des eingerichteten und ausgeübten Gewerbebetriebs ebenfalls die besondere rechtliche Bedeutung des Fortbestands einer Unternehmung zum Ausdruck kommt.

---

[20] Ähnliche Bestimmungen finden sich in §§ 75 f. GmbHG und §§ 94 f. GenG.

[21] Vgl. hierzu *Siebert*, Wolfgang: Die „faktische" Gesellschaft. Ein rechtsvergleichender Beitrag zur Systematik des Rechts der Handelsgesellschaften und der Gesellschaft des bürgerlichen Gesetzbuchs, in: Festschrift für Justus Wilhelm Hedemann, hrsg. von Roland Freisler u. a., Jena 1938, S. 269.

[22] Vgl. die Urteile des Reichsgerichts vom 17. 2. 1921, in: RGZ 101, 335 (337); vom 2. 6. 1921, in: RGZ 102, 223 (225); vom 28. 10. 1929, in: RGZ 126, 93 (96).

[23] Vgl. *Palandt:* Bürgerliches Gesetzbuch, 25. Aufl., München und Berlin 1966, 823 Anm. 6 g.

[24] Vgl. z. B. das Urteil des BGH vom 18. 12. 1962, in: NJW, 16. Jahrgang (1963), Heft 11, S. 484 f.; vgl. im übrigen *Schack*, Friedrich: Der Eigentumsschutz gewerblicher Rechtspositionen in der Rechtsprechung des Bundesgerichtshofes, in: BB, 18. Jahrgang (1963), Heft 30, S. 1229 f.

Aus dieser besonderen Beachtung, die der Bestand eines Unternehmens im Rechtsleben gefunden hat, wird man nun schließen können, daß auch die Berichterstattung über eine Sonderprüfung hierauf Rücksicht zu nehmen hat, was bedeutet, daß eine Aufnahme solcher Tatsachen, die geeignet sind, den Fortbestand der zu prüfenden Gesellschaft zu gefährden, in den Sonderprüfungsbericht selbst dann nicht möglich ist, wenn diese Tatsachen zu den Aussagen der Kategorie 2 gehören. Der Grundsatz der Zielerreichung kann dem schon deswegen nicht entgegenstehen, weil das Ziel der Sonderprüfung, die Ordnungs- bzw. Zweckmäßigkeit eines Vorgangs bei der Geschäftsführung zu ermitteln, nur im Hinblick auf den Fortbestand der Gesellschaft gesehen werden kann. Eine Berichterstattung, die den Zusammenbruch des Unternehmens herbeiführt, ist durch den Grundsatz der Zielerreichung nicht mehr gedeckt, worauf besonders eindringlich Hundhausen hinweist, wenn er schreibt: „Ich möchte sagen: die Schallgrenze, über die nichts hinausdringen darf, muß einzig und allein durch das Lebensinteresse der Unternehmung bestimmt werden. Hier muß der Gesetzgeber einen Wall um den eigentlichen Lebensnerv der Aktiengesellschaft aufwerfen[25]."

bac) Das Steuer- und Bankgeheimnis

Neben dem Geschäfts- und Betriebsgeheimnis und dem Bestand des Unternehmens als solchem sind es schließlich die dem Steuer- bzw. dem Bankgeheimnis unterliegenden Tatsachen, die im Hinblick auf die Berichterstattung im Rahmen einer aktienrechtlichen Sonderprüfung eine Sonderstellung einnehmen könnten.

So könnte beispielsweise die Bestimmung des § 131 Abs. 3 Ziff. 2 AktG 1965, die dem Vorstand das Recht gibt, einem Aktionär die Auskunft zu verweigern, „soweit sie sich auf steuerliche Wertansätze oder die Höhe einzelner Steuern bezieht", durchaus so verstanden werden, daß das Aktiengesetz damit eine besondere rechtliche Relevanz der steuerlichen Belange der Gesellschaft zum Ausdruck bringen will, die dazu führen könnte, diese auch in der Kategorie 2 von einer Berichterstattung auszuschließen. Ganz in diesem Sinne äußert sich denn auch Reinicke, wenn er ausführt: „Es ist gerechtfertigt, auch der Aktiengesellschaft wie allen anderen natürlichen und juristischen Personen das Steuergeheimnis zuzubilligen. Durch eine Offenbarung der steuerlichen Verhältnisse würden ja nicht nur die Aktionäre diese Kenntnis erhalten, sondern auch die Öffentlichkeit[26]."

---

[25] *Hundhausen*, Carl: Die Bedeutung der Publizität unter besonderer Berücksichtigung der historischen Bedeutung, in: Das Frankfurter Publizitätsgespräch, Frankfurt/Main 1962, S. 31; vgl. auch *Walb*, Hans Hermann: Der Geschäftsbericht der Aktiengesellschaft, Halle/Saale 1938, S. 19; *Obermüller*, Walter, a.a.O., S. 546 f.

[26] *Reinicke*, Gerhard: Das Auskunftsrecht des Aktionärs, in: Beiträge zur

Eine etwas nähere Betrachtung läßt jedoch Zweifel an dieser Ansicht aufkommen. Das Steuergeheimnis hat seine Zwecksetzung ausschließlich in steuerrechtlichen Kategorien. Um eine erfolgreiche und gleichmäßige Besteuerung zu sichern, muß der Steuerpflichtige die Gewähr haben, daß seine den Steuerbehörden gegebenen Auskünfte, Nachweise und Erklärungen nicht zu seinem Nachteil Dritten zugänglich gemacht werden. „Die Vorschriften über das Steuergeheimnis sind daher das Gegenstück zu den Vorschriften über die Offenlegung der Verhältnisse[27].“ Die von ihm erfaßten Tatsachen zeichnen sich nicht dadurch aus, daß sie einen besonders hohen Wert besitzen und daher in besonderem Maße schutzbedürftig wären, sondern einzig und allein dadurch, daß sie im Besteuerungsverfahren der Gesellschaft eine Rolle spielen. Ihr Schutz erfolgt daher ausschließlich, um zwischen dem Steuerpflichtigen und den Steuerbehörden das Vertrauensverhältnis sicherzustellen, das eine gerechte Besteuerung erst ermöglicht.

Diese Überlegungen müssen dazu führen, eine besondere Bedeutung der unter das Steuergeheimnis fallenden Aussagen für den Sonderprüfungsbericht abzulehnen. Das Steuergeheimnis hat seinen Platz ausschließlich im Verhältnis zwischen Steuerpflichtigem und Steuerbehörde. Eine Übertragung auf das Verhältnis zwischen insider und outsider einer Aktiengesellschaft erscheint sinnwidrig. Aus diesem Grunde wird man der von Baumbach-Hueck im Zusammenhang mit dem Geschäftsbericht geäußerten Ansicht, daß steuerliche Belange regelmäßig kein Verschweigen rechtfertigen, in vollem Umfang auch im Hinblick auf den Sonderprüfungsbericht zustimmen können[28].

Was für das Steuergeheimnis gesagt wurde, gilt in gleicher Weise für das Bankgeheimnis. „Unter Bankgeheimnis wird die Verpflichtung der Kreditinstitute verstanden, unbeteiligten und unberechtigten Personen keine Mitteilung darüber zu machen, was der Bank während ihrer Geschäftsverbindung mit einem ihrer Kunden an rechtserheblichen oder sonst beachtenswerten Tatsachen bekannt wurde[29].“ Schon aus dieser Definition wird deutlich, daß es sich auch hier um eine Geheimhaltungspflicht handelt, die auf das spezielle Verhältnis zwischen dem Kreditinstitut und seinen Kunden beschränkt ist. Eine Auswirkung auf den Umfang der Berichterstattung über die Sonderprüfung kann sich daher ebensowenig ergeben wie beim Steuergeheimnis.

Aktienrechtsreform, hrsg. von Hans Hengeler, Heidelberg 1959, S. 129; vgl. auch das Urteil des Landgerichts Essen vom 23. 1. 1962, in: BB, 17. Jahrgang (1962), Heft 16, S. 611.

[27] *Koch-Wolter:* Das Steuergeheimnis, Köln 1958, S. 8; vgl. auch *Mattern*, Gerhard: Das Steuergeheimnis, Tübingen 1952, S. 14.

[28] Vgl. *Baumbach-Hueck*, a.a.O., § 128 Anm. 9.

[29] *Müller*, Rudolf: Die Grenzen des Bankgeheimnisses, in: NJW, 16. Jahrgang (1963), Heft 19, S. 833; Hervorhebungen nicht wiedergegeben.

bb) Die Begrenzung der Berichterstattung im Interesse der Öffentlichkeit

Die Bestimmung des § 121 Abs. 3 Satz 2 AktG 1937, daß eine Berichterstattung des Sonderprüfers auch über solche Tatsachen nicht in Frage kommt, deren Aufnahme in den Bericht der „gemeine Nutzen von Volk und Reich" entgegensteht, könnte darauf hindeuten, daß die Belange der Allgemeinheit für den Umfang des Sonderprüfungsberichts eine ganz besondere Rolle spielen. In dieser Auffassung wird man noch dadurch bestärkt, daß das Gesetz für den Fall der Gefährdung öffentlicher Interessen keine Abwägung mit den berechtigten Interessen der outsider vorsieht, sondern den Belangen der Öffentlichkeit in jedem Fall den Vorzug gibt. Wie weiter oben bereits ausgeführt, kann die genannte Bestimmung trotz der typischen Formulierung „gemeiner Nutzen von Volk und Reich„ nicht als ausschließlich zum Zweck der Verwirklichung nationalsozialistischer Ideen geschaffen betrachtet werden. Sie wird vielmehr, entgegen der Ansicht von Teichmann-Koehler[30], auch heute noch zur Anwendung kommen können, allerdings mit der Einschränkung, daß eine „enge" Auslegung zu fordern sein wird, „da unsere privatwirtschaftlich orientierte Wirtschaftsverfassung für eine Überbewertung der Staatsinteressen keinen Raum bietet"[31]. Wie man sich diese „enge" Auslegung vorzustellen hat, soll im folgenden dargestellt werden.

Sieht man von allen nationalsozialistischen Einflüssen ab, so könnte die in Frage stehende Bestimmung ein Ausdruck für die schon in § 75 des Allgemeinen Preußischen Landrechts kodifizierte und auch heute noch vielfach herangezogene Formel „Gemeinnutz geht vor Eigennutz" sein. Bei näherer Betrachtung erweist es sich jedoch sehr schnell, daß die genannte Formel in dieser Absolutheit nicht haltbar ist[32]. Mit großer Deutlichkeit weist Reinhardt nämlich darauf hin, daß man von *dem* öffentlichen Interesse oder irgendeinem „absoluten" Gemeinwohl überhaupt nicht sprechen kann, sondern daß eine Vielzahl von verschiedenen Interessen der Allgemeinheit zu unterscheiden ist, die zum Teil miteinander in Widerspruch stehen und die kaum je alle berücksichtigt werden können[33]. „Bedenkt man darüber hinaus, daß letztlich auch die Sicherung der individuellen Freiheit und der privaten Initiative im

---

[30] Vgl. *Teichmann-Koehler*, a.a.O., §§ 118—121 Anm. 5.

[31] *Deuss*, Peter, a.a.O., S. 107 f.; vgl. auch *Neflin*, Hermann, a.a.O., S. 13.

[32] Vgl. *Müller-Erzbach*, Rudolf: Die Rechtswissenschaft im Umbau, München 1950, S. 75.

[33] Vgl. *Reinhardt*, Rudolf: Privates Unternehmen und öffentliches Interesse, in: Beiträge zum Arbeits-, Handels- und Wirtschaftsrecht, Festschrift für Alfred Hueck, hrsg. von Rolf Dietz u. a., München und Berlin 1959, S. 442.

Interesse der Allgemeinheit liegt, so scheint der Begriff des öffentlichen Interesses und des Gemeinwohls völlig aufgelöst zu werden[34]."

Angesichts dieser Vielheit heterogener öffentlicher Interessen muß eine Formel, nach der ein Konflikt zwischen privaten und öffentlichen Belangen stets zugunsten der letzteren zu entscheiden ist, als ziemlich willkürlich erscheinen. Eine gerechte Lösung wird sich auch hier nur dadurch erreichen lassen, daß in jedem einzelnen Konfliktsfall „auf Grund einer genauen und sorgfältigen Analyse und Abwägung der verschiedenen konkreten Interessen"[35] entschieden wird. Wenn das Aktiengesetz von 1937 dagegen vorsieht, daß in den Sonderprüfungsbericht ausnahmslos die Tatsachen nicht aufgenommen werden dürfen, die im öffentlichen Interesse geheimzuhalten sind, so kann diese Regelung nur so verstanden werden, daß hier das Schlagwort des Nationalsozialismus, daß die Belange des einzelnen hinter den Interessen der Allgemeinheit stets zurückzutreten haben, Eingang in das Gesetz gefunden hat[36]. Eine andere Begründung läßt sich nicht finden.

Bei der erforderlichen Interessenabwägung müssen nun, soweit nicht nach dem Gesetzeszweck bestimmte Interessen auszuscheiden sind, alle auf beiden Seiten berührten Güter und Werte berücksichtigt werden. Es versteht sich von selbst, daß der Achtungsanspruch eines Interesses durch das Hinzutreten eines weiteren verstärkt wird. „Ihr vereintes Gewicht wird oft ein Gegeninteresse überwiegen, das an sich wertvoller ist als jedes von ihnen allein. Insbesondere wo sich gleichwertige Güter gegenüberstehen, ist demjenigen der Vorzug zu geben, auf dessen Seite ein weiteres beteiligt ist[37]." In diesem allgemeinen Prinzip der Interessenabwägung — Hubmann spricht vom Prinzip der Interessenhäufung — liegt nun das Körnchen Wahrheit, das auch der Satz „Gemeinnutz geht vor Eigennutz" enthält[38]. In den verschiedenen öffentlichen Interessen ist in der Regel das Wertstreben vieler einzelner Rechtssubjekte zusammengefaßt. Sie müssen daher einem gleichen Wertstreben eines einzelnen oder einzelner Gruppen vorgehen, was aber nicht bedeutet, daß ein besonders wertvolles Einzelinteresse einem zwar schützenswerten, aber nicht sonderlich dringlichen allgemeinen Interesse nicht zu weichen hätte[39].

---

[34] *Reinhardt,* Rudolf, a.a.O., S. 442.

[35] *Reinhardt,* Rudolf, a.a.O., S. 443.

[36] Ganz in diesem Sinne auch *Danielcik,* Hans Peter: Kommentar zum Aktiengesetz, Berlin 1937, § 70 Anm. 6.

[37] *Hubmann,* Heinrich: Grundsätze der Interessenabwägung, in: AcP, Bd. 155 (1956), Heft 2, S. 107; künftige Zitierweise: *Hubmann,* Heinrich: Interessenabwägung, a.a.O.

[38] Vgl. *Hubmann,* Heinrich: Interessenabwägung, a.a.O., S. 108.

[39] Vgl. *Hubmann,* Heinrich: Interessenabwägung, a.a.O., S. 108.

Unter diesem Aspekt erlangt nun die Formel vom gemeinen Nutzen von Volk und Reich, zugunsten dessen nach den Vorstellungen des Gesetzgebers von 1937 jede Berichterstattung im Sonderprüfungsbericht zu unterbleiben hat, doch noch eine gewisse Bedeutung. Wenn sie auch nicht dazu führen kann, daß die öffentlichen Belange in jedem Fall den Vorrang haben, weil dies ausschließlich nationalsozialistischer Intention entspricht, so bringt sie doch zum Ausdruck, daß neben den berechtigten Interessen der outsider auch öffentliche Interessen zu berücksichtigen sind und daß diese in vielen Fällen deswegen besonders schwer wiegen werden, weil auf sie das Wertstreben einer Vielzahl von Rechtssubjekten vereinigt ist.

Wir haben nun zwar gesehen, daß in dem Konflikt zwischen privaten und öffentlichen Belangen eine Entscheidung immer erst nach einer eingehenden Abwägung der beteiligten Interessen möglich ist. Nachdem es in diesem Zusammenhang aber um eine ganz konkrete, abgegrenzte Gruppe von privaten Interessen geht, nämlich um die Interessen der outsider an einer Mitteilung der in die Kategorie 2 fallenden Aussagen eines Sonderprüfungsberichts, läßt sich auch ungefähr bestimmen, wie die gegenläufigen öffentlichen Interessen beschaffen sein müssen, damit sie die auf eine Berichterstattung in der Kategorie 2 gerichteten privaten Interessen auf jeden Fall überwiegen. Da der Grundsatz der Zielerreichung, den wir als entscheidend sowohl für die Durchführung der Sonderprüfung als auch für die Berichterstattung über sie erkannt haben, dazu führt, daß ein Nichtberichten in der Kategorie 2 nur in wenigen Ausnahmefällen in Frage kommt, bedeutet dies für unseren Fall, daß die Interessen der Allgemeinheit zum einen schon an sich sehr hochwertig sein und zum anderen das Wertstreben möglichst vieler Rechtssubjekte auf sich vereinigen müssen, wenn ihretwegen Teile des Sonderprüfungsberichts, die für das Verständnis des Prüfungsergebnisses unerläßlich sind, unterdrückt werden sollen.

Zu diesen überragenden öffentlichen Belangen gehören nun nach der überwiegenden Ansicht in der Literatur insbesondere „die Belange der Wehrwirtschaft, der auswärtigen Politik und der Nationalwirtschaft“[40]. Eine Berichterstattung, die diese zum großen Teil auch unter Strafrechtsschutz[41] stehenden Werte in Gefahr bringen würde, hat der Sonderprüfer auch in der Kategorie 2 zu unterlassen. Insoweit ist Obermüller in vollem Umfang zuzustimmen, wenn er schreibt: „Daß solche Tatsachen nicht offenbart werden dürfen, ist selbstverständlich[42].“

---

[40] *Hertlein-Meisner:* Abschluß und Prüfung der Unternehmungen, 4. Aufl., Wiesbaden 1956, S. 252.

[41] Vgl. §§ 80 ff. StGB.

[42] *Obermüller,* Walter, a.a.O., S. 546.

bc) Zusammenfassung

Der dominierende Grundsatz der Zielerreichung fordert zwar eine lückenlose Berichterstattung in der Kategorie 1, steht aber einer Anwendung der Schutzklausel in der Kategorie 2 grundsätzlich nicht entgegen. Die große Bedeutung, welche die Aussagen der Kategorie 2 für die outsider jedoch haben, muß dazu führen, daß die Fälle, in denen der Sonderprüfer von der Schutzklausel in dieser Kategorie tatsächlich Gebrauch machen kann und muß, auf wenige Ausnahmen beschränkt bleiben. Diese Ausnahmefälle sind da gegeben, wo Rechtsgüter bedroht sind, die vom Gesetz als besonders hochwertig eingeschätzt werden und daher seinen besonderen Schutz genießen. Dabei kann man solche Rechtsgüter unterscheiden, bei denen dieser besondere rechtliche Schutz im Interesse der Gesellschaft liegt, und solche, bei denen er im Interesse der Öffentlichkeit erfolgt.

Wir haben gesehen, daß die Berichterstattung in der Kategorie 2 immer dann eine Einschränkung erfahren muß, wenn durch sie ein echtes Geschäfts- und Betriebsgeheimnis preisgegeben werden müßte oder der Fortbestand des Unternehmens gefährdet würde, weil das Gesetz diesen beiden Rechtsgütern durch die ganze Rechtsordnung hindurch seinen besonderen Schutz gewährt, ihnen also eine erhöhte rechtliche Relevanz zukommt. Das Steuer- und Bankgeheimnis kann dagegen nicht zu einer Anwendung der Schutzklausel in der Kategorie 2 führen, da es sich hier um Rechtsgüter handelt, die ihren Wert ausschließlich dadurch erhalten, daß sie das zwischen Steuerpflichtigem und Steuerbehörde bzw. zwischen Bankkunden und Kreditinstitut notwendige Vertrauensverhältnis erhalten bzw. erst ermöglichen. In dieser ganz bestimmten Aufgabe erschöpft sich ihre rechtliche Bedeutung. Eine darüber hinausgehende „absolute" rechtliche Relevanz kann ihnen nicht zugesprochen werden.

Was die Einschränkung der Berichterstattung im Interesse der Öffentlichkeit anbelangt, gibt hier das Gesetz selbst mit der Formulierung, daß alle die Tatsachen im Bericht unerwähnt bleiben müssen, deren Aufnahme der „gemeine Nutzen von Volk und Reich" entgegensteht, einen Hinweis. Es ist zwar fraglos so, daß die genannte Bestimmung den Geist des Nationalsozialismus atmet. Dies heißt jedoch nicht, daß sie deswegen in nachkonstitutioneller Zeit vollkommen bedeutungslos geworden wäre. Sie kann vielmehr durchaus im Sinne der Formel „Gemeinnutz geht vor Eigennutz" interpretiert werden, die schon lange Zeit vor dem Nationalsozialismus eine Rolle spielte.

Davon ausgehend, haben wir festgestellt, daß bei der in allen Fällen erforderlichen Abwägung zwischen den Interessen der outsider und den verschiedenen öffentlichen Interessen zu beachten ist, daß die Belange der Öffentlichkeit häufig dadurch ein besonderes Gewicht erlangen, daß auf sie das Wertstreben vieler einzelner Rechtssubjekte vereinigt ist. Für den Umfang des Sonderprüfungsberichts bedeutet dies nun, daß immer dann, wenn ein besonders hochwertiges öffentliches Interesse in Gefahr ist, das außerdem noch das Wertstreben vieler einzelner auf sich vereinigt, eine Berichterstattung auch in der Kategorie 2 nicht in Frage kommt. Wir haben gesehen, daß dies insbesondere für die Belange der Wehrwirtschaft, der Außenpolitik und der Nationalwirtschaft zutreffen wird.

Eine Anwendung der Schutzklausel auf die Kategorie 2 kommt demnach nur in den wenigen Fällen in Frage, in denen ein echtes Geschäfts- und Betriebsgeheimnis oder der Fortbestand des Unternehmens gefährdet ist, bzw. in den noch viel selteneren Fällen, daß überragende öffentliche Interessen, wie z. B. die Landesverteidigung, in Gefahr geraten. Darüber hinaus kann die Berichterstattung in der Kategorie 2 nicht eingeschränkt werden, weil der Grundsatz der Zielerreichung fordert, daß die Berichtsempfänger das vollständige und — von den genannten Ausnahmen abgesehene — lückenlos begründete Prüfungsergebnis erfahren.

c) Der Umfang der Berichterstattung in der Kategorie 3

Wie oben dargelegt, sollen in der Kategorie 3 diejenigen Aussagen des Sonderprüfungsberichts zusammengefaßt werden, die zwar nicht unmittelbar einen Teil des Prüfungsergebnisses darstellen und auch nicht gerade unerläßlich sind, wenn es richtig verstanden werden soll, die aber dennoch geeignet erscheinen, es zu verdeutlichen und in das richtige Licht zu rücken. Schon aus dieser knappen Charakterisierung wird ersichtlich, daß eine Anwendung der Schutzklausel auf die Kategorie 3 mit dem Grundsatz der Zielerreichung nur noch in sehr beschränktem Ausmaß kollidiert, weil hier ein Nichtberichten auf Grund der Schutzklausel das Ziel der Sonderprüfung, die outsider über die Ordnungs- bzw. Zweckmäßigkeit eines bestimmten Geschäftsführungsvorgangs zu unterrichten, in keinem Fall gefährden kann. Wenn dies nun auch noch nicht heißt, daß die Aussagen der Kategorie 3 für Aktionäre, Gläubiger und Öffentlichkeit völlig uninteressant sind, so wird daran doch deutlich, daß für die Bestimmung des Anwendungsbereichs der Schutzklausel in der Kategorie 3 die berechtigten Interessen der Gesellschaft mehr zum Tragen kommen, da der Grundsatz der Zielerreichung, der den Interessen der outsider an einer Berichterstattung in den Kategorien 1 und 2 ein besonderes Gewicht gegeben hat, in der Kategorie 3 an Bedeutung verliert. Man kann auch sagen, daß in der Kategorie 3 die einzelnen Rechtsgüter, die für bzw. gegen eine Anwendung der Schutzklausel sprechen, nur noch ihr Eigengewicht besitzen.

Dies bedeutet nun, daß der Prüfer den der Gesellschaft im Einzelfall durch die Berichterstattung entstehenden Schaden zu dem Nutzen, den diese für die outsider hat, in ein Verhältnis setzen muß, was naturgemäß immer auf ein mehr oder weniger subjektives Urteil hinauslaufen wird. In vollem Umfang wird man daher Kelsen zustimmen müssen, wenn er allgemein formuliert: „Das Problem der Werte ist vor allem und in erster Linie das Problem der Wertkonflikte. Und dieses Problem kann nicht mit den Mitteln rationaler Erkenntnis gelöst werden. Die Antwort auf die sich hier ergebenden Fragen ist stets ein Urteil, das in letzter Linie von emotionalen Faktoren bestimmt wird und daher einen höchst subjektiven Charakter hat[43]."

Aber nicht nur die Abwägung der gegensätzlichen Interessen läßt sich kaum in objektiver Weise durchführen, sondern schon die Ermittlung eben dieser Interessen, d. h. die Feststellung des Schadens bzw. des Nutzens, der mit einer Berichterstattung über bestimmte Tatsachen verbunden ist, erweist sich als schwierig und wird wohl ebenfalls letztlich im Bereich des Subjektiven getroffen werden müssen. In den seltensten Fällen wird der Prüfer in der Lage sein, einen drohenden Schaden zahlenmäßig zu fixieren, da er in aller Regel „in dem schwindenden Vertrauen der Abnehmer und Lieferanten und in einem dadurch bewirkten Umsatzrückgang und in einer Aushöhlung der Kreditfähigkeit des Unternehmens"[44] zu suchen sein wird. Ebenso verhält es sich mit dem Nutzen, der den Berichtsempfängern durch die Aufnahme eines bestimmten Tatbestands in den Sonderprüfungsbericht entsteht. Das Interesse, das die Aktionäre, an die sich der Bericht ja in erster Linie wendet, an einer untadeligen Geschäftsführung haben, entspringt, wie wir gesehen haben, dem Vertrauensverhältnis, mit dem das Institut der Aktiengesellschaft steht und fällt. Inwieweit im Einzelfall eine zur Kategorie 3 zählende Mitteilung für die Aufrechterhaltung dieses Vertrauensverhältnisses erforderlich ist, ist schwer zu entscheiden.

Angesichts dieser vielfältigen Schwierigkeiten, die sich einer Bestimmung des Anwendungsbereichs der Schutzklausel in der Kategorie 3 entgegenstellen, kann der Umfang der Berichterstattung hier nur in groben Umrissen skizziert werden. So wird es bei der Ermittlung des Schadens, welcher der Unternehmung durch eine im Rahmen einer Sonderprüfung erfolgende Berichterstattung erwachsen kann, darauf ankommen, mit welcher Unmittelbarkeit die Gefährdung der Belange des Unternehmens droht. Ein Schaden, der mit der Berichterstattung

---

[43] *Kelsen*, Hans: Was ist Gerechtigkeit?, Wien 1953, S. 6.

[44] *Bordt*, Karl, a.a.O., S. 199.

in unmittelbarem kausalem Zusammenhang steht, so wie dies z. B. bei der Aufdeckung von zum Schadenersatz verpflichtenden Patentverletzungen der Fall ist, wird schwerer wiegen als ein Schaden, der nur mit einer mehr oder weniger großen Wahrscheinlichkeit eintritt. Hier wird der Prüfer die Unsicherheit der künftigen wirtschaftlichen Entwicklung in Rechnung stellen müssen[45].

Von ganz besonderer Bedeutung für die Beurteilung des Schadens ist auch die spezielle wirtschaftliche Lage, in der sich das zu prüfende Unternehmen befindet. Es liegt auf der Hand, daß sich die Aufdeckung von Mißständen in der Geschäftsführung auf ein Unternehmen, das sich in einer wirtschaftlichen Krise befindet, anders auswirken wird als auf ein in jeder Hinsicht gesundes Unternehmen. Dieser Auffassung verleiht auch Reinicke Ausdruck, wenn er in bezug auf das Auskunftsrecht schreibt, „daß zur Entscheidung der Frage, ob der Gesellschaft durch die Auskunft ein Nachteil droht, eine genaue Kenntnis der wirtschaftlichen Lage der Gesellschaft, ihrer zukünftigen Planung sowie der Marktverhältnisse, insbesondere der Lage der Wettbewerber der Gesellschaft, erforderlich ist“[46].

Für die Ermittlung des Nutzens, den die outsider von einer Berichterstattung haben, werden sich nur dann einige Anhaltspunkte gewinnen lassen, wenn man sich vergegenwärtigt, daß es letztlich doch Vermögensinteressen sind, welche die outsider mit der Gesellschaft verbinden. Die Wahrung dieser Vermögensinteressen der outsider durch die Gesellschaft ist Gegenstand des Vertrauensverhältnisses, das zwischen beiden bestehen muß. Der Nutzen einer Mitteilung wird demnach als um so größer anzusehen sein, je stärker, unmittelbarer und nachhaltiger die Vermögensinteressen der outsider gefährdet sind.

Es liegt auf der Hand, daß damit nur sehr vage Anhaltspunkte gegeben sind. Die Frage nach dem Nutzen bzw. dem Schaden, der durch eine Berichterstattung in der Kategorie 3 entsteht, kann eben nur sehr schwer in allgemeiner Form beantwortet werden. Die Entscheidung, ob im Einzelfall der Schaden für die Gesellschaft den Nutzen für die Aktionäre überwiegt, d. h. ob eine zur Kategorie 3 zählende Aussage in den Sonderprüfungsbericht nicht aufgenommen werden darf, wird letztlich dem subjektiven Urteil des Prüfers überlassen werden müssen.

2. Die Bedeutung des Wegfalls der Schutzklausel im neuen Aktienrecht

Die Sonderprüfungsbestimmungen des Aktiengesetzes vom 6. September 1965 sind dadurch gekennzeichnet, daß in ihnen einmal ein

---

[45] Vgl. *Bordt*, Karl, a.a.O., S. 201.

[46] *Reinicke*, Gerhard: Das Auskunftsrecht des Aktionärs, in: Beiträge zur Aktienrechtsreform, hrsg. von Hans Hengeler, Heidelberg 1959, S. 135.

gegenüber dem Gesetz von 1937 verstärkter Schutz der Minderheit und zum anderen eine weitergehende Offenlegungspflicht der Gesellschaft zum Ausdruck kommt[47]. Der verstärkte Minderheitenschutz äußert sich darin, daß nach § 142 Abs. 2 AktG 1965 die Geschäftsführungsvorgänge, deren Überprüfung die Minderheit beim Gericht beantragen kann, nicht mehr nur zwei, sondern fünf Jahre zurückliegen dürfen und daß auch eine Minderheit antragsberechtigt ist, deren Anteile zusammen zwar nicht den zehnten Teil des Grundkapitals, wohl aber den Nennbetrag von 2 Mill. DM erreichen.

Die erhöhte Offenbarungspflicht, die das neue Aktiengesetz den Gesellschaften auferlegt, wird besonders deutlich an der bereits verschiedentlich heftig kritisierten[48] Bestimmung des § 145 Abs. 2 AktG 1965, wonach auch der Aufsichtsrat verpflichtet ist, dem Sonderprüfer alle Aufklärungen und Nachweise zu geben. Auch die in der Literatur stark umstrittene Erweiterung dieser Auskunftspflicht auf Konzernunternehmen sowie auf abhängige oder herrschende Unternehmen in § 145 Abs. 3 AktG 1965[49] zielt in diese Richtung.

Beide Tendenzen, der verstärkte Minderheitenschutz und die erhöhte Pflicht der Gesellschaft zur Offenlegung ihrer Verhältnisse, haben sich nun auch in den Bestimmungen über den Umfang des Sonderprüfungsberichts niedergeschlagen. Unter Hinweis darauf, daß vor dem Aktiengesetz von 1937 die Berichterstattung über die Sonderprüfung auch unbegrenzt war und keine Fälle bekannt sind, in denen dadurch eine Gesellschaft oder die Allgemeinheit geschädigt worden wäre[50], läßt das Aktiengesetz von 1965 die Schutzklausel beim Sonderprüfungsbericht fallen. Wörtlich führt die amtliche Begründung aus: „Die Sonderprüfung hat die Aufgabe, etwa vorhandene Mißstände aufzudecken. Es liegt daher in ihrem Wesen, daß sie Tatsachen ans Licht bringen kann, die der Gesellschaft unangenehm sind und deren Bekanntwerden ihr zum Nachteil gereichen kann. Die Sonderprüfung würde entwertet werden, wenn der Bericht über solche Tatsachen durch eine Schutzklausel verhindert würde[51].“

---

[47] Vgl. *Gadow-Heinichen,* a.a.O., Bd. 1, § 118 Anm. 20.

[48] Vgl. z. B. *Obermüller,* Walter, a.a.O., S. 547.

[49] Zustimmend äußert sich hierzu *Gessler,* Ernst: Prüfungsrechte gegenüber anderen Unternehmen?, in: Wpg, 17. Jahrgang (1964), Heft 15/16, S. 402 ff.; a. A.: *Flume,* Werner: Grundfragen der Aktienrechtsreform, Düsseldorf, 1960, S. 38; vgl. im übrigen auch den Ausschußbericht zu § 138 Abs. 3 RegE, zitiert bei Kropff, Bruno, a.a.O., S. 211.

[50] Vgl. Amtliche Begründung zu § 138 Abs. 4 RegE, zitiert bei *Kropff,* Bruno, a.a.O., S. 211.

[51] Amtliche Begründung zu § 138 Abs. 4 RegE, zitiert bei *Kropff,* Bruno, a.a.O., S. 211 f.

Dem Gesetzgeber von 1965 genügte es aber nicht, die Schutzklausel einfach wegzulassen. Um der Auslegung vorzubeugen, daß das Interesse der Aktionäre an Aufklärung hinter dem Interesse der Gesellschaft, eines verbundenen Unternehmens und der Allgemeinheit an einer Geheimhaltung schon aus allgemeinen Grundsätzen zurückstehen müsse, bestimmt § 145 Abs. 4 Satz 2 AktG 1965 ausdrücklich, daß „auch Tatsachen, deren Bekanntwerden geeignet ist, der Gesellschaft oder einem verbundenen Unternehmen einen nicht unerheblichen Nachteil zuzufügen, ... in den Prüfungsbericht aufgenommen werden (müssen), wenn ihre Kenntnis zur Beurteilung des zu prüfenden Vorgangs durch die Hauptversammlung erforderlich ist".

Untersucht man nun, wie sich nach dieser Rechtslage der Umfang der Berichterstattung in den einzelnen Kategorien des Sonderprüfungsberichts darstellt, so kann zunächst einmal festgestellt werden, daß nach dem Aktiengesetz von 1965 die zu den Kategorien 1 und 2 gehörenden Aussagen des Sonderprüfungsberichts in vollem Umfang wiederzugeben sind. Die Einschränkung des Gesetzes: „... wenn ihre Kenntnis zur Beurteilung des zu prüfenden Vorgangs durch die Hauptversammlung erforderlich ist", bringt klar zum Ausdruck, daß der Gesetzgeber den Gesichtspunkt, welchen Beitrag eine Mitteilung des Sonderprüfungsberichts für die Erreichung des Prüfungsziels leistet, in der Frage des Berichtsumfangs als entscheidend betrachtet[52]. Daß alle Aussagen der Kategorie 1 und 2 für die Beurteilung des zu prüfenden Vorgangs erforderlich sind, liegt aber auf der Hand.

Damit wird bereits ein wichtiger Unterschied zum Umfang der Berichterstattung nach altem Aktienrecht sichtbar. Die Schutzklausel des Gesetzes von 1937 schließt zwar auch ein Berichten in der Kategorie 2 grundsätzlich nicht aus. Wir haben jedoch gesehen, daß der Sonderprüfer in einigen wenigen Ausnahmefällen, nämlich immer dann, wenn ein Geschäfts- oder Betriebsgeheimnis, der Bestand des Unternehmens oder überragende öffentliche Interessen auf dem Spiele stehen, unter Berufung auf die Schutzklausel von einer Berichterstattung auch in der Kategorie 2 absehen kann und muß. Diese Möglichkeit besteht nach dem neuen Aktienrecht nicht mehr. Der Prüfer hat ohne Rücksicht auf die genannten Rechtsgüter zu berichten.

Auch die Aussagen der Kategorie 3, die nach unserer Definition für das Verständnis des Prüfungsergebnisses zwar nicht unerläßlich sind, aber dennoch dazu beitragen, daß die Berichtsempfänger es im richtigen Licht sehen und die Hintergründe einer möglicherweise unkorrekten Geschäftsführungsmaßnahme verstehen, wird man zu den Mitteilungen

---

[52] Vgl. *von Godin-Wilhelmi:* Kommentar zum Aktiengesetz, Bd. 1, 3. Aufl., Berlin 1967, § 145 Anm. 5.

rechnen müssen, die im Sinne des Gesetzes „zur Beurteilung des zu prüfenden Vorgangs durch die Hauptversammlung erforderlich“ sind. Eine Abwägung des Nutzens für die outsider mit dem durch die Aufnahme in den Bericht der Gesellschaft entstehenden Schaden, wie sie der Sonderprüfer nach der Regelung des Gesetzes von 1937 vorzunehmen hatte, entfällt somit. Die unter die Kategorie 3 fallenden Aussagen sind ebenfalls in vollem Umfang und ohne Rücksicht darauf, ob die Belange der Gesellschaft, eines beteiligten Unternehmens oder der Allgemeinheit Schaden leiden, in den Bericht aufzunehmen. Lediglich die Mitteilungen der Kategorie 4, also alles, was mit dem zu prüfenden Vorgang in keinen Zusammenhang zu bringen ist, kann der Prüfer unerwähnt lassen, so wie dies nach dem Gesetz von 1937 auch schon der Fall war.

Wir können demnach festhalten, daß eine Übereinstimmung des Umfangs der Berichterstattung über die Sonderprüfung nach altem und neuem Aktienrecht nur in den Kategorien 1 und 4 zu verzeichnen ist. In den Kategorien 2 und 3 dagegen schränkt das Aktiengesetz von 1937 den Berichtsumfang unter gewissen Voraussetzungen ein, während das Gesetz von 1965 auch hier die volle Berichterstattung fordert. Dieser Unterschied ist darauf zurückzuführen, daß der Gesetzgeber von 1937 neben dem zwar nicht ausdrücklich erwähnten, aber sich — wie ausführlich dargelegt — aus dem Wesen der Sonderprüfung und einer methodischen Auslegung der Schutzklausel ergebenden Grundsatz der Zielerreichung auch die schon sehr frühzeitig erkannte Tatsache, daß durch die Berichterstattung über eine Sonderprüfung grundsätzlich auch die Belange der Gesellschaft geschädigt werden können, in seine Betrachtung einbezieht. Der Gesetzgeber von 1965 stellt dagegen, wie wir gesehen haben, ausschließlich auf den Grundsatz der Zielerreichung ab. Die Bemerkung der amtlichen Begründung, daß die Gefahr einer Schädigung der Gesellschaft oder eines verbundenen Unternehmens durch das Bekanntwerden von Tatsachen, die mit Mißständen innerhalb der Gesellschaft zusammenhängen, nicht überschätzt werden darf[53], deutet zwar darauf hin, daß die Schutzwürdigkeit der Gesellschaftsinteressen nicht vollständig verkannt wurde. Um jedoch den Wert der Sonderprüfung für die Minderheitsaktionäre nicht herabzusetzen, fand dieser Gesichtspunkt dann aber im Gesetz selbst keine Berücksichtigung mehr. Er wurde, wie sich Kaiser ausdrückt, dem Gedanken des wirtschaftlichen Eigentums der Aktionäre geopfert[54].

---

[53] Vgl. Amtliche Begründung zu § 138 Abs. 4, zitiert bei *Kropff*, Bruno, a.a.O., S. 212.

[54] Vgl. *Kaiser*, Joseph A.: Die Wahrnehmung öffentlicher Publizitätsinteressen, in: Das Frankfurter Publizitätsgespräch, Frankfurt/Main 1962, S. 91.

Dies ist nun auch der Grund dafür, daß der Wegfall der Schutzklausel im neuen Aktiengesetz in der Literatur überwiegend auf starke Kritik gestoßen ist. So schreibt beispielsweise Bordt: „Der Vorschlag des Referentenentwurfs auf Abschaffung der Schutzklauseln wird m. E. weder dem Interesse der Allgemeinheit und des Gemeinwohls an der Geheimhaltung bestimmter Tatsachen, noch den berechtigten Bedürfnissen der geprüften Gesellschaft und der beteiligten Unternehmen gerecht. Das Aktionärinteresse an der Offenlegung bestimmter Tatsachen verdient weitgehendsten Schutz. Dieses darf aber nicht dazu führen, daß das Aufklärungsinteresse in jedem Fall dem Geheimhaltungsbedürfnis der Gesellschaft vorangestellt wird[55].“ In der gleichen Weise urteilt Obermüller, wenn er ausführt: „Wenn der Regierungsentwurf die in § 121 Abs. 3 AktG vorgesehenen Schutzklauseln ersatzlos gestrichen hat, so dürfte er in seinem — an sich durchaus zu begrüßenden — Bestreben, die Rechte des Minderheitsaktionärs zu stärken, über das vertretbare Maß hinausgegangen sein[56].“

Die nach dem Aktiengesetz von 1965 geforderte schrankenlose Berichterstattung auch über die mit dem zu prüfenden Geschäftsführungsvorgang nur in einem losen Zusammenhang stehenden Feststellungen des Sonderprüfers kann darüber hinaus dazu führen, daß gerade der vom Gesetz mit dieser Regelung verfolgte Zweck, die Rechte der Minderheit zu stärken, vereitelt wird. Es ist nämlich sehr wohl der Fall denkbar, daß die Aktionäre gerade im Hinblick auf den Wegfall der Schutzklausel auf eine Durchführung der Sonderprüfung verzichten, weil sie in ihrem eigenen Interesse die Gesellschaft vor einem durch die weitgehende, jedermann zugängliche Berichterstattung unter Umständen entstehenden Schaden bewahren wollen[57]. Mit gutem Grund sprechen daher Gadow-Heinichen die Befürchtung aus, daß sich eine so weitgehende Berichtspflicht in der Praxis als „ein Danaergeschenk für die so fürsorglich gewahrten Interessen des sogenannten ‚armen Kleinaktionärs‘ herausstellen wird“[58].

Wir können deshalb zusammenfassend feststellen, daß das Aktiengesetz von 1937 mit der Einführung der Schutzklausel den bestehenden Interessenkonflikt weit besser gelöst hat als das Aktiengesetz von 1965 mit seiner einseitigen Ausrichtung auf die Interessen der Aktionäre. Die Schutzklausel ermöglichte es dem Sonderprüfer, den Umfang der Berichterstattung in allen drei maßgeblichen Kategorien so zu gestalten, daß — unter strenger Beachtung des Grundsatzes der Zielerreichung —

---

[55] *Bordt,* Karl, a.a.O., S. 203 f.

[56] *Obermüller,* Walter, a.a.O., S. 547.

[57] Vgl. *Bordt,* Karl, a.a.O., S. 205.

[58] *Gadow-Heinichen,* a.a.O., Bd. 1, § 121 Anm. 14; vgl. auch *Forster,* Karl-Heinz, a.a.O., S. 236.

die Interessen der Gesellschaft und die der Berichtsempfänger zu einem Ausgleich gebracht wurden. Nach der Regelung des Aktiengesetzes von 1965 ist dies nicht mehr möglich. Wenn daher Pöhl die Auffassung vertritt, daß das neue Aktiengesetz „einen vernünftigen Kompromiß der zahlreichen divergierenden Interessen“[59] darstellt, so kann ihm zumindest im Hinblick auf die Bestimmungen über den Umfang des Sonderprüfungsberichts nicht zugestimmt werden.

3. Zusammenfassendes Ergebnis

Die Durchführung der aktienrechtlichen Sonderprüfung und die Berichterstattung über sie werden von dem Grundsatz beherrscht, daß das Ziel der Prüfung, den outsidern die Beurteilung der Ordnungs- bzw. Zweckmäßigkeit einer Maßnahme der Geschäftsführung zu ermöglichen, auf alle Fälle erreicht werden muß. Dieser den positiven Umfang des Sonderprüfungsberichts kennzeichnende fundamentale Grundsatz der Zielerreichung hat es naheliegend erscheinen lassen, alle Feststellungen und Aussagen des Berichts nach dem Kriterium ihrer Beziehung zum Prüfungsergebnis in einzelne Kategorien einzuteilen. Danach fallen unter die Kategorie 1 alle Aussagen, die unmittelbar das Prüfungsergebnis darstellen. Zur Kategorie 2 gehören alle Aussagen, die zwar nicht unmittelbar das Prüfungsergebnis darstellen, aber dennoch unerläßlich sind, wenn es in der richtigen Weise verstanden werden soll. Die Kategorie 3 enthält schließlich alle die Aussagen, die zum Verständnis des Prüfungsergebnisses beitragen können, ohne dafür geradezu unentbehrlich zu sein.

Die für die Rechtsform der Aktiengesellschaft charakteristische breite Streuung der Anteilseigner und das Interesse der Allgemeinheit an einer untadeligen Wirtschaftsführung der in dieser Rechtsform geführten Gesellschaften, die einen Großteil des Volksvermögens auf sich vereinigen, bringen es nun mit sich, daß die zur Aufrechterhaltung des Vertrauensverhältnisses zwischen outsidern und Verwaltung erforderlichen Mitteilungen über die Verhältnisse der Gesellschaft — also auch der Bericht über eine Sonderprüfung — zwangsläufig öffentlich erfolgen müssen. Da sich der Sonderprüfungsbericht, wie wir gesehen haben, an den Interessen der Aktionäre ausrichtet, kann damit nicht ausgeschlossen werden, daß gewisse Gruppen von Außenstehenden durch ihn Dinge in Erfahrung bringen, die weit über das Maß hinausgehen, das durch ihr legitimes Interesse an der Gesellschaft gesetzt ist. Dadurch entsteht die Gefahr, daß der Gesellschaft durch die Bericht-

---

[59] *Pöhl,* Karl Otto: Aktienrechtsreform im Endspurt, in: Der Volkswirt, 19. Jahrgang (1965), Heft 4, S. 109.

erstattung über eine Sonderprüfung ein nicht unbeträchtlicher Schaden entsteht.

Diese Gefahr versuchte nun das Aktiengesetz von 1937 durch die Einführung der sog. Schutzklausel abzuwenden. Die systematische Auslegung dieses mit einem Beurteilungsspielraum ausgestatteten unbestimmten Rechtsbegriffs ergibt nun, daß der Gesetzgeber von 1937 damit die Erreichung des mit der Sonderprüfung verfolgten Ziels in keiner Weise gefährden wollte. Der Grundsatz der Zielerreichung war vielmehr — wenn auch nicht ausdrücklich — schon nach dem alten Aktienrecht oberste Leitmaxime für den Umfang des Sonderprüfungsberichts. Mit der Aufnahme der Schutzklausel in das Gesetz von 1937 sollte der Sonderprüfer lediglich in die Lage versetzt werden, die schon sehr frühzeitig erkannte mögliche Schädigung der Gesellschaft, die bis dahin ausschließlich in den Bestimmungen über die Bestellung der Prüfer Berücksichtigung fand, auch bei der Gestaltung des Berichtsumfangs in seine Überlegungen einzubeziehen.

Danach gestaltete sich der Umfang der Berichterstattung in den einzelnen Kategorien folgendermaßen: In der Kategorie 1, die das Prüfungsergebnis darstellt, forderte der Grundsatz der Zielerreichung in allen Fällen die volle Berichterstattung. Eine Anwendung der Schutzklausel kam in dieser Kategorie nicht in Frage. In der Kategorie 2 war zwar grundsätzlich auch in vollem Umfang zu berichten, eine Ausnahme konnte der Prüfer jedoch dann machen, wenn er Rechtsgüter bedroht sah, die in der ganzen Rechtsordnung den besonderen Schutz des Gesetzes genießen. Wir haben gesehen, daß es sich hierbei um das Geschäfts- und Betriebsgeheimnis handelt, den Bestand des Unternehmens und um gewisse besonders schutzwürdige öffentliche Interessen. In der Kategorie 3 schließlich hatte der Prüfer in jedem Einzelfall den Schaden für die Gesellschaft mit dem Nutzen für die Berichtsempfänger zu vergleichen. Da dieser Vergleich letztlich immer auf ein subjektives Urteil hinauslaufen wird, konnte der Umfang der Berichterstattung in dieser Kategorie nur in groben Umrissen skizziert werden.

Demgegenüber beschreitet das Aktiengesetz von 1965 neue Wege. Mit der Bestimmung, daß in den Sonderprüfungsbericht alles aufzunehmen ist, was zur Beurteilung des zu prüfenden Vorgangs durch die Hauptversammlung erforderlich ist, bekennt es sich zwar ausdrücklich zu dem — schon nach altem Recht zu beachtenden — Grundsatz der Zielerreichung, läßt aber gleichzeitig die Schutzklausel des Gesetzes von 1937 fallen, mit der Begründung, daß durch sie die Sonderprüfung entwertet würde. Dies bedeutet nun, daß der Sonderprüfer in jedem Fall in allen drei Kategorien zu berichten hat, ohne Rücksicht darauf, welcher Schaden der Gesellschaft dadurch entsteht. Es kann nicht verwundern, daß diese fühlbare Hintanstellung der Interessen der Unternehmung in der Literatur auf starke Kritik gestoßen ist. Insbesondere wenn man sich vor Augen hält, daß durch den Wegfall der Schutzklausel die Aktionäre sich in ihrem eigenen Interesse gezwungen sehen könnten, von der Bestellung von Sonderprüfern abzusehen, wird deutlich, daß gerade das Gegenteil von dem erreicht wurde, was nach der amtlichen Begründung mit dieser Maßnahme angestrebt werden sollte, nämlich eine erhöhte Wirksamkeit der Sonderprüfung.

Dies rechtfertigt den Schluß, daß die Lösung, die das Aktiengesetz von 1937 dem Problem des Umfangs des Sonderprüfungsberichts gegeben hat, die weit bessere gewesen ist. Die Schutzklausel ermöglichte es dem Prüfer, unter strenger Beachtung des Grundsatzes der Zielerreichung — er hätte vielleicht deutlicher zum Ausdruck gebracht werden sollen — sowohl dem Interesse der Unternehmung an Geheimhaltung als auch dem der Berichtsempfänger an Aufklärung in gerechter Weise nachzukommen. Die schon verschiedentlich in der Literatur hervorgehobene Qualität des Aktiengesetzes von 1937[60] hat eine Bestätigung gefunden.

[60] Vgl. z. B. *Hengeler-Kreifels:* Absicht und Wirklichkeit im Referentenentwurf eines Aktiengesetzes, in: Beiträge zur Aktienrechtsreform, hrsg. von Hans Hengeler, Heidelberg 1959, S. 11.

Literaturverzeichnis

I. Selbständige Schriften

Adler-Düring-Schmaltz: Rechnungslegung und Prüfung der Aktiengesellschaft, 3. Aufl., Stuttgart 1957.

Arbeitsgemeinschaft der Schutzvereinigungen für Wertpapierbesitz, Aktienrechtsausschuß: Denkschrift zur Reform des Aktienrechts, Düsseldorf 1952.

Baumbach-Hefermehl: Wettbewerbs- und Warenzeichenrecht, Bd. I: Wettbewerbsrecht, 9. Aufl., München und Berlin 1964.

Baumbach-Hueck: Kommentar zum Aktiengesetz, 12. Aufl., München und Berlin 1965.

Beckmann-Trültzsch: Der Jahresabschluß nach dem neuen Aktienrecht, 2. Aufl., Halle/Saale 1937.

Beham, Peter: Das deutsche Pflichtprüfungswesen, Berlin 1940.

Berg, Karl: Wie wird geprüft?, 5. Aufl., Bonn 1948.

Bericht der durch den 34. Juristentag zur Prüfung einer Reform des Aktienrechts eingesetzten Kommission, hrsg. von der ständigen Deputation des deutschen Juristentages, Mannheim - Berlin - Leipzig 1928.

Blohm, Hans: Der Geschäftsbericht als Mittel der Betriebspolitik, Baden-Baden 1962.

Boehmer, Gustav: Grundlagen der Bürgerlichen Rechtsordnung, 2. Buch, 2. Abteilung: Praxis der richterlichen Rechtsschöpfung, Tübingen 1952.

Bordt, Karl: Die aktienrechtliche Sonderprüfung unter besonderer Berücksichtigung der Aktienrechtsreform, Diss. Hamburg 1961.

Brodmann, Erich: Kommentar zum Aktienrecht, Berlin und Leipzig 1928.

Brütt, Lorenz: Die Kunst der Rechtsanwendung, Berlin 1907.

Bussmann, Karl F.: Betreuung und Prüfung der Unternehmungen, 19. Lieferung der Reihe „Die Wirtschaftswissenschaften", hrsg. von Erich Gutenberg, Wiesbaden 1960.

Dahm, Georg: Deutsches Recht, 2. Aufl., Stuttgart 1963.

Danielcik, Hans Peter: Kommentar zum Aktiengesetz, Berlin 1937.

Das Bürgerliche Gesetzbuch: Kommentar, hrsg. von Reichsgerichtsräten und Bundesrichtern, I. Band, 1. Teil, 11. Aufl., Berlin 1959.

Deuss, Peter: Das Auskunftsrecht des Aktionärs, Bd. 13 der Schriften des Instituts für Wirtschaftsrecht an der Universität Köln, hrsg. von H. C. Nipperdey, München und Berlin 1962.

Deutscher Anwaltverein: Zur Reform des Aktienrechts, Antworten des Dt. Anwaltvereins auf die Fragen des Reichsjustizministers, 1. Teil, Druckschriften des Dt. Anwaltvereins Nr. 20, Leipzig 1929.

Dienst, Diether: Die aktienrechtliche externe Gründungsprüfung, Diss. München 1959.

Eich, Wilhelm: Der Prüfungsbericht über den Jahresabschluß einer Aktiengesellschaft, Berlin 1940.

Engisch, Karl: Einführung in das juristische Denken, 3. Aufl., Stuttgart 1964.

Enneccerus-Nipperdey: Lehrbuch des Bürgerlichen Rechts, Bd. 1: Allgemeiner Teil des Bürgerlichen Rechts, 1. Halbband, 15. Aufl., Tübingen 1959.

Entwurf eines Gesetzes betreffend die Gesellschaften mit beschränkter Haftung nebst Begründung und Anlagen. Amtliche Ausgabe, Berlin 1891.

Entwurf eines Gesetzes betreffend die Kommanditgesellschaften auf Aktien und die Aktiengesellschaften nebst Begründung und Anlagen. Vorgelegt dem Bundesrath am 7. September 1883, Berlin 1883.

Entwurf eines Gesetzes über Aktiengesellschaften und Kommanditgesellschaften auf Aktien sowie Entwurf eines Einführungsgesetzes nebst erläuternden Bemerkungen, veröffentlicht durch das Reichsjustizministerium, Berlin 1930.

Esser, Robert und Ferdinand: Die Aktiengesellschaft nach den Vorschriften des Handelsgesetzbuchs vom 10. Mai 1897, 3. Aufl., Berlin 1907.

Fluch, Kurt: Die Buchprüfung im kaufmännischen Betrieb, 3. Aufl., Hann.-Münden 1956.

Flume, Werner: Grundfragen der Aktienrechtsreform, Düsseldorf 1960.

Forsthoff, Ernst: Lehrbuch des Verwaltungsrechts, 1. Band: Allgemeiner Teil, 9. Aufl., München und Berlin 1966.

Gadow-Heinichen: Großkommentar zum Aktiengesetz, 2. Aufl., Bd. 1, Berlin 1961, Bd. 2, Berlin 1965.

Gemeinsame Denkschrift zum Referentenentwurf, hrsg. von: Bundesverband der Deutschen Industrie, Bundesverband des privaten Bankgewerbes, Bundesvereinigung der Deutschen Arbeitgeberverbände, Deutscher Industrie- und Handelstag, Gesamtverband der Versicherungswirtschaft, Köln/Bonn 1959.

Gerstner, Paul: Revisionstechnik, 6. Aufl., Berlin 1940.

Gerstner-Meyer: Wegweiser für die kaufmännische Betriebs- und Bilanzprüfung, 5. Aufl., Berlin 1962.

von Godin-Wilhelmi: Kommentar zum Aktiengesetz, 2. Aufl., Berlin 1950, 3. Aufl., Bd. I, Berlin 1967.

Goldschmit, Friedrich: Die Aktiengesellschaft. Handelsgesetzbuch § 178 bis § 319, München 1927.

Gottschalk, Hellmut: Die Lehren aus den Aktienskandalen der Nachkriegszeit, Frankfurt am Main 1934.

Gutenberg, Erich: Einführung in die Betriebswirtschaftslehre, 1. Lieferung der Reihe „Die Wirtschaftswissenschaften“, hrsg. von Erich Gutenberg, Wiesbaden 1958.

Haas-Oechsner: Der Jahresabschluß nach Handels- und Steuerrecht, Bd. I: Grundsätze der Rechnungslegung, Wiesbaden 1958.

Haussmann, Fritz: Vom Aktienwesen und vom Aktienrecht, Mannheim-Berlin - Leipzig 1928.

Heck, Philipp: Das Problem der Rechtsgewinnung, 2. Aufl., Tübingen 1932.

Hedemann, Justus Wilhelm: Die Flucht in die Generalklauseln. Eine Gefahr für Recht und Staat, Tübingen 1933.

Heller, Theodor: Logik und Axiologie der analogen Rechtsanwendung, Berlin 1961.

Hergenhahn, Th.: Das Reichsgesetz betreffend die Kommanditgesellschaften auf Aktien und die Aktiengesellschaften vom 18. Juli 1884, Berlin 1891.

Hertlein-Meisner: Abschluß und Prüfung der Unternehmungen, 4. Aufl., Wiesbaden 1956.

Hintner, Otto: Praxis der Wirtschaftsprüfung, 3. Aufl., Stuttgart 1949.

Höppner, Martin: Praxis des Aktienrechts, Hamburg 1935.

Hubmann, Heinrich: Der Treuegedanke im Aktienrecht, Diss. München 1948.

Hueck, Alfred: Gedanken zur Reform des Aktienrechts und des GmbH-Rechts, Vortrag, gehalten vor der Berliner Juristischen Gesellschaft am 9. November 1962, Heft 11 der Schriftenreihe der Juristischen Gesellschaft e. V. Berlin, Berlin 1963.

Institut der Wirtschaftsprüfer: Ergänzende Vorschläge zur Aktienrechtsreform der Ausschüsse Sonderprüfung und Konzernfragen im Institut der Wirtschaftsprüfer in Deutschland e. V., Düsseldorf 1958.

Institut der Wirtschaftsprüfer: Vorschläge zur Aktienrechtsreform, Düsseldorf 1956.

Karoli, Richard: Bilanzprüfung und Prüfungsergebnis (Bestätigungsvermerk und Prüfungsbericht), Leipzig 1934.

Kayser, Paul: Kommentar zum Gesetz betreffend die Kommanditgesellschaften auf Aktien und die Aktiengesellschaften vom 18. 7. 1884, Berlin 1884.

Keller, Adolf: Die Kritik, Korrektur und Interpretation des Gesetzeswortlautes, Winterthur 1960.

Kelsen, Hans: Was ist Gerechtigkeit?, Wien 1953.

Klausing, Friedrich: Gesetz über Aktiengesellschaften und Kommanditgesellschaften auf Aktien (Aktiengesetz) nebst Einführungsgesetz und „Amtlicher Begründung“, Berlin 1937.

— Reform des Aktienrechts, Berlin - Wien 1933.

Klebba, Walter: Revisionspraxis, 4. Aufl., Nürnberg - Darmstadt - Düsseldorf-Berlin 1953.

Koch-Wolter: Das Steuergeheimnis, Köln 1958.

Kronstein-Claussen: Publizität und Gewinnverteilung im neuen Aktienrecht, Frankfurt/Main 1960.

Kropff, Bruno: Aktiengesetz, Düsseldorf 1965.

Larenz, Karl: Methodenlehre der Rechtswissenschaft, Berlin - Göttingen-Heidelberg 1960.

Lehmann-Hübner: Allgemeiner Teil des Bürgerlichen Gesetzbuches, 15. Aufl., Berlin 1966.

Less, Günter: Von Wesen und Wert des Richterrechts, Erlangen 1954.

Liver, Peter: Der Wille des Gesetzes, Bern 1954.

Loitlsberger, Erich: Treuhand- und Revisionswesen, 2. Aufl., Stuttgart 1966.

Lubszynski, Julius: Welche Rechte hat die Minderheit der Aktionäre gegenüber der Gesellschaft?, Berlin 1892.

Ludewig, Rainer: Die Darstellung der wirtschaftlichen Lage im Bericht über die aktienrechtliche Jahresabschlußprüfung, Bd. 12 der Schriftenreihe des Instituts der Wirtschaftsprüfer, Düsseldorf 1955.

Mattern, Gerhard: Das Steuergeheimnis, Tübingen 1952.

Meyer, Carl W.: Die Koordination von Unternehmung und Markt. Ein systematischer Grundriß, Heft 3 der Vertriebswirtschaftlichen Abhandlungen des Instituts für industrielle Verbrauchsforschung und Vertriebsmethoden der Technischen Universität Berlin, hrsg. von Otto R. Schnutenhaus, Berlin 1959.

— Grundsatzentscheidungen der Vertriebsführung, Berlin 1961.

Moral, Felix: Revision und Reorganisation industrieller Betriebe, 2. Aufl., Berlin 1924.

Moxter, Adolf: Der Einfluß von Publizitätsvorschriften auf das unternehmerische Verhalten, Köln und Opladen 1962.

Müller-Erzbach, Rudolf: Das private Recht der Mitgliedschaft als Prüfstein eines kausalen Rechtsdenkens, Weimar 1948.

— Deutsches Handelsrecht, 2. und 3. Aufl., Tübingen 1928.

— Die Rechtswissenschaft im Umbau, München 1950.

— Die Relativität der Begriffe und ihre Begrenzung durch den Zweck des Gesetzes, Abdruck aus: Jherings Jahrbücher für die Dogmatik des bürgerlichen Rechts, Bd. 61 (= Bd. 25 der 2. Folge), Jena 1913.

— Lassen sich das Recht und das Rechtsleben tiefer und sicherer erfassen?, München und Leipzig 1934.

— Umgestaltung der Aktiengesellschaft zur Kerngesellschaft verantwortungsvoller Großaktionäre, Berlin 1929.

— Wohin führt die Interessenjurisprudenz?, Tübingen 1932.

Oechsner, Lothar: Betriebswirtschaftliche Gestaltungsmöglichkeiten des Prüfungsberichtes, Diss. Mannheim 1951.

Palandt: Bürgerliches Gesetzbuch, 25. Aufl., München und Berlin 1966.

Petersen-von Pechmann: Kommentar zum Gesetz betreffend die Kommanditgesellschaften auf Aktien und die Aktiengesellschaften vom 18. Juli 1884, Leipzig 1890.

Post, Hubert: Das wirtschaftliche Gutachten, 2. Aufl., Frankfurt/Main 1959.

Pougin, Erwin: Die Berücksichtigung des internen Kontrollsystems als Grundlage ordnungsmäßiger Abschlußprüfung, Düsseldorf 1959.

Rasch, Harold: Richtige und falsche Wege der Aktienrechtsreform, Karlsruhe 1960.

Reiniger, Wolfgang: Zur Reform der Vorschriften über Publizität, Rechnungslegung und Prüfung der Aktiengesellschaften, Diss. München 1957.

Ring, Viktor: Das Reichsgesetz betreffend die Kommanditgesellschaften auf Aktien und die Aktiengesellschaften vom 18. Juli 1884, 2. Aufl., Berlin 1893.

Ritter, Carl: Kommentar zum Aktiengesetz, 2. Aufl., Berlin und München 1939.

Rumpf, Max: Gesetz und Richter, Berlin 1906.

Saage, Gustav: Die Prüfung der Geschäftsführung, Stuttgart 1965.

Schlegelberger-Quassowski: Kommentar zum Aktiengesetz, 3. Aufl., Berlin 1939.

Schlegelberger-Quassowski-Schmölder: Verordnung über Aktienrecht vom 19. September 1931 nebst den Durchführungsbestimmungen, Berlin 1932.

Schmitt-Schmitt: Das Revisions-Universum, Berlin - Bielefeld - München 1953.

Schnutenhaus, Otto R.: Allgemeine Organisationslehre. Sinn, Zweck und Ziel der Organisation, Berlin 1951.

Schulze zur Wiesch: Dietrich Wilhelm: Grundsätze ordnungsmäßiger aktienrechtlicher Jahresabschlußprüfung, Düsseldorf 1963.

Siebert, Wolfgang: Die Methode der Gesetzesauslegung, Heidelberg 1958.

Stammberger, Wolfgang: Leitlinien der Aktienrechtsreform, Schriftenreihe der Forschungsstelle der Friedrich-Ebert-Stiftung, A. Sozialwissenschaftliche Schriften, Hannover 1962.

Staub, Hermann: Kommentar zum Allgemeinen Deutschen Handelsgesetzbuch, Ausgabe für Österreich, bearbeitet von Oskar Pisko, Bd. 1, Wien 1904.

Staub-Pinner: Kommentar zum Handelsgesetzbuch, 2. Band, 14. Aufl., Berlin und Leipzig 1933.

Staudinger-Brändl: Kommentar zum Bürgerlichen Gesetzbuch mit Einführungsgesetz und Nebengesetzen, I. Band: Allgemeiner Teil, 11. Aufl., Berlin 1957.

Staudinger-Weber: Kommentar zum Bürgerlichen Gesetzbuch, II. Band: Schuldverhältnisse, 1. Teil, 10. Aufl., Berlin - München - Leipzig (o. J.).

Stern, Klaus: Ermessen und unzulässige Ermessensausübung, Heft 4 der Studien und Gutachten aus dem Institut für Staatslehre, Staats- und Verwaltungsrecht der Freien Universität Berlin, Berlin 1964.

Strauss, Walter: Grundlagen und Aufgaben der Aktienrechtsreform, Tübingen 1960.

Teichmann-Koehler: Kommentar zum Aktiengesetz, 3. Aufl., Heidelberg 1950.

Verband Deutscher Bücherrevisoren: Zur Reform des Aktienrechts, Leipzig 1930.

Veröffentlichungen der Union Européenne des Experts Comptables, Economiques et Financiers (U.E.C.): Die Prüfung des Jahresabschlusses, 2. Aufl., Düsseldorf 1964.

Voss, Wilhelm: Handbuch für das Revisions- und Treuhandwesen, Stuttgart 1930.

Walb, Hans Hermann: Der Geschäftsbericht der Aktiengesellschaft, Halle/Saale 1938.

Westrick, Peter: Abschlußprüfung und Abschlußprüfer nach geltendem und zukünftigem Aktienrecht, Heidelberg 1963.

Wieacker, Franz: Zur rechtstheoretischen Präzisierung des § 242 BGB, Tübingen 1956.

Wirtschaftsprüfer-Jahrbuch 1954, hrsg. vom Institut der Wirtschaftsprüfer, Düsseldorf 1954.

Wirtschaftsprüfer-Handbuch 1963, hrsg. vom Institut der Wirtschaftsprüfer in Deutschland e. V., Bd. I: Fachlicher Teil, Düsseldorf 1963.

Wirtschaftstreuhänder-Jahrbuch 1941, hrsg. von Otto Mönckmeier, Leipzig 1941.

Wölfel, Josef: Die Revisionstechnik im kommunalen Prüfungswesen, Stuttgart 1955.

Zimmermann, Erhard: Theorie und Praxis der Prüfungen im Betriebe, Essen 1954.

ohne Verfasser: Ein Mahnruf zur Reform des Actienrechts. Von einem praktischen Juristen, Berlin 1876.

II. Beiträge in Zeitschriften und Sammelwerken

Adler-Forster: Zur Frage des Inhalts und Umfanges des Berichts über die aktienrechtliche Sonderprüfung (§ 121 AktG), in: Wpg, 10. Jahrgang (1957), Heft 14, S. 357—362.

Arndt, Adolf: Gesetzesrecht und Richterrecht, in: NJW, 16. Jahrgang (1963), Heft 29, S. 1273—1284.

Auffermann, Johann Dietrich: Prüfungsbericht und Bestätigungsvermerk, in: Handwörterbuch der Betriebswirtschaft, 3. Band, 3. Aufl., Stuttgart 1960, Sp. 4494—4498.

Bachof, Otto: Beurteilungsspielraum, Ermessen und unbestimmter Rechtsbegriff im Verwaltungsrecht, in: JZ, 10. Jahrgang (1955), Heft 4, S. 97—102.

Baumbach, Adolf: Bedarf das Betriebsgeheimnis eines verstärkten Schutzes?, in: DJZ, 36. Jahrgang (1931), Heft 17/18, Sp. 1139—1142.

Bender, Bernd: Zur Methode der Rechtsfindung bei der Auslegung und Fortbildung gesetzten Rechts, in: JZ, 12. Jahrgang (1957), Heft 19/20, S. 593 bis 604.

Beste, Theodor: Aus Geschichte und Gegenwart der Publizität im Aktienwesen, in: Studium Berolinense, Gedenkschrift zur 150. Wiederkehr des Gründungsjahres der Friedrich-Wilhelms-Universität zu Berlin, hrsg. von Hans Leussink u. a., Berlin 1960, S. 174—202.

Bettermann, Karl August: Verwaltungsakt und Richterspruch, in: Forschungen und Berichte aus dem öffentlichen Recht, Bd. 6 der Veröffentlichungen des Instituts für Staatslehre und Politik e. V. Mainz, Gedächtnisschrift für Walter Jellinek, hrsg. von Otto Bachof u. a., München 1955, S. 361—389.

Bock, H.: Neuere Rechtsprechung des Bundesgerichtshofes zum gewerblichen Rechtsschutz, in: BB, 10. Jahrgang (1955), Heft 19, S. 581—586.

Bonnet: Welche Erfordernisse muß der zeitgemäße Prüfungsbericht eines Wirtschaftsprüfers erfüllen?, in: Wirtschaftsprüfung. Ein Handbuch für das Revisions- und Treuhandwesen, Bd. II, hrsg. von H. A. Ertel, Berlin-Wien 1935, S. 250—262.

Bork, Heinrich: Die allgemeine Bilanzrevision, in: Grundriß der Betriebswirtschaftslehre, Bd. 10: Revisions- und Treuhandwesen, Leipzig 1926, S. 124—170.

Caemmerer, Ernst von: Publizitätsinteressen der Öffentlichkeit und Gesellschaftsrecht, in: Das Frankfurter Publizitätsgespräch, Frankfurt/Main 1962, S. 141—182.

Dietz, Rolf: Die Pflicht der ehemaligen Beschäftigten zur Verschwiegenheit über Betriebsgeheimnisse, in: Festschrift für Justus Wilhelm Hedemann, hrsg. von Roland Freisler u. a., Jena 1938, S. 330—350.

Ditgen, Alfred: Die Publizität der Gesellschaft vom Standpunkt der kapitalaufnehmenden Industrie, in: ZfhF, Neue Folge, 10. Jahrgang (1958), Heft 8, S. 429—441.

Döllerer, Georg: Zweck der aktienrechtlichen Publizität, in: BB, 13. Jahrgang (1958), Heft 35/36, S. 1281—1284.

Dürrhammer, W.: Reform der aktienrechtlichen Abschlußprüfung, in: ZfB, 20. Jahrgang (1950), Heft 1, S. 27—32.

Eich, Wilhelm: Der Revisionsbericht, in: Grundriß der Betriebswirtschaftslehre, Bd. 10: Revisions- und Treuhandwesen, Leipzig 1926, S. 249—271.

— Fragen der Aktienrechtsreform in betriebswirtschaftlicher Sicht, in: Die AG, 1. Jahrgang (1956), Heft 2, S. 25—26.

Elmendorff, Wilhelm: Grenzen der Verantwortlichkeit des Wirtschaftsprüfers, in: Aktuelle Bilanz- und Steuerprobleme, Beiheft 3 zur Zeitschrift „Die Wirtschaftsprüfung", 2. Jahrgang (1949), Stuttgart 1949, S. 140—152.

Esser, Josef: Die Aufgaben der Publizität im Aktienrecht, in: Die AG, 8. Jahrgang (1963), Heft 2, S. 31—33.

Fischer, Curt Eduard: Rechtsschein und Wirklichkeit im Aktienrecht. Rechtspolitische Betrachtungen zu einer Reform des Aktiengesetzes, in: AcP, Bd. 154 (1955), Heft 2, S. 85—120.

Flume, Werner: Steuerwesen und Rechtsordnung, in: Rechtsprobleme in Staat und Kirche, Göttinger Rechtswissenschaftliche Studien, Bd. 3, Festschrift für Rudolf Smend, Göttingen 1952, S. 59—101.

Forster, Karl-Heinz: Aktienrechtsreform und Sonderprüfung, in: Die AG, 7. Jahrgang (1962), Heft 9, S. 233—236.

Gerstner, Paul: Formelle und materielle Revision auf Grund der Pflichtrevision, in: Archiv für das Revisions- und Treuhandwesen, 27. Jahrgang (1931), Heft 10, S. 451—462.

Gessler, Ernst: Prüfungsrechte gegenüber anderen Unternehmen?, in: Wpg, 17. Jahrgang (1964), Heft 15/16, S. 400—404.

Girgensohn, Werner: Der Aufgabenbereich des aktienrechtlichen Abschlußprüfers, in: Wpg, 8. Jahrgang (1955), Heft 7, S. 153—156.

von Gleichenstein: Die Sonderprüfung im Aktienrecht, in: BB, 11. Jahrgang (1956), Heft 24, S. 761—764.

Goerdeler, Reinhard: Die Publizität der Rechenschaftslegung, in: Das Frankfurter Publizitätsgespräch, Frankfurt/Main 1962, S. 211—233.

Haberlandt, Helmut: Zur Auskunftspflicht über Vorstandsbezüge, in: BB, 17. Jahrgang (1962), Heft 3, S. 117—119.

Hauptfachausschuß des Instituts der Wirtschaftsprüfer: Allgemeine Bedingungen für Prüfungsaufträge, in: Wpg, 1. Jahrgang (1948), Heft 2/3, S. 51—52.

Hax, Karl: Aktienrechtsreform und Publizität der Unternehmungen, in: Zur großen Aktienrechtsreform, Schriftenreihe der Forschungsstelle der Friedrich-Ebert-Stiftung, A. Sozialwissenschaftliche Schriften, Hannover 1962, S. 95—113.

Heck, Philipp: Gesetzesauslegung und Interessenjurisprudenz, in: AcP, Bd. 112 (1914), Heft 1, S. 1—313.

Hengeler, Hans: Probleme der Entlastung und der Sonderprüfung im Aktienrecht, in: Die AG, 7. Jahrgang (1962), Heft 5, S. 119—121.

Hengeler-Kreifels: Absicht und Wirklichkeit im Referentenentwurf eines Aktiengesetzes, in: Beiträge zur Aktienrechtsreform, hrsg. von Hans Hengeler, Heidelberg 1959, S. 11—41.

Hintner, Otto: Das Verhältnis von Wirtschaftsprüfung und Betriebsführung, in: Probleme der Betriebsführung, Festschrift für Otto R. Schnutenhaus, hrsg. von Carl W. Meyer, Berlin 1959, S. 277—293.

— Bilanz und Status, in: ZfB, 30. Jahrgang (1960), Heft 9, S. 523—539.

Hornef, Heinrich: Publizitätspflicht nur für die Aktiengesellschaft?, in: Wpg, 11. Jahrgang (1958), Heft 10, S. 253—258.

Hubmann, Heinrich: Grundsätze der Interessenabwägung, in: AcP, Bd. 155 (1956), Heft 2, S. 85—134.

Hundhausen, Carl: Die Bedeutung der Publizität unter besonderer Berücksichtigung der historischen Bedeutung, in: Das Frankfurter Publizitätsgespräch, Frankfurt/Main 1962, S. 17—32.

Illetschko, Leopold L: Einführung zu: Grundlagen der Buchprüfung, Bd. 1 der Veröffentlichungen des Instituts für Organisation und Revisionswesen an der Hochschule für Welthandel, Wien, hrsg. von Leopold L. Illetschko, Wien 1953, S. 1—3.

Isaac, Alfred: Rentabilitäts- und Erfolgsrevision, in: Grundriß der Betriebswirtschaftslehre, Bd. 10: Revisions- und Treuhandwesen, Leipzig 1926, S. 171—213.

Jesch, Dietrich: Unbestimmter Rechtsbegriff und Ermessen in rechtstheoretischer und verfassungsrechtlicher Sicht, in: AöR, 82. Band (43. Band der Neuen Folge) (1957), Heft 2/3, S. 163—249.

Kaiser, Joseph A.: Die Wahrnehmung öffentlicher Publizitätsinteressen, in: Das Frankfurter Publizitätsgespräch, Frankfurt/Main 1962, S. 88—105.

Karoli, Richard: Grundsätzliches über Inhalt und Form des Bilanzprüfungsberichtes im Hinblick auf die von ihm zu erfüllenden Aufgaben, in: WT, 3. Jahrgang (1934), Heft 19, S. 394—397.

Klinger, Karl: Zur Problematik der Berichterstattung über die Sonderprüfung nach § 118 AktG, in: Wpg, 10. Jahrgang (1957), Heft 7, S. 155—160.

Koch, Waldemar: Zur Reform des Aktiengesetzes, in: Aktuelle Betriebswirtschaft, Festschrift für Konrad Mellerowicz, Berlin 1952, S. 68—102.

Koehler, Herbert: Bestätigung und Abgrenzung des Prüfungsauftrages, in: Wirtschaftsprüfung. Ein Handbuch für das Revisions- und Treuhandwesen, Bd. III, hrsg. von Anatol Ertel, Berlin - Wien - Zürich 1938, S. 55 bis 74.

Laubhardt: Zur Auslegung des § 321 BGB, in: AcP, Bd. 109 (1912), S. 248—255.

Lehmann, F.: Aktienrechtsreform, in: ZfB, 4. Jahrgang (1927), Heft 11, S. 807 bis 816, und Heft 12, S. 887—899.

Lehnert, Paul R.: Die Veröffentlichung betrieblicher Ergebnisse, in Wirtschaftsprüfung, Rechnungslegung und Besteuerung, Vorträge und Diskussionen der Münchner Fachtagung des Instituts der Wirtschaftsprüfer vom 12. bis 14. Juli 1950, Düsseldorf 1950, S. 99—111.

Leo, Hans-Christoph: Der Schutz der Aktionärsinteressen durch den Vorstand nach geltendem Aktienrecht, in: Die AG, 2. Jahrgang (1957), Heft 7, S. 152—157.

Lerche, Peter: Ermessen, in: Staatslexikon, hrsg. von der Görres-Gesellschaft, 3. Band, 6. Aufl., Freiburg 1959, Sp. 12—17.

Loitlsberger, Erich: Zur Theorie der Prüfung, in: Grundlagen der Buchprüfung, Bd. 1 der Veröffentlichungen des Instituts für Organisation und Revisionswesen an der Hochschule für Welthandel, Wien, hrsg. von Leopold L. Illetschko, Wien 1953, S. 21—56.

Meilicke, Heinz: Das Minderheitenproblem im Aktienrecht, in: Dynamische Betriebsführung, Vorträge des 12. Deutschen Betriebswirtschafter-Tages, hrsg. von der Deutschen Gesellschaft für Betriebswirtschaft, Berlin 1959, S. 204—220.

Meyer, Carl W.: Betriebswirtschaftliches Revisionswesen und Unternehmungsführung, in: Prüfung und Besteuerung der Betriebe, Festschrift für Wilhelm Eich, hrsg. von Dieter Pohmer, Berlin 1959, S. 89—114.

Modert, Harry: Der Umfang der Berichterstattung des Bilanzprüfers, in: ZfhF, 28. Jahrgang (1934), Heft 4, S. 188—209, und Heft 5, S. 257—273.

Möhring, Philipp: Betriebs- und Geschäftsgeheimnisse in wettbewerbs- und kartellrechtlicher Sicht, in: Festschrift für Hans Carl Nipperdey, Bd. II, hrsg. von Rolf Dietz und Heinz Hübner, München und Berlin 1965, S. 415 bis 433.

Müller, H. S.: Mehr revidieren — weniger berichten!, in: Der Wirtschaftsprüfer, 3. Jahrgang (1934), Heft 15/16, S. 332—333.

Müller, Rudolf: Die Grenzen des Bankgeheimnisses, in: NJW, 16. Jahrgang (1963), Heft 19, S. 833—838.

Neflin, Hermann: Der Umfang der Schutzklausel in § 128 Abs. 3 Satz 2 AktG, in: Die AG, 8. Jahrgang (1963), Heft 1, S. 12—15.

Obermayer, Klaus: Das Verhaltensermessen der Verwaltungsbehörden, in: NJW, 16. Jahrgang (1963), Heft 27, S. 1177—1185.

Obermüller, Walter: Der Sonderprüfer im geltenden und im neuen Aktienrecht, in: BB, 17. Jahrgang (1962), Heft 14, S. 546—547.

Oswald: Grundsätzliche Fragen der Gesetzesauslegung im Steuerrecht, in: NJW, 6. Jahrgang (1953), Heft 49, S. 1811—1814.

Paulick, Heinz: Auslegung und Rechtsfortbildung im Steuerrecht, in: Die Auslegung der Steuergesetze in Wissenschaft und Praxis, Gedächtnisschrift für Armin Spitaler, hrsg. von Gerhard Thoma und Ursula Niemann, Köln 1965, S. 165—193.

Peters, Hans: Generalklausel, in: Staatslexikon, hrsg. von der Görres-Gesellschaft, Bd. 3, 6. Aufl., Freiburg 1959, Sp. 740—742.

Pöhl, Karl Otto: Aktienrechtsreform im Endspurt, in: Der Volkswirt, 19. Jahrgang (1965), Heft 4, S. 109.

Potthoff, Erich: Prüfung und Überwachung der Geschäftsführung, in: ZfhF, Neue Folge, 13. Jahrgang (1961), Heft 10, S. 563—580.

Raschenberger, Maria: Bilanzrevision, in: Die Bilanzen der Unternehmungen, Festgabe für Julius Ziegler, hrsg. von Karl Meithner, Bd. II: Sonderbilanzen und Bilanzrevision, Berlin - Wien 1934, S. 704—753.

Reinhardt, Rudolf: Privates Unternehmen und öffentliches Interesse, in: Beiträge zum Arbeits-, Handels- und Wirtschaftsrecht, Festschrift für Alfred Hueck, hrsg. von Rolf Dietz u. a., München und Berlin 1959, S. 439—457.

Reinicke, Gerhard: Das Auskunftsrecht des Aktionärs, in: Beiträge zur Aktienrechtsreform, hrsg. von Hans Hengeler, Heidelberg 1959, S. 117 bis 146.

— Der Gerichtshof und unbestimmte Rechtsbegriffe, 1. Korreferat zum gleichnamigen Beitrag von Werner von Simson, in: Zehn Jahre Rechtsprechung des Gerichtshofs der Europäischen Gemeinschaften, Bd. 1 der Kölner Schriften zum Europarecht, hrsg. vom Institut für das Recht der Europäischen Gemeinschaften der Universität Köln, Köln - Berlin - Bonn - München 1965, S. 418—429.

Reinicke, G. und D.: Die Auslegungsgrundsätze des Bundesgerichtshofes, in: NJW, 4. Jahrgang (1951), Heft 18, S. 681—685.

Rentrop, Siegfried: Sonderprüfungen nach Aktiengesetz, in: Handwörterbuch der Betriebswirtschaft, 3. Band, 3. Aufl., Stuttgart 1960, Sp. 4891 bis 4895.

Reuss, Hermann: Das Ermessen. Versuch einer Begriffsklärung, in: DVBl., 68. Jahrgang des Reichsverwaltungsblattes (1953), Heft 18, S. 585—589.

— Der unbestimmte Rechtsbegriff. Seine Bedeutung und seine Problematik, in: DVBl., 68. Jahrgang des Reichsverwaltungsblattes (1953), Heft 21, S. 649—655.

Rothe, Gerhard: Richterliches Ermessen und Gestaltungswirkung, in: AcP, Bd. 151 (1950/51), Heft 1, S. 33—42.

Schack, Friedrich: Der Eigentumsschutz gewerblicher Rechtspositionen in der Rechtsprechung des Bundesgerichtshofes, in: BB, 18. Jahrgang (1963), Heft 10, S. 1227—1232.

Schäfer, Fritz: Die Aktienrechtsreform und ihre Probleme, in: BB, 13. Jahrgang (1958), Heft 35/36, S. 1253—1259.

Schneider, Ernst: Publizität und Abschlußprüfung vom Standpunkt der Wirtschaft, in: Wirtschaftsprüfung als Element gesunder Wirtschaftsentwicklung, Bd. 10 der Schriftenreihe des Instituts der Wirtschaftsprüfer, Düsseldorf 1955, S. 53—72.

Schmalenbach, Eugen: Die Überwachungspflicht des Aufsichtsrates, in: ZfhF, 5. Jahrgang (1910), Heft 5, S. 271—283.

Schmaltz, Kurt: Bemerkungen zum Prüfungsbericht des Abschlußprüfers, in: Die BW, 33. Jahrgang (1940), Heft 7/8, S. 89—90.

— Der Prüfungsbericht des Abschlußprüfers (Wirtschaftsprüfers) nach dem Aktiengesetz, in: Die BW, 31. Jahrgang (1938), Heft 3, S. 49—56.

Schnutenhaus, Otto R.: Formelle Bilanzprüfung oder materielle Prüfung der Wirtschaftsführung?, in: Technik und Wirtschaft, 23. Jahrgang (1930), Heft 12, S. 325—328.

— Formelle und materielle Revision, in: Archiv für das Revisions- und Treuhandwesen, 27. Jahrgang (1931), Heft 7, S. 303—313.

— Zum amerikanischen Revisions- und Bilanzbericht, in: ZfB, 4. Jahrgang (1927), Heft 10, S. 754—763.

Semler, Johannes: Die Publizität der Kapitalgesellschaften vom Standpunkt des Kapitalgebers und des öffentlichen Interesses, in: ZfhF, Neue Folge, 10. Jahrgang (1958), Heft 8, S. 453—461.

Siebert, Wolfgang: Die „faktische" Gesellschaft. Ein rechtsvergleichender Beitrag zur Systematik des Rechts der Handelsgesellschaften und der Gesellschaft des bürgerlichen Gesetzbuchs, in: Festschrift für Justus Wilhelm Hedemann, hrsg. von Roland Freisler u. a., Jena 1938, S. 266—289.

Stammberger, Wolfgang: Leitlinien der Aktienrechtsreform, in: Zur großen Aktienrechtsreform, Schriftenreihe der Forschungsstelle der Friedrich-Ebert-Stiftung, A. Sozialwissenschaftliche Schriften, Hannover 1962, S. 13 bis 24.

Stellungnahme HFA 4/52 des Hauptfachausschusses des Instituts der Wirtschaftsprüfer zum Thema: Bestätigungsvermerk bei Sonderprüfungen, insbesondere bei Prüfung eines Vermögensstatus, in: Die Fachgutachten und Stellungnahmen des Instituts der Wirtschaftsprüfer auf dem Gebiete der Rechnungslegung und Prüfung, Düsseldorf 1956, S. 156.

Stützel, Wolfgang: Aktienrechtsreform und Konzentration, in: Die Konzentration in der Wirtschaft, Bd. 2: Ursachen der Konzentration, hrsg von Helmut Arndt, Berlin 1960, S. 907—987.

Ule, Carl Hermann: Zur Anwendung unbestimmter Rechtsbegriffe im Verwaltungsrecht, in: Forschungen und Berichte aus dem öffentlichen Recht, Bd. 6 der Veröffentlichungen des Instituts für Staatslehre und Politik e. V. Mainz, Gedächtnisschrift für Walter Jellinek, hrsg. von Otto Bachof u. a., München 1955, S. 309—330.

Voigt, Alfred: Prüfungstechnik und Prüfungsbericht, in: Aktuelle Bilanz- und Steuerprobleme, Beiheft 3 zu der Zeitschrift „Die Wirtschaftsprüfung", 2. Jahrgang (1949), Stuttgart 1949, S. 130—140.

Voss, Heinrich: Der Geschäftsbericht der Aktiengesellschaften, in: ZfhF, 21. Jahrgang (1927), Heft 8, S. 359—379, und Heft 9, S. 403—432.

— Die Gründungsprüfung, in: Wpg, 17. Jahrgang (1964), Heft 15/16, S. 439 bis 446.

Voss, Wilhelm: Formelle und materielle Revision, in: Archiv für das Revisions- und Treuhandwesen, 27. Jahrgang (1931), Heft 1, S. 5—10, Heft 2, S. 49—52, Heft 3, S. 110—113, Heft 4, S. 176—181.

Warneke, Heinz: Der Prüfungsbericht, in: Wpg, 13. Jahrgang (1960), Heft 8, S. 201—207.

Wiethölter, Rudolf: Die Publizitätsinteressen der Anteilseigner, in: Das Frankfurter Publizitätsgespräch, Frankfurt/Main 1962, S. 33—54.

Wilhelmi, Hans: Das neue Aktiengesetz, in: Die AG, 10. Jahrgang (1956), Heft 6, S. 153—155, Heft 7, S. 187—190, Heft 8, S. 217—220, Heft 9, S. 247 bis 250, Heft 10, S. 277—281, Heft 11, S. 307—310, Heft 12, S. 349—352.

Wirtz, Carl: Die Pflichtprüfung der Aktiengesellschaft, in: Die BW, 30. Jahrgang (1937), Heft 4/5, S. 122—126.

Woeste, Karlfriedrich: Der aktienrechtliche Sonderprüfer und dessen Kosten, in: Die AG, 2. Jahrgang (1957), Heft 12, S. 271—273.

Wolany, Josef: Zu den Grundlagen und Grenzen des Auskunftsrechts des Aktionärs, in: Die AG, 4. Jahrgang (1959), Sonderbeilage zu Heft 12.

Zimmermann, Theo: Der Wortlaut des Gesetzes im Spiegel höchstrichterlicher Rechtsprechung, in: NJW, 9. Jahrgang (1956), Heft 35, S. 1262—1264.

III. Rechtsprechung

1. Entscheidungen des Reichsgerichts:

Urteil vom 8. 5. 1908, in: RGSt. 41, 293
Urteil vom 2. 7. 1909, in: RGSt. 42, 394
Urteil vom 17. 2. 1921, in: RGZ 101, 335
Urteil vom 2. 6. 1921, in: RGZ 102, 223
Urteil vom 28. 10. 1929, in: RGZ 126, 93
Urteil vom 17. 10. 1933, in: RGZ 142, 36
Urteil vom 24. 10. 1933, in: RGZ 142, 134
Urteil vom 16. 2. 1934, in: RGZ 143, 401
Urteil vom 4. 12. 1934, in: RGZ 146, 71
Urteil vom 22. 1. 1935, in: RGZ 146, 385

2. Entscheidungen des Bundesgerichtshofs:

Urteil vom 22. 1. 1951, in: BGHZ 1, 87
Urteil vom 12. 4. 1951, in: BGHZ 1, 369

Urteil vom 23. 5. 1951, in: BGHZ 2, 176
Beschluß vom 10. 7. 1951, in: BGHZ 3, 82
Urteil vom 27. 9. 1951, in: BGHZ 3, 162
Urteil vom 30. 10. 1951, in: BGHZ 3, 308
Urteil vom 11. 7. 1953, in: Lindenmaier-Möhring, Nachschlagewerk des Bundesgerichtshofs, Nr. 5 zu § 75 AktG
Urteil vom 28. 4. 1954, in: BGHZ 13, 188
Urteil vom 15. 12. 1954, in: BGHZ 16, 17
Urteil vom 15. 3. 1955, in: Lindenmaier-Möhring, Nachschlagewerk des Bundesgerichtshofs, Nr. 2 zu § 17 UWG
Urteil vom 18. 5. 1955, in: BGHZ 17, 266
Urteil vom 28. 2. 1957, in: BGHZ 23, 377
Urteil vom 7. 4. 1960, in: BGHZ 32, 159
Urteil vom 23. 11. 1961, in: BGHZ 36, 121
Urteil vom 29. 1. 1962, in: BGHZ 36, 296
Urteil vom 18. 12. 1962, in: NJW, 16. Jahrgang (1963), Heft 11, S. 484—485

3. Sonstige Entscheidungen:

Beschluß des Kammergerichts vom 19. 7. 1901, in: Die Rechtsprechung der Oberlandesgerichte auf dem Gebiet des Zivilrechts, Bd. 3, S. 85

Beschluß des Kammergerichts vom 8. 6. 1903, in: Die Rechtsprechung der Oberlandesgerichte auf dem Gebiet des Zivilrechts, Bd. 9, S. 263

Urteil des Bundesverfassungsgerichts vom 21. 5. 1952, in: BVerfGE 1, 299

Urteil des Landgerichts Essen vom 23. 1. 1962, in: BB, 17. Jahrgang (1962), Heft 16, S. 611—612

Urteil des Oberlandesgerichts Hamburg vom 17. 12. 1963, in: BB, 19. Jahrgang (1964), Heft 16, S. 658—659

FSC
www.fsc.org
MIX
Papier | Fördert gute Waldnutzung
FSC® C083411

Kolibri 360 GmbH
Ferdinand-Jühlke-Straße 7
99095 Erfurt, Deutschland
produktsicherheit@kolibri360.de

Druck:
CPI Druckdienstleistungen GmbH
im Auftrag der
Kolibri 360 GmbH
Ferdinand-Jühlke-Str. 7
99095 Erfurt